Program
Programming
Programmer

08

Peopleware Third Edition

Peopleware: Productive Projects And Teams
3rd Edition
by Tom DeMarco and Timothy Lister

Authorized translation from the English language edition, entitled PEOPLEWARE: PRODUCTIVE PROJECTS AND TEAMS, 3rd Edition by DEMARCO, TOM; LISTER, TIMOTHY; DORSET HOUSE, published by Pearson Education, Inc, publishing as Addison-Wesley Professional, Copyright © 2013, 1999, 1987 by Tom DeMarco and Timothy Lister.

All rights reserved. No part of this book may be reproduced or transmitted in any form or by any means, electronic or mechanical, including photocopying, recording or by any information storage retrieval system, without permission from Pearson Education, Inc. KOREAN language edition published by INSIGHT PRESS, Copyright © 2014

이 책의 한국어판 저작권은 에이전시 원을 통해 저작권자와의 독점 계약으로 인사이트 출판사에 있습니다. 저작권법에 의해 한국 내에서 보호를 받는 저작물이므로 무단전재와 무단복제를 금합니다.

피플웨어 3판

초판 1쇄 발행 2014년 7월 15일 **4쇄 발행** 2022년 5월 24일 **지은이** 톰 드마르코, 티모시 리스터 **옮긴이** 박재호, 이해영 **펴낸이** 한기성 **펴낸곳** (주)도서출판인사이트 **편집** 송우일 **본문 디자인** 윤영준 **제작·관리** 이유현, 박미경 **용지** 에이페이퍼 **출력·인쇄** 에스제이피앤비 **후가공** 이레금박 **제본** 서정바인텍 **등록번호** 제2002-000049호 **등록일자** 2002년 2월 19일 **주소** 서울특별시 마포구 연남로5길 19-5 **전화** 02-322-5143 **팩스** 02-3143-5579 **이메일** insight@insightbook.co.kr **ISBN** 978-89-6626-110-9 책값은 뒤표지에 있습니다. 잘못 만들어진 책은 바꾸어 드립니다. 이 책의 정오표는 http://blog.insightbook.co.kr에서 확인하실 수 있습니다.

Peopleware Third Edition

피플웨어 3판
톰 드마르코·티모시 리스터 지음
박재호·이해영 옮김

위대한 오즈가 말했다.
커튼 뒤에 있는 사람에게 신경 쓰지 마라.
위대한 오즈가 말했다.
- 오즈의 마법사

커튼 뒤에 있는 사람에게 신경 쓰는 방법을 보여줬던
모든 우리 친구와 동료들에게

차례

옮긴이의 글   x
머리말   xiv

1부   인적 자원 관리   1

1장   지금 어디선가 프로젝트가 실패하고 있다   3
2장   치즈버거를 만들라, 치즈버거를 팔라   8
3장   비엔나가 너를 기다리잖아   16
4장   품질 - 시간이 허락한다면   25
5장   파킨슨의 법칙 다시 생각하기   32
6장   레이어트릴   39

2부   사무실 환경   45

7장   가구 경찰   47
8장   출근해서 하는 일이 없군요   52
9장   사무실 경비 아끼기   63
      쉬어가기 생산성 측정과 UFO   73
10장 머리로 일한 시간, 몸으로 일한 시간   78
11장 전화   86
12장 사무실에 문을 달자   93
13장 한 걸음씩 걷기   101

3부   우수한 인재를 확보하라   117

14장 혼블로어 효과   119
15장 리더십에 대해 이야기해 보자   126
16장 곡예사 고용하기   131
17장 다른 사람과 오순도순 일하기   138
18장 유년기의 끝   141
19장 이곳에 오게 되어 기쁩니다   146
20장 인적 자본   157

4부 생산성이 높은 팀으로 양성하기　　165

21장 전체는 부분의 합보다 더 크다　　167
22장 더 블랙 팀　　175
23장 팀 죽이기　　179
24장 팀 죽이기 다시 생각하기　　190
25장 경쟁　　195
26장 스파게티 저녁　　201
27장 마음을 열기　　204
28장 팀 형성을 위한 화학 반응　　213

5부 비옥한 토양　　223

29장 자체 치유 시스템　　225
30장 위험과 함께 춤을　　235
31장 회의, 독백, 대화　　240
32장 관리자의 궁극적인 죄는…　　248
33장 이(악한)메일　　255
34장 변화를 일으키기　　261
35장 조직적인 학습　　272
36장 공동체 만들기　　279

6부   여기서는 일이 재미있어야 한다   285

37장   혼란과 질서   287
38장   자유 전자   297
39장   홀거 단스케   302

찾아보기   307

옮긴이의 글

예전에는 무조건 새로운 기술과 지식을 정처 없이 찾아 나서곤 했다. 하지만 요즘 들어와서는 마치 오랜 친구를 벗하듯 수십 년 동안 검증된 기술에 애착이 생겼다. 강산이 몇 번 변하는 세월을 거치면서도 여전히 살아 있다면, 거기에는 크나큰 비밀이 숨어 있기 때문이리라. 『피플웨어』역시 마찬가지다. 1987년 초판이 나온 이래로 2판을 거쳐 이제 3판이 나오면서 25년이라는 세월이 흘렀다. 2판을 읽으면서도 느꼈지만 이 책의 가장 강력한 위력은 '사람'을 다룬다는 주제 의식에서 출발한다. 사람은 어지간해서 잘 바뀌지 않으니까.

새로 나온 3판의 목차와 기존 2판의 목차를 비교해보면 몇 가지 변화가 있었다. 총 6장이 추가되고 1장이 제외되고, 구성 방식에 변화가 가해져 중반 이후 장의 위치가 많이 바뀌었다. 3판이 2판보다 좀 더 짜임새 있는 구성을 갖췄다고 평가한다. 기존 5부를 4부로 옮긴 다음 허리가 되는 3, 4, 5부에서 관련된 내용끼리 묶기 위해 목차 위치를 바꾸고 새로운 내용을 추가하는 방식으로 다양한 문제와 해법을 제시하고 있으므로 기존 2판을 읽었던 독자들이라도 3판이 새롭게 다가올 것이다. 또한 2판 본문 중 옛날 기술 동향과 명칭은 최신 기술 동향과 명칭으로 바꿔 소개하므로 2000년 이후 컴퓨터에 입문한 독자들도 배려하고 있다.

이 책은 개발자, 중간 관리자, 경영자 모두에게 각자 처한 환경에서 주변 환경을 바라보는 계기를 제공하므로 무척 흥미로운 결과를 낳는다. 조엘 스폴스키는 추천 글에서 『피플웨어』를 1년마다 읽어야 할 필독서라 평가했는데, 여기에는 다 이유가 있다. 1년이 너무 짧은 기간이라면, 조금 길게 봐서 자신이 처한 환경이나 지위가 바뀔 때마다 이 책을 다시 읽어보자. 아마도 그때마다 새로운 내용이 튀어나오는(아니, 예전에는 왜 이 내용이 눈에 들어오지 않았지? 분명히 똑같은 책인데 말이야!) 신기한 경험을 할 것이다. 자신의 성장과 더불어 성장하는 책보다 더 좋은 친구가 있을까?

혹자는 이 책이 개발자를 너무 편애한다고 불평할지도 모르겠다. 관리자와 경영자의 숨겨진 비밀을 드러내기에 현장 개발자들이 읽으면 통쾌한 내용이 본문 중 여기저기에 나온다. 소프트웨어 개발 조직의 자산은 멋진 신사옥, 환상적인 컴퓨팅 환경, 훌륭한 제품이나 서비스도 있지만, 결국 여기서 핵심은 개발자라는 사실을 깨달아야 한다. 그런데 개발자를 위한 책이지만, 개발자들에게 특별히 주의할 사항을 하나 언급한다. 개발자들은 이 책을 읽으며 파랑새를 뒤쫓으며 남의 회사만 부러워해서는 곤란하다. 조직, 환경, 문화가 바뀌기를 기대한다면 항상 자신부터 바뀌어야 한다. 『피플웨어』에서 전사적인 조직 변화의 중요성도 언급하지만, 구체적으로 나와 내 주변에 영향을 미치는 방법을 언급하는 이유가 바로 여기에 있다. 하지만 사람이나 조직이나 변화는 쉽지 않으며, 결국 실천의 문제로 귀결된다. 이 책을 읽고 나서 바로 덮어버리면 문제 인식이라는 절반의 성공만 거둘 뿐이다. 다행히도 인식한 문제를 풀기 위해 거창하게 시작할 필요는 없다. 책에서 제시하는 내용 중에 가장 손쉬운 방법부터 도입해보자. 예를 들어, "방해하지 마시오"라는 팻말을 인쇄해 개발자들끼리 돌린 다음, 해당 팻말의 내용을 서로 존중하는 문화는 상부 지시가 없더라도 최소 비용(코팅 비용과 자석 비용 정도?)으로 실천할 수 있다.

아무쪼록 이 책을 출발점으로 스스로 계발하기를 원하는 열성적인 개발자들과 관리자들이 합심해 단결된 팀을 만들고, 목표하는 분야에서 성공하기를 기원한다.

- 박재호

오래 전 『피플웨어』 2판을 읽으며 받았던 감동이 떠올라 3판 번역 요청을 반가운 마음으로 수락했다. 워낙 유명한 책이라 기존 번역판을 읽고 다시 읽는 독자들도 많으리라 짐작한다. 다시 읽을 때는 미처 깨닫지 못했던 해결책이나 교훈을 발견해 일하는 데 조금이라도 도움이 되면 좋겠다.

책을 읽으면서 참고할 점 몇 가지만 언급한다. 첫째, 최신 개정판이라지만 정말 오래 전에 쓰인 책이라는 사실을 감안하고 읽으면 좋겠다. 아날로그 분위기가 나름 정겹다.

둘째, 이 책 덕분에 피플웨어라는 개념이 사람들에게 익숙해졌다. 처음 읽는 사람들은 당연한 소리를 새로운 것인 양한다는 느낌이 들지도 모르겠다. 책이 나오던 당시는 획기적인 시각이었다.

셋째, 이 책은 관리자 입장을 서술하지만 개발자 편에 서는 분위기다. 신참 개발자라면 마음의 위안을 얻는 정도로도 충분하다. 하지만 경험 있는 개발자나 관리자라면 사내 모든 이해 관계자가 처한 입장과 행동을 객관적으로 생각하는 기회가 되었으면 좋겠다.

넷째, 지은이들은 저술과 대기업 컨설팅을 주로 한 사람들이다. 시각의 한계와 차이가 있다는 사실을 감안하기 바란다.

참, 책을 읽으면서 궁금할지도 모르겠다. 책에 나오는 예처럼 정말 미국 개발자들도 '삽질'을 할까? 당연하다. 최근 가까운 지인은 한국 상황에 견주어도 전혀 꿀리지 않을 삽질을 다섯 달 동안 했다. 비록 비IT 업계지만 나름 업계 최대 회사라는 곳의 IT 부서에서 말이다. 당연히 미국 개발자들도 삽질한다. 정도나 비율이 다를 뿐 미국도 사람 사는 곳이니까. 삽질 역시 기술적인 문제가 아니라 사회학적인 문제가 아닐까?

- 이해영

머리말

우리가 피플웨어 프로젝트라 부르게 된 아이디어는, 30여 년 전 태평양을 가로지르는 장거리 야간 비행기 안에서 시작됐다. 소프트웨어 공학 순회강연 차 LA에서 시드니로 날아가는 중이었다. 잠을 이루지 못했던 우리는 밤새도록 우리가 직접 진행하는 시스템 프로젝트와 고객 의뢰로 관여하는 시스템 프로젝트에서 부딪히는 심오한 복잡성에 대해 이런저런 이야기를 나눴다. 그러다 한 명(누구였는지 둘 다 기억은 못하지만)이 우리가 토론하던 내용을 되새기며 자신의 종합적인 의견을 내놓았다. "어쩌면…, 시스템 프로젝트의 진짜 문제는 기술적인 문제라기보다 사회학적인 문제인지도 모르겠습니다."

그 말이 가슴에 와 닿기까지 한참 걸렸다. 우리가 생각해오던 방향과 너무도 판이하게 달랐기 때문이었다. 우리는, 최첨단 업계에 몸담은 사람이라면 누구나 그랬듯이, 기술이 답이라 믿었다. 어떤 문제든 그것을 해결하는 더 좋은 기술이 있다고 확신했다. 하지만 그 문제가 애초에 사회학적인 문제라면 더 좋은 기술이 무슨 도움이 될까? 예를 들어, 함께 일할 팀원들이 서로를 신뢰하지 않는다면 아무리 좋은 소프트웨어 패키지나 장비를 쓰더라도 차이가 없을 것이다.

일단 아이디어가 나오자 우리는 사례를 찾아보기 시작했다. 곧 우리가 아는 프로젝트 대다수에서 그 어떤 기술적인 난관보다 사회적인 복잡도가 훨씬 더 컸다는 사실이 분명해졌다. 그러면서, 불가피하게, 우리는 아주 속상한 결론에 도달했다. 다분히 사회학이 기술보다 더 중요하다는 사실을 오랫동안 느낌으로 알아왔으면서도 정작 우리 중 누구도 그렇게 관리하려 시도하지 않았다는 사실이었다. 물론, 때때로 팀의 협력을 돕거나 팀 내 긴장을 풀어주기 위해 사회학적인 방법을 사용하기도 했지만 한 번도 우리 업무의 본질이라 여기지 않았다.

인간 측면이 기술 측면보다 훨씬 더 중요하다는 사실을 좀 더 일찍 깨달았더라면 어떻게 달리 관리했을까? 우리는 목록을 만들기 시작했다. 마침 여분의 슬라이드와 마커펜이 있어 우리는 목록 일부를 슬라이드에 넣고 몇 가지 우리 아이디어를 시드니 강연에서 실제로 발표하자고 용감히 결정했다. 까짓것! 시드니는 미국과 유럽에서 지구 반 바퀴나 떨어졌잖아. 호주에다 폭탄을 떨궈도 미국에서 누가 알겠어?

그다음 주에 열린 시드니 강연에서 청중은 피플웨어 내용에 적극적인 관심을 보였고 약간의 안타까움도 표명했다(알고 보니, 기술만이 진정으로 중요한 듯 관리하던 사람은 우리만이 아니었다). 무엇보다 최고였던 점은, 사람들이 직접 겪은 사례를 쏟아냈다는 것이고 우리는 그것들을 기꺼이 인용했다.

1987년에 나온 『피플웨어』 초판이 당시 시드니 강연과 다른 점이라면, (『피플웨어』 3판 2부에서 다루는) 환경이 미치는 영향에 대한 의구심을 확인하고자 그리고 (『피플웨어』 3판 나머지 부분에서 다루는) 팀 역학과 의사소통에 대한 우리의 좀 더 급진적인 제안을 검증하고자, 설문 조사와 경험적 연구에 투입된 엄청난 노력이다.

『피플웨어』 1판과 2판 덕분에 우리는 기술 프로젝트에서 사람 측면에 대한 아이디어를 나누는 일종의 정보 교환소가 되었고, 이를 따라잡으려면 우리도 사고를 확장해 나가지 않을 수 없었다. 이번 3판은 지금까지 병적이라 여겨지지 않았던 리더십의 병적 측면, 진화하는 회의 문화, 양립하기 어려워 보이는 세대들로 이루어진 혼성 팀, 지금도 가장 인기 있는 몇몇 도구가 추진기라기보다 닻이라는 인식 변화를 추가로 다룬다.

이번 3판에서는 원고를 다듬고 편집한 도르셋 하우스의 웬디 에이킨과 애디슨 웨슬리의 피터 고든에게 큰 빚을 졌다. 또한 더 애틀랜틱 시스템즈 길드의 오랜 동료인 피터 흐루스카, 스티브 맥메나민, 제임스 로버트슨, 수잔 로버트슨에게도 30여 년에 걸친 아이디어와 브레인스토밍과 토론과 우정에 감사드린다.

- 톰 드마르코
캠던, 메인 주

- 티모시 리스터
뉴욕, 뉴욕 주

2013년 2월

1부

인적 자원 관리

관리자로서 우리 대다수는 한 가지 실수에 취약하다. 바로 사람을 조립식 부품인 양 관리하는 성향이다. 관리자들이 이런 성향을 보이는 이유는 명백하다. 관리자가 되기까지 거쳐 온 과정을 떠올려 보라. 실무자로서, 즉 기술자나 개발자로서, 일을 잘하면 우리는 좋은 관리자 재목이라는 평가를 받는다. 그리고 일을 잘하려면 자원을 모듈로 잘 나눠야 한다. 소프트웨어 루틴이든, 회로 모듈이든, 기타 업무 단위든 말이다. 우리는 블랙박스 특성이 드러나도록 모듈을 구성한다. 즉 모듈 각각의 내부적인 특이성은 무시해도 괜찮다. 모듈은 표준 인터페이스로 소통하도록 설계되니까.

 이 같은 모듈 방식에 오랫동안 익숙한 상태에서 갓 승진한 관리자라면 당연히 인적 자원도 같은 방식으로 관리하려 든다. 불행히도 이런 시도는 통하지 않는다.

 1부에서는 사람을 생각하고 관리하는 아주 다른 방식을 살펴본다. 1부에서 살펴보는 새로운 시각은 인적 자원의 비모듈적 특성에 초점을 맞춘다.

1장

지금 어디선가
프로젝트가 실패하고 있다

컴퓨터가 보편화된 이래로 지금까지 아마 수천수만 개에 이르는 회계 관리 프로그램이 만들어졌을 것이다. 여러분이 이 글을 읽는 지금 이 순간도 아마도 수십 개가 넘는 회계 관리 프로젝트가 진행 중일 거다. 그리고 지금 어디선가 그것들 중 하나는 실패하고 있다.

상상이 가는가! 기술적인 혁신이 전혀 필요 없는 프로젝트가 실패하고 있다니! 회계 관리는 너무 뻔한 프로그램이라 베테랑 개발자라면 눈을 감고도 프로젝트를 진행할 수 있다. 그런데도 가끔씩 실패로 치닫는 프로젝트가 있다. 이런 프로젝트 하나를 골라 마지막 순간에 부검을 실시한다고 가정하자(물론 이런 일은 절대로 일어나지 않을 것이다. 우리 업계는 실패를 점검하면 안 된다는 불문율이 있으니 말이다).

프로젝트 참여자들이 황급히 어디론가 숨어버리기 전에 무엇이 문제였는지 밝혀낼 기회가 있다고 치자. 아마 프로젝트를 침몰시킨 원인으로 절대 기술은 꼽히지 않을 것이다. 현재 첨단 기술이 진보한 정도를 감안하건대 회계 관리 시스템은 기술적으로 충분히 가능하다. 그렇다면 뭔가 다른 원인이 있다는 뜻이다.

1977년 이후 피플웨어 프로젝트를 진행하는 첫 10년 동안 매년 우리는 개발 프로젝트와 그 결과들을 대상으로 설문조사를 수행했다. 프로젝트 규모, 비용, 결함, 가속 계수, 일정 준수 여부를 조사했고, 마침내 500여 개가 넘는 프로젝트 기록을 모았다. 모두가 현실에서 실제로 진행된 프로젝트였다.

우리가 관찰한 프로젝트 중 대략 15%는 실패로 끝났다. 구체적으로 말하면, 취소되었거나 중단되었거나 '연기'되었거나 전혀 쓰이지 않는 제품을 내놓았다. 규모가 큰 프로젝트는 실패율도 더 높았다. 연인원 25명 이상이 지속적으로 투입된 프로젝트 중 25%가 프로젝트를 끝내지 못하고 중단됐다. 초창기 설문조사에서는 실패한 프로젝트 데이터를 버리고 다른 프로젝트를 분석했다. 하지만 1979년 이후로는 누구든 남은 프로젝트 구성원을 찾아내어 실패 원인을 조사했다. 우리가 연구한 망한 프로젝트 중 압도적인 대다수에는 실패 원인으로 꼽을 만한 기술적인 문제가 하나도 없었다.

본질

설문에 참가한 사람들이 가장 자주 언급한 실패 원인은 '정치politics'였다. 하지만 사람들은 '정치'라는 단어를 다소 두리뭉실하게 사용하는 경향이 있다. 의사소통 문제, 직원 채용 문제, 상사나 고객에 대한 환멸, 동기 부족, 높은 이직률 등 '정치'와 별로 상관없는 문제나 느슨하게 관련된 문제까지 모두 '정치'라는 단어로 표현한다. 흔히 사람들은 업무에서 사람과 관련된 측면을 가리키고자 '정치'라는 단어를 사용하는데, 사실 영어에는 좀 더 정확한 단어가 있다. 바로 프로젝트의 사회학sociology이다. 진짜 정치적인 문제는 사회학의 아주 작은 병적인 일면일 뿐이다.

어떤 문제를 본질적으로 정치적인 문제라 여긴다면 어쩔 수 없다며 체념하기 쉽다. 기술적인 난관이라면 충분히 맞설 수 있다고 느낀다. 하지만 솔직히 말해, 정치라는 세상에서 자신만만할 사람이 과연 우리 중에 누가 있을까? 문제의 진정한 본질이 정치가 아니라 사회학이라는 사실을 인식하면 문제를 다루기가 훨씬 수월해진다. 프로젝트와 팀 사회학이 여러분의 전공을 다소 벗어날지는 몰라도 능력을 벗어나지는 않으니까 말이다.

사람과 관련된 문제를 무엇이라 칭하든, 그것들은 다음 프로젝트에서 부딪힐 어떤 설계 문제, 구현 문제, 방법론 문제보다 여러분을 곤란하게 만들 가능성이 더 크다. 그리고 바로 이 생각이 이 책 전반에 깔린 논지다.

> 우리 업무에서 주요 문제는 본질적으로 기술적인 문제가 아니라 사회학적인 문제다.

대다수 관리자는 자신에게 기술적인 걱정보다 사람 걱정이 더 많다는 사실을 기꺼이 인정한다. 그러면서도 그렇게 관리하는 관리자는 극히 드물다. 그들은 기술이 주요 걱정거리인 양 관리한다. 팀원들이 풀어야 할 가장 꼬이고 재미난 퍼즐을 스스로 고민하며 시간을 보낸다. 마치 업무를 관리하기보다 직접 업무를 수행하려는 듯 행동한다. 또한 업무를 자동화해 주겠다고 약속하는 기술적인 혁신에 언제나 목맨다(이 현상은 6장 '레이어트릴'에서 좀 더 자세히 설명한다). 흔히 관리자들은 자신의 책무에서 사람과 가장 관련이 높은 측면을 가장 뒷전으로 미룬다.

  이 같은 현상이 생기는 원인 중 일부는 관리자를 양성하는 방식에서 기인한다. 그들은 업무를 관리하는 방식이 아니라 업무를 수행하는 방식을 배운다. 신참 관리자가 관리 적성이나 관리 능력을 보여주는 업무를 수행한 경력이 있는 회사는 극히 드물다. 대다수 신참 관리자는 관리 경험도 미미하며 의미 있는 실습도 전무하다. 그렇다면 신참 관리자는 도대체 어쩌다 사람 문제는 고민할 필요 없이 기술적인 문제에만 매달려도 괜찮다고 믿게 되었을까?

첨단 기술 환상

아마도 답은, 우리가 첨단 기술 환상High-Tech Illusion이라 부르는 현상에 있다. 첨단 기술 환상이란, 어떤 식으로든 새로운 기술을 다루는 사람들(즉 사실상 우리 모두)이 자신은 근본적으로 첨단 기술 산업에 종사한다고 확신하는 현상이다. 언제 어디서든, 예를 들어 칵테일 파티에서, 자기 업무를 소개할 때마다 그들은 자신이 '컴퓨터 분야'나 '통신 업계'나 '전자금융 업계'에 종사한다는 환상에 빠진다. 그 결과 자신이 최첨단 세상에 속한다고 믿는다. 우리끼리 이야기지만, 대개는 그렇지 않다. 첨단 기술 분야에서 근본적인 혁신을 이뤄낸 연구자들이 바로 첨단 기술 업계에 종사하는 사람들이다. 나머지 우리는 그들이 일궈낸 성과를 써먹는 사람에 불과하다. 우리는 컴퓨터와 갖가지 새로운 기술을 이용해 제품을 개발하거나 업무를 체계화한다. 그리고 이런 업무는 팀으로, 프로젝트로, 긴밀히 짜인 조직이 수행한다. 그러므로 우리는 사실상 인간 의사소통 업계에 종사한다. 우리의 성공은 참가자들의 좋은 인간관계에서 얻어지며, 우리의 실패는 부실한 인간관계에서 얻어진다.

관리자가 업무에서 인간적인 측면보다 기술적인 측면에 집중하는 주요 이유는 기술적인 측면이 더 중요해서가 아니라 집중하기가 더 쉽기 때문이다. 새로운 디스크 드라이브를 설치하는 일이, 호러스가 잔뜩 침울한 이유나 수잔이 입사한 지 두어 달 만에 회사에 불만인 이유를 알아내는 일보다 확실히 더 쉽다. 인간관계는 복잡할 뿐 아니라 그 파급 효과가 절대로 깔끔하고 명확하지 않지만 업무의 어떤 측면보다 더 중요하다.

사회학보다 기술에 집중하는 관리자는, 어두운 골목에서 열쇠를 잃어버리고는 "이쪽이 더 밝아서요"라고 설명하며 옆 골목에서 그 열쇠를 찾으려는 어릿광대와 다를 바 없다.

2장

치즈버거를 만들라,
치즈버거를 팔라

개발development은 본질적으로 생산production과 다르다. 하지만 개발 프로젝트 관리자들은 순전히 생산 환경에서 나온 관리 철학에 길들여진 경우가 많다.

잠시만 자신이 동네 패스트푸드 프랜차이즈 점장이라 상상해 보라. 효율적인 생산을 위해 다음과 같은 조치는 당연하다.

- 오작동을 없애라. 기계(인간 기계)를 최대한 원활하게 돌리라.
- 매장에서 빈둥거리는 직원을 엄중히 다루라.
- 직원을 교체 가능한 기계 부품으로 취급하라.
- 현재 상태를 유지하라(능률을 높일 궁리는 하지 말라. 망하는 지름길이다).
- 절차를 표준화하라. 모든 일은 매뉴얼대로 하라.
- 실험을 하지 말라. 본사 사람들이 할 일이다.

자신이 패스트푸드 업계에서 일한다면(또는 어느 업계든 생산 환경에서 일한다면) 위와 같은 조치는 합리적이다. 하지만 우리가 일하는 환경은 다르다. 개발 환경에서 "치즈버거를 만들라, 치즈버거를 팔라" 사고방식은 치명적일 수도 있다. 팀 사기가 꺾이고, 팀원들이 당면한 실제 업무보다 다른 문제에 관심을 돌리게 된다. 이런 관리 방식은 개발 업무와 완전히 상충한다.

지식 노동자를 효과적으로 관리하려면 앞서 열거한 조치와 정반대 방식을 취해야 한다. 이제부터 우리가 제안하는 방식을 설명한다.

실수를 허용하라

지식 노동자에게, 일하다가 간혹 저지르는 실수는 당연하고도 건강한 현상이다. 하지만 업무 실수를 대단히 죄악시하는 경우가 있다. 이것이 우리가 바꾸려 애써야 할 태도다.

소프트웨어 관리자를 대상으로 강연하면서 우리는 반복 설계 iterative design라는 전략을 소개했다. '어떤 설계안은 본질적으로 오류가 발생하기 쉬우므로 고치지 말고 버려야 한다, 설계 과정에서는 이런 막다른 골목을 예상해야 한다, 막다른 골목에 이르기까지 쏟아 부은 노력은 깔끔하고 산뜻한 새 출발을 위해 치르는 작은 대가에 불과하다'는 개념이다. 하지만 놀랍게도 많은 관리자들이 그랬다가는 상사와 굉장히 곤란한 정치적 갈등에 빠지리라 생각했다. "회사가 돈 들여 만드는 제품을 어떻게 버립니까?" 그들은 장기적으로 돈이 더 들더라도 불량 버전을 수선하는 편이 낫다고 믿는 듯했다.

실수를 용납하지 않는 분위기가 자리 잡으면 사람들은 바로 방어적으로 변한다. 결과가 나쁠지도 모르는 일은 아예 시도하지 않는다. 팀원들이 중요한 전략적 결정을 잘못 내릴까봐 아예 결정권을 주지 않으려 체계적인 프로세스와 엄격한 방법론을 따르도록 강요할 때 방어적인 태도는 더욱 심해진다. 실수를 용납하지 않는 분위기로 인해 전반적인 기술 수준은 다소 나아질지도 모른다. 하지만 대신에 팀 사회학은 큰 타격을 받는다.

이와 정반대는 실수를 장려하는 접근법이다. 팀원들에게 어떤 막다른 골목에 부딪혔는지 가끔 물어보라. "없습니다"가 최고의 답변이 아니라는 사실을 인지하게 만들라. 팀원들이 기회를 날려버려도 축하해줘야 마땅하다. 그러라고 고용한 사람들이니 말이다.

관리: 멍청한 정의

관리는 매우 복잡한 개념이라 간단히 정의하기 어렵다. 하지만 런던에서 열린 어느 전문가 모임에서 만났던 중견 관리자는 그 복잡성을 전혀 이해하지 못했다. 그는 자신의 관점을 한 문장으로 요약했다. "관리는 명령이다." 결정은 관리자가 하고 밑에서 일하는 사람들은 그저 시키는 대로 따르면 된다는 뜻이다. 다시 한 번 말하지만, 치즈버거 매장에서는 이런 전략이 먹힐지도 모르겠다. 하지만 손이 아니라 머리로 일하는 사람들에게는 통하지 않는다. 개발 환경에서 일하는 사람은 머리를 써야 한다. 활동적으로 움직여라 명령할 수 있을지는 몰라도 창의적이고 독창적이고 세심하라 명령할 수는 없다.

다그치면 당장은 생산성이 오를지 모르지만 장기적으로는 효과가 없다. 자신의 의욕이 부족해 상사로부터 '보충'받아야만 한다는 느낌만큼 팀원들의 사기를 떨어뜨리는 요인은 없다.

무엇보다 가장 슬픈 점은, 이것이 업계에 만연한 관리 방식이라는 사실이다. 사람들을 일하게 만들기 위해 가혹한 조치가 필요한 경우는 거의 없다. 대다수는 일을 사랑한다. 오히려 가끔은 일을 줄이도록, 그래서 좀 더 의미 있는 일을 하도록, 조치를 취할 필요가 있다(3장 '비엔나가 너를 기다리잖아'에서 좀 더 자세히 논한다).

사람 가게

생산 환경에서는 사람을 기계 부품으로 취급하는 편이 편하다. 부품이 닳으면 다른 부품으로 교체한다. 교체 부품은 원래 부품과 호환된다. 부품 번호로 새 부품을 주문하면 끝난다.

많은 개발 관리자가 같은 태도를 취한다. 그들은 어떤 인력이든 교체 가능하다는 믿음에 매달린다. 핵심 인력이 떠날까 두려워 핵심 인력이란 개념 자체가 없다고 스스로를 세뇌한다. 일개 직원이 그만두더라도 일이 돌아가게 만드는 능력이 관리의 핵심이 아니던가? 그들은 마법의 사람 가게가 있어 언제든 전화 한 통으로 "새 조지 가든 하이어를 보내줘요. 이번에는 좀 덜 거만한 사람이면 좋겠소."라고 주문할 수 있다는 듯이 행동한다.

> 고객 한 명이 굉장히 우수한 직원과 연봉 재협상을 했는데, 그 친구가 돈 말고 다른 것을 원하더라면서 놀라워했다. 그 친구는 집에서 좋은 아이디어가 자주 떠오르는데 인터넷이 느려 불편하다고 말했다고 한다. 회사에서 새 인터넷을 깔아주고 고성능 컴퓨터를 사줄 수 있을까? 회사는 그렇게 해줬다. 그뿐 아니라 다음 몇 해에 걸쳐 그 친구 집에다 작은 사무실을 만들고 가구도 갖춰주었다. 하지만 이 고객은 아주 드문 경우다. 통찰력이 부족한 관리자였더라면 어떻게 대응했을지 궁금하다. 직원들이 개성을 살리려

> 하는 행동에 많은 관리자들은 위협을 느낀다.
>
> - 티모시 리스터

한 예로, 부하 직원의 개성 표현에 위협을 느끼고 극단적으로 행동했던 관리자가 있다. 그에게는 한 해 내내 고객사를 돌아다니느라 거의 출장비로 살아가는 유능한 직원이 한 명 있었다. 그 직원의 경비 보고서를 분석했더니 다른 외근직에 비해 식비가 훨씬 많았다. 그는 남들과 비교해 50% 이상을 식비로 추가 지출했다. 분개한 상사는 사내 공개 메모에다 그 직원을 '식충이'로 규정하고 비난했다. 그런데 그 직원의 전체 경비는 다른 외근직과 비슷했다. 음식에 쓴 돈만큼 다른 곳에서 아꼈던 것이다. 그 직원은 지출이 심하다기보다 그저 다를 뿐이었다.

생산 환경의 관리 방식을 맹목적으로 채택한 관리자에게는 직원들의 개성 표현이 지속적인 골칫거리다. 반면 유능한 사람 관리자는 직원들의 개성이 프로젝트라는 화학 반응에 활력과 효율을 불어넣는 요소라는 사실을 인식한다. 개성은 장려하고 키워줘야 한다는 사실을 잘 알고 있다.

현상 유지 상태의 프로젝트는 사망이다

현상 유지를 중시하는 생산 관리 방식은 개발 프로젝트에 전혀 맞지 않는다. 프로젝트를 진행하는 목적은 끝내기 위해서라는 사실을 사람들은 자주 잊어버린다. 프로젝트에서 유일한 현상 유지는 사후 경직 상태다. 이미 취소되었거나 취소되기 직전인 프로젝트를 관리하지 않는 이상 프로젝트 관리자는 개발을 역동적으로 추진하는 데 전력으로 집중해야 한다. 하지만 새 프로젝트를 시작할 때 우리는 팀원의 현상 유지 능력으로 그 팀원의 가치를 평가한다. 코드를 얼마나 짤 수 있는가? 문서를 얼마나 작성할 수 있는가? 팀원 각각이 한 팀을 구성하는 데 얼마나 잘 맞는지에는 관심을 거의 기울이지 않는다.

> 몇 년 전 사내 교육으로 설계 과목을 가르치던 중 상사 한 명이 내게 수강생 몇 명(자기 프로젝트 팀원)을 평가해달라고 요청했다. 그는 특히 여성 한 명에 대한 평가를 궁금해 했다. 상사가 그 여성을 미심쩍어 한다는 사실이 명백했다. "그 여직원이 프로젝트에 어떤 공헌을 하는지 모르겠습니다. 뛰어난 개발자도 아니고 우수한 테스터도 아니고 이도저도 아닙니다." 조금 조사했더니 아주 흥미로운 사실이 드러났다. 회사에서 일한 12년 동안 그 여성이 참여한 프로젝트는 모두 커다란 성공을 거두었다. 그녀의 공헌이 눈에 띄지는 않지만 그녀가 있으면 프로젝트는 항상 성공했다. 일주일 동안 수업하며 그 여성을 지켜보고 동료 몇 사람과 대화한 결과 나는 그녀가 뛰어난 촉매라 결론지었다. 그녀가 끼면 저절로 팀의 결속력이 좋아졌다. 그녀는 사람들이 서로 대화하고 잘 지내게 도왔다. 그녀와 일하면 프로젝트가 더욱 재미있었다. 나는 상사에게 이것을 설명하려고 애썼으나 실패했다. 그는 촉매의 역할이 프로젝트에 필수라는 사실을 이해하지 못했다.
>
> - 톰 드마르코

촉매는 중요하다. 프로젝트는 언제나 유동적인 상태이기 때문이다.

팀의 결속력을 높여주는 사람은 일만 열심히 하는 사람 두 명의 가치가 있다.

생각할 시간이 어디 있어, 일단 뛰어!

자신에게 어떤 업무가 주어졌다면 시간 중 몇 %를 실제 업무에 써야 할까? 100%는 아니다. 브레인스토밍을 하고, 새로운 방법을 조사하고, 부수적인 업무를 피할 방법을 구상하고, 책을 읽고, 새로운 기법을 배우고, 조금 쉬는 시간도 필요하다.

우리 자신이 관리자로 일했던 시절을 돌아보니 우리 두 사람 모두 이 주제에 대해 잘못 생각했다는 사실을 깨달았다. 일을 끝내는 데만 몰두한 나머지 핵심 질문을 던질 시간이 없었다. "이것이 정말 해야 하는 일인가?"라는 질문 말이다. 현상 유지를 중시하는 치즈버거 정신으로는 일하면서 생각한다는 개념은 꿈도 꾸지 못한다. 철저히 행동하기 모드로 밀어붙인다. 생각할 시간이 부족하다는 변명 뒤에는 언제나 빠듯한 일정이 따라 나온다. 세상에 빠듯하지 않은 일정이 있기라도 하는 듯이 말이다.

위험이 커질수록 좀 더 신중한 접근 방식이 절실히 필요하다. 바로 이때가 일하는 시간을 줄이고 생각하는 시간을 늘리기 위해 초인적인 의지를 발휘할 때다. 영웅적인 노력이 필요한 프로젝트일수록 팀원들이 더욱 잘 소통하고 즐겨야 한다. 일정 달성이 불가능할 정도로 빠듯한 프로젝트라면 일반 프로젝트에 비해 오히려 잦은 브레인스토밍과 심지어 팀 회식 등 팀원들을 효율적인 하나로 결속시킬 활동이 반드시 필요하다.

하지만 이 모든 것은 노파심이다. 모두가 이 정도는 알고 적절히 행동한다. 그렇지 않나? 틀렸다. 많은 사람이 외골수로 행동에만 돌진한다. 계획을 세우고, 새로운 방법을 조사하고, 책을 읽고, 새로운 기법을 배우고, 예측하고, 일정을 세우고, 예산을 점검하고, 인력을 적절히 배치하는 일에 보내는 시간은 단지 5%에 불과하다(5%라는 수치는 시스템 개발 프로젝트들을 분석한 결과에서 나온 값인데 범위를 넓혀 다른 월급쟁이들을 조사해 봐도 마찬가지일 것이다).

독서에 대한 통계는 특히 실망스럽다. 평균적으로 일반 소프트웨어 개발자는 자신의 업무와 관련한 책을 한 권도 소유하지 않으며 읽지도 않는다. 소프트웨어 분야에서 업무 질을 걱정하는 사람에게는 끔찍한 현실이다. 책을 쓰는 우리 같은 사람들에게는 분명히 비극이다.

3장

비엔나가 너를 기다리잖아

몇 년 전 남부 캘리포니아에서 대규모 프로젝트 관리자와 프로젝트 무용담을 나눈 적이 있다. 그는 자신의 프로젝트에서 업무 시간이 팀원들에게 끼친 영향을 털어놓기 시작했다. 야근 때문에 이혼한 사례가 2건이었고, 1년 내내 바빴던 아버지가 아마도 양육에 참여하지 못한 탓에 팀원 자녀 중 한 명은 약물 남용 사건에 연루되었으며, 테스트 팀장이 신경쇠약에 걸렸다고 말했다.

그는 끔찍한 이야기를 하나씩 털어놓았고, 어느 순간 나는 그가 나름 이상한 방식으로 자랑하고 있다는 사실을 깨달았다. 이혼 한두 건과 자살 한 건 정도만 더 있었어도 프로젝트가 완벽하게 성공했으리라 믿는 듯 말이다.

- 톰 드마르코

("무조건 오래 무조건 열심히"가 아니라) "똑똑하게 일하자"라고 모두가 떠들어대지만, 현실에서는 직원들이 사생활을 희생하고서라도 더 오래, 더 열심히 일하게 만드는 분위기 조성이 진짜 관리라는 사고가 만연하다. 관리자들은 언제나 자기 팀원들이 쏟아 붓는 야근

양과 더 늦게 잡아두려고 자신이 부리는 꼼수를 자랑스레 떠벌인다.

스페인식 경영 이론

역사가들은 가치를 인식하는 다양한 이론을 이미 오래전에 정립했다. 그중 하나가 스페인식 경영 이론이다. '지구상에 존재하는 가치의 양은 한정되어 있다, 그러므로 부를 축적하는 길은 땅이든 사람이든 좀 더 효율적으로 착취하는 방법뿐이다'라는 이론이다. 반대가 영국식 경영 이론이다. 창의력과 기술로 가치를 창조할 수 있다는 이론이다. 그 결과, 영국인들은 산업 혁명을 일으켰다. 스페인 사람들은 새로운 항로를 개척하며 신세계에서 땅과 인디언들을 착취했다. 그들은 막대한 금을 본국으로 들여왔고, 결국 엄청난 인플레이션을 불러일으켰다(돈은 너무 많은데 쓸 만한 물건이 너무 적었기 때문이다).

스페인식 경영 이론은 전 세계 관리자들 사이에서 여전히 꿋꿋하게 살아 있다. 그들이 생산성을 거론할 때마다 스페인식 경영 이론이 드러난다. 생산성이란, 원래 1시간 업무에서 얻어지는 성과를 의미하지만 이제는 1시간어치 월급으로 쥐어짜내는 노동량을 의미하게 됐다. 두 의미의 차이는 크다. 스페인식 경영 이론에 물든 관리자는 무급 야근이라는 간단한 방법으로 생산성을 높여보겠다고 덤빈다. 그들은 일주일에 한 일을 무조건 40시간으로 나눈다. 팀원들이 실제로 쏟아 부은 시간은 80, 90시간이라도 말이다.

엄밀히 말해 이것은 생산성이 아니라 사기에 가깝다. 하지만 많은 미국 관리자에게 이것은 첨단 기법이다. 그들은 팀원들을 닦달하고 구슬려 야근하게 만든다. 출시일의 중요성을 거듭 강조해 주입시킨다(출시일이 아무렇게나 막 정한 날짜라도 말이다. 프로젝트가 한 달쯤 늦어진다고 세상이 망하지 않는 데도 말이다). 팀원들을 꼬드겨 절망적으로 빡빡한 일정을 수락하게 만들고, 창피를 줘서 모든 것을 희생하고서라도 일정을 맞추게 만들며, 온갖 수단을 동원해 그들이 더 오래 더 열심히 일하게 만든다.

집에서 받는 메시지

팀원들은 사무실에 있는 동안 늘 "더 오래 더 열심히 일하라"는 메시지를 받지만 집에서는 완전히 다른 메시지를 받는다. 집에서 받는 메시지는 이렇다. "인생이 흘러간다. 빨랫감이 쌓여간다. 아이는 보살핌이 필요하다. 배우자가 슬슬 한눈을 판다. 인생이라는 회전목마에서 기회는 단 한 번뿐이다. 한 방에 성공해야 한다. 당신이 인생을 C++에 낭비한다면…."

> 하지만 진실에 귀 기울이면 알게 되겠지
> 결국에는 네가 원하는 걸 얻거나 아니면 그냥 나이만 먹고 만다는 사실을
> 반절도 이루지 못하고 세상을 뜨고 말 거야
> 이제 좀 깨닫지 그러니… 비엔나가 널 기다리잖아?
> — 빌리 조엘, '비엔나'

빌리 조엘의 노래에서 여러분을 기다리는 비엔나는 인생의 종착지를 뜻한다. 거기 도달하면 모든 것이 끝난다. 팀원들이 이런 중대한 사안을 걱정하지 않는다고 믿는다면 틀렸다. 팀원들은 각자에게 주

어진 단 한 번의 인생이 짧다는 사실을 잘 안다. 그리고 그 짧은 인생에는 자신이 맡은 시시한 업무보다 더 소중한 무엇이 있다는 사실도 아주 잘 안다.

초과 근무는 소용없다

직장인에게 초과 근무란 순진무구한 관리자의 허황된 망상이다. 물론 월요일 기한을 맞추려 토요일 몇 시간 정도 더 일하는 경우라면 도움이 될지도 모르겠다. 하지만 초과 근무 뒤에는 뒤쳐진 일상을 따라잡으려 그만큼 '업무와 무관한 활동'으로 보내는 시간도 반드시 필요하다. 상황을 통틀어 보면 초과 근무 한 시간 뒤에는 '업무와 무관한 활동'이 대략 한 시간 정도 이어진다. 단기적으로는 이득일지 몰라도 장기적으로는 효과가 없다.

> 진정해, 이 정신 나간 녀석아
> 전화기를 내려놓고 잠시 동안 떠나는 거야
> 문제없어. 하루 이틀 쉬어도 괜찮아
> 언제쯤이면 깨달을 거니… 비엔나가 널 기다리잖아

스페인식 경영 이론에 물든(즉 팀원들이 실제로 얼마를 일하든 한 주를 무조건 40시간으로 보는) 관리자는 무급 초과 근무unpaid overtime를 보지 못하듯 미달 근무undertime도 보지 못한다. 근무일지에 시간이 남았다고 기록하는 직원은 한 명도 없다. 남는 시간은 전화나 담소나 휴식에 쓴다. 40시간을 쉬지 않고, 그것도 창의적인 지적 업무에 필요한 집중력을 유지하며, 일할 수 있는 사람은 사실상 없다.

초과 근무는 전력질주와 같다. 마라톤에서 몇백 미터를 남겨두고 조금이라도 기력이 남은 선수들에게는 말이 되지만 이제 막 달리기 시작한 선수에게는 시간 낭비다. 팀원들이 전력질주하게 너무 밀어붙이면 관리자는 오히려 신뢰를 잃는다. 유능한 팀원들은 이미 다 겪어봤다. 관리자가 4월까지 끝내야 한다고 열창하는 동안 그들은 입 다물고 조용히 앉아 속으로 말도 안 된다고 생각한다. 그리고는 초과 근무 시간만큼 보상으로 적절히 쉬며 결과적으로는 매주 40시간을 일한다. 유능한 사람들은 이렇게 한다. 나머지는 일중독자들이다.

일중독자들

일중독자들은 보상 없이 초과 근무를 한다. 효율이 떨어져도 엄청난 시간을 쏟아 붓는다. 적당한 압력을 가하면 사생활을 망쳐가면서라도 미친 듯이 일한다. 하지만 그것도 잠시뿐이다. 아무리 헌신적인 일중독자라도 언젠가는 다음 메시지를 받는다.

> 진정해, 넌 잘하고 있어
> 시간 내에 네가 원하는 걸 다 이룰 수는 없는 거야
> 그 경계에 선 오늘밤은 낭만적이지만 말이야
> 언제쯤이면 깨달을 거니… 비엔나가 널 기다리잖아

이런 메시지를 완전히 이해하고 나면, 일중독자는 프로젝트에서 영원히 손을 뗀다. (가족, 사랑, 가정생활, 젊음이라는) 더 중요한 가치를 (일이라는) 덜 중요한 가치 때문에 희생했다는 깨달음은 굉장한

충격이다. 자신도 모르게 희생을 치러온 사람은 복수의 칼을 간다. 상사를 찾아가 앞으로는 지금처럼 일하지 않겠다고 침착하고 사려 깊게 설명하지 않는다. 그냥 사표를 던져버린다. 과로로 인한 소진의 한 형태다. 어쨌거나 프로젝트에서 그는 사라진다.

일중독은 병이다. 알코올 중독처럼 소수의 불행한 사람들만 걸리는 병이 아니다. 일중독은 감기와 비슷하다. 모두가 살면서 한 번씩 걸린다. 여기서 일중독을 언급하는 목적은 원인과 치료법을 논하기 위해서가 아니다. 관리자로서 일중독 팀원을 어떻게 다뤄야 하는지라는, 좀 더 단순한 문제를 지적하기 위해서다. 일중독 팀원을 전형적인 스페인식 경영 이론으로 악착같이 착취하면 결국 그들을 잃는다. 아무리 절박하게 초과 근무가 필요하더라도 팀원들이 사생활을 희생하면서까지 일하게 두지는 말라. 초과 근무는 우수한 인력을 잃을 만큼 중요하지 않다. 이것은 단순히 일중독이라는 주제를 넘어 의미 있는 생산성이라는 좀 더 복잡한 주제와도 연결된다.

생산성: 이기는 전투, 지는 전쟁

다음번에 누군가 생산성을 거론하면 그 사람이 '이직률^{turnover}'이라는 단어를 쓰는지 유심히 들어보라. 십중팔구 쓰지 않을 것이다. 지금까지 수많은 사람과 수많은 글이 생산성을 논했지만 생산성과 연관 지어 이직률을 언급하는 전문가는 단 한 명도 만나보지 못했다. 하지만 이직률을 배제하고 생산성을 논하면 도대체 무슨 의미가 있을까? 다음은 생산성을 높이고자 회사들이 취하는 일반적인 조치다.

- 일하는 시간을 늘리도록 사람들에게 압력을 가한다.

- 제품 개발 프로세스를 기계화한다.
- 제품 질을 낮춰 타협한다(다음 장에서 좀 더 자세히 다룬다).
- 업무 프로세스를 표준화한다.

이런 조치를 취하면 당연히 업무가 따분하고 흥미가 떨어진다. 따라서 의욕적인 직원들이 좀 더 재미난 일을 찾아 떠날 위험이 높아진다. 생산성을 높이려면 이직률이라는 대가를 반드시 치러야 한다는 뜻이 아니다. 생산성을 높이고 싶다면 이직률이라는 사안을 반드시 고려해야 한다는 뜻이다. 그러지 않으면 생산성 '향상'으로 얻어지는 이익이 핵심 인력의 손실로 상쇄되어 버린다.

대다수 회사들은 이직률 통계를 기록조차 하지 않는다. 숙련된 팀원 교체에 드는 비용을 파악할 방법이 사실상 전무하다. 생산성을 논의할 때마다 회사들은 이직이 존재하지 않는 듯 아니면 비용이 전혀 들지 않는 듯이 행동한다. 데이터 제너럴에서 수행했던 이글^{Eagle} 프로젝트가 좋은 예다.[1] 이글 프로젝트는 스페인식 경영 이론의 승리였다. 일중독자 팀원들은 무급 초과 시간을 끝없이 쏟아부어 생산성을 전대미문의 수준으로 끌어올렸다. 프로젝트 막바지에는 거의 모든 프로젝트 팀원이 그만뒀다. 여기에 든 비용은 얼마였을까? 어느 누구도 계산조차 하지 않았다.

생산성은 이익을 비용으로 나눈 값이어야 한다. 이익은 절감한 비용과 업무에서 얻어진 수익의 합이며, 비용은 업무에 투입된 팀원의

---

[1] (옮긴이) 트레이시 키더(Tracy Kidder)가 쓴 『The soul of a new machine』(『새로운 기계의 영혼』, 이한중 옮김, 나무심는사람 펴냄)에 이글 프로젝트의 전 과정이 아주 자세히 묘사되어 있다.

교체를 포함한 총 소요 비용이다.

한 번 더 강조하자면

> 초창기에 내가 컨설팅을 했던 프로젝트 중 하나는 너무도 순조롭게 진행되어 프로젝트 관리자가 제품을 기한에 맞춰 출시할 수 있다고 확신했다. 경영진은 그녀를 불러 프로젝트 진행 상태를 물었고, 그녀는 원래 예정한 날짜인 3월 1일까지 제품을 준비할 수 있다고 단언했다. 경영진은 예상치 못했던 기쁜 소식을 듣고 곰곰이 생각한 후 다음 날 그녀를 다시 불러 통보했다. 3월 1일까지 끝낼 수 있다니 기한을 1월 15일로 옮기겠다고.
>
> — 티모시 리스터

스페인식 경영 이론에 물든 관리자에게 실제로 맞출 수 있는 프로젝트 일정은 가치가 없다. 사람들에게 압박감을 주지 못하기 때문이다. 팀원들을 조금이라도 더 쥐어짜려면 무모할 정도로 불가능한 일정이 차라리 낫다.

일을 하다 보면 이처럼 스페인식 경영 이론에 빠진 관리자를 분명히 만나게 된다. 그들의 근시안적 사고에 웃어줘도 좋지만 자신은 그렇지 않다고 쉽사리 단정하지 말라. 우리 모두가 한 번쯤은 일을 더 시키기 위해 팀원들에게 압력을 가하는 단기적인 책략에 굴복한 적이 있다. 그러려면 점점 떨어지는 효율과 필연적으로 발생하는 이직률을 무시해야 한다. 물론 나쁜 부작용을 무시하기는 쉽다. 하지만 다음과 같은 불편한 진실을 명심하기가 어렵다.

시간에 쫓기는 사람들은 더 잘 일하지 않는다. 더 빨리 일할 뿐이다.

더 빨리 일하려면, 제품의 질과 일에 대한 만족감을 버려야 할지도 모른다.

4장

품질 - 시간이 허락한다면

20세기 심리학 이론은 인간의 성격이 몇 가지 기본적인 본능, 예를 들어 생존, 자존심, 생식, 영역 확보 등에 지배를 받는다고 주장한다. 이것들은 태어날 때부터 인간의 두뇌 회로에 새겨져 있다는 이론이다. 평소에는 지금처럼 별다른 감정 없이 머리로 본능을 고려할 수 있지만, 일단 가슴으로 본능을 느끼는 순간에는 항상 격렬한 감정이 수반된다. 어느 본능이든 아주 조금이라도 위협을 당하면 우리는 크게 동요한다.

주체할 수 없는 격한 감정은 두뇌 속의 본능적인 가치가 위협을 받고 있다는 증거다. 초보 관리자는 연관된 감정을 배제하고 업무를 완료할 수 있다고 믿는다. 하지만 관리자로 일해 본 경험이 조금이라도 있다면 전혀 그렇지 않다는 사실을 알 것이다. 우리 일은 감정이 개입될 여지가 아주 많다.

순전히 일과 관련된 문제로 누군가 감정적이 되어 화를 버럭 낸 사건을 아마 적어도 한 번은 겪었을 것이다. 그때 그 사건을 떠올려 보라. 그리고 (이미 여러 차례 물었겠지만) 자신에게 물어보라. 그 감정이 도대체 어디서 나왔을까? 구체적인 정황은 모르지만 십중팔구 상처받은 자존심이 원인이었으리라 장담한다. 인생에서 감정적인 반응을 일으키는 원인은 많고도 다양하지만, 직장에서 감정을 일으키는 주요 원인은 상처받은 자존심이다.

우리는 자신이 만드는 제품의 질과 자존심을 밀접하게 결부시키는 성향이 있다. 제품의 양이 아니라 질이다(어떤 이유로, 주어진 상황에서 꼭 필요하더라도, 그저 그런 제품을 많이 생산하는 일은 별로 만족스럽지 않다). 관리자가 제품의 품질을 망치는 조치를 취하면 팀원들이 감정적으로 반발할 가능성이 높다.

우수성 회피

관리자들은 불가능한 일정으로 제품의 품질을 망친다. 그런데 정작 본인들은 그렇게 생각하지 않는다. 팀원들에게 흥미로운 도전거리를 던져준다고, 우수성을 증명할 기회를 준다고 생각한다.

노련한(즉, 닳고 닳은) 직원들은 그렇지 않다는 사실을 안다. 총구 앞에서 옴짝달싹 못하고 쥐어짜이리라는 사실을 잘 안다. 기한을 맞추게 자원을 안배할 자유는 없다. 인력을 추가하거나 기능을 축소할 선택권도 없다. 남은 것은 품질뿐이다. 허겁지겁 시간에 쫓기는 사람들은 품질을 희생하기 시작한다. 결함은 나중에 해결한다며 덮어버리거나 최종 사용자에게 떠넘겨 버린다. 불안정하고 불완전한 제품을 출시한다. 자신의 행동이 혐오스럽지만 대안이 없다.

여러분 속에 있는 매정하고 현실적인 관리자는 이렇게 말한다. "우리 팀원들은 '품질'이라는 그럴듯한 이름으로 프로그램 하나를 붙들고 하고많은 날 만지작거립니다. 하지만 시장은 빌어먹을 품질 따위에 신경 쓰지 않습니다. 하루라도 빨리 제품을 내놓으라고 야단이며, 급하게 대충 만든 제품조차도 받아들입니다." 시장 상황에 대해서는 맞는 말인지도 모르겠지만, 팀원들이 만족하지 못하는 품질로 제품을 만들어내라는 강요는 언제나 실수다.

우리 관리자들은 품질을 제품의 한 가지 속성으로 간주하는 경향이 있다. 시장의 요구에 따라 더 넣거나 덜 넣어도 되는 속성이라 생각한다. 집에서 만든 아이스크림 위에 뿌리는 초콜릿 소스처럼, 사람들이 더 달라면 더 주고 덜 달라면 덜 주면 된다고 믿는다.

하지만 제품을 만드는 사람은 완전히 다르게 생각한다. 품질은 자존심과 밀접하게 연관되므로 자신의 품질 기준을 제품에 적용한다. 최소한 과거에 자신이 달성했던 최고 품질은 넘어서야 만족한다. 그리고 이것은 시장이 요구하고 기꺼이 비용을 지불하는 수준보다 언제나 더 높다.

"하지만 시장은 빌어먹을 품질 따위에 신경 쓰지 않습니다." 이 문장을 읽고 슬퍼하기 바란다. 거의 항상 사실이니까 말이다. 사람들은 품질이 좋으면 찬사를 늘어놓고 품질이 나쁘면 악평을 퍼붓지만, 막상 품질에 대가를 치루라면 정말로 중요하게 여기는 가치를 명백히 드러낸다. 예를 들어, 소프트웨어 프로젝트에서 고객들에게 이렇게 말한다고 가정하자. "실험으로 추정한 결과, 이 제품은 평균적으로 대략 1시간 20분마다 오류를 일으킵니다. 그래서 예정대로 오늘 출시하면 안정성이 매우 낮습니다. 하지만 3주만 더 투자하면 평균 실패 주기를 대략 2000시간으로 늘일 수 있습니다. 아주 훌륭한 결과입니다." 사용자들은 우물쭈물 망설이고 주저하는 체한다. 가히 올림픽 금메달을 딸 만한 연기다. 그리고는 누구 못지않게 품질도 중요하게 생각하지만, 3주라는 시간은 돈이라 말할 것이다.

소프트웨어에 대해 이야기하자면, 소프트웨어 업계는 자신들이 개발한 응용 프로그램에서 코드 100줄 당 1~3개 정도 결함이 존재한다는 사실을 당연히 받아들이게 고객들을 길들여왔다. 참으로 역설적이게도, 이 끔찍한 수치는 프로그래머들의 품질에 대한 인식이 부족한 탓이라고 한다. 그러니까 "'품질'이라는 그럴듯한 이름으로 프로그램 하나를 붙들고 하고많은 날 만지작거린다"라고 비난받는 바로 그 사람들을 비난한다. 비난받아 마땅한 사람을 비난하자. 질 낮은 음악을 연주하라고 악단을 고용한 사람 말이다. 불가능한 일정으로 프로젝트를 압박하고는 질 낮은 제품을 받아들이는 행동으로 소프트웨어 사용자 공동체는 자신들의 진짜 품질 기준을 보여줬다.

이 모든 이야기가 소프트웨어 사용자와 시장 기준에 대한 신랄한 비난으로 들릴지도 모르겠지만 그렇게 부정적으로 받아들일 필요는 없다. 우리는 우리 제품을 사는 사람들이 품질과 비용 사이에서 합리적인 타협점을 찾을 만큼 이성적이라 가정해야 한다. 여기서 요지는, 제품에서 고객이 요구하는 품질은 프로그래머가 요구하는 품질보다 낮다는 점이다. 그러니 자연스런 갈등이 있다. 물론 품질이 떨어지면 제품을 외면하는 사람이 생긴다. 그만큼 시장 점유율도 떨어지지만 대신 제품 한 개당 이윤이 증가하므로 손해보다 이익이 많다.

프로그래머 자신이 정한 품질 기준이 아니라 고객이 정한 품질 기준을 따르는 행동을 우리는 우수성 회피the flight from excellence라 부른다. 시장이 요구하는 품질 기준에 맞추겠다는 결정은 합리적으로 보인다. 팀원들의 사기와 효율에 미치는 영향만 무시한다면 말이다.

장기적으로는 시장이 요구하는 품질 기준에 맞추면 생산 비용이 높아진다. 교훈은 이렇다.

> 생산성을 높이려면 최종 사용자가 요구하는 수준보다 훨씬 높은 품질을 추구해야 한다.

이런 주장이 의심스럽다면 다음 사고 실험을 상상해 보라. 길거리에서 사람들 100명에게 우수한 품질로 유명한 조직이나 문화나 나라를 물어보라. 아마 절반 이상이 "일본"이라 대답할 것이다. 이제 또 다른 사람들 100명에게 높은 생산성으로 유명한 조직이나 문화나 나라를 물어보라. 마찬가지로, 대다수가 "일본"을 언급할 것이다. 우수한 품질로 인정받는 나라가 높은 생산성으로도 유명하다.

잠깐만! 우수한 품질과 높은 생산성이 어떻게 공존할까? 제품에 품질을 더하면 생산 비용이 더 든다는 일반적인 상식에 완전히 어긋나지 않는가? 일본 현상에 권위 있는 논평가인 타지마와 마쓰바라 두 사람이 한 말에 단서가 있다.

> 일본에서는 가격과 품질의 절충이 존재하지 않는다. 오히려 높은 품질이 비용 절감을 가져온다는 생각이 널리 퍼져 있다.[1]

품질은 공짜지만…

1979년 자신의 저서 『Quality is Free』에서 필립 크로스비 Philip Crosby 역시 똑같은 개념을 제안했다. 크로스비는 팀원들이 스스로 만족하

---

[1] 타지마 · 마쓰바라, 「Inside the Japanese Software Industry」, Computer, Vol. 17(1984년 3월), p. 40.

는 품질 기준을 따르게 관리자가 허락해주면 품질 향상에 들어가는 비용을 상쇄할 만큼 생산성이 높아진다는 개념을 주장하며 다양한 예제와 탄탄한 근거를 제시한다.

안타깝게도 크로스비의 책은 우리 업계에 이익보다 해를 더 많이 끼쳤다는 생각이다. 책을 읽은 관리자는 거의 없는데 제목은 모두가 들어본 탓이다. 사람들은 제목을 글자 그대로 받아들인다. 여기저기서 관리자들은 품질에 대해 열변을 토한다. "품질에 제한은 없습니다. 공짜라니 최대한 높이겠습니다!" 품질의 핵심에서 벗어난 전혀 바람직하지 않은 사고다. 크로스비가 주장하는 견해에 반하는 태도다.

품질과 생산성의 상관관계에 숨어 있는 진짜 의미를 약간 다르게 표현하겠다.

> 품질은 공짜지만 품질 향상에 혹독한 대가를 기꺼이 치르겠다는 사람들에게만 해당한다.

품질 향상에 단돈 한 푼도 투자할 의사가 없는 회사는 품질을 딱 그만큼만 얻는다. '품질 - 시간이 허락한다면' 정책은 제품에 품질이 끼어들 여지를 아예 막아버린다.

HP는 제작자가 정한 고품질 기준을 따른 탓에 생산성이 높아져 이익을 거둬들인 회사다. 처음부터 이 회사는 품질을 숭배하는 문화를 만들었다. 이런 환경에서는 '품질을 높이려면 돈이나 시간이 더 필요하다'는 논쟁이 사라진다. 개발자들은 자신이 시장에서 요구하는 기준을 넘어서게 질 좋은 제품을 만드는 문화의 일부라는 사실을 안다. 품질의 중요성에 대한 직원들의 공감은 높은 직업 만족도와 업계에서 가장 낮은 이직률이라는 결과를 낳았다.

거부권

몇몇 일본 회사, 특히 히타치 소프트웨어와 일부 후지쯔 계열사에서는, 제품이 준비되지 않았다고 믿을 경우 프로젝트 팀이 출시에 대한 거부권을 행사할 수 있다. 품질이 미달돼도 괜찮다며 고객이 허락해도 개발 팀이 자체 품질 기준을 통과할 때까지 출시를 미룰 수 있다. 물론 일본 프로젝트 관리자 역시 미국 관리자들과 마찬가지로 압력을 받는다. 그들도 뭔가를, 무엇이든, 당장 내놓으라는 압력에 시달린다. 하지만 품질을 중시하는 문화가 뿌리 깊게 자리 잡은 터라 일본 관리자들은 섣불리 질 낮은 제품을 내놓으라고 팀원들을 다그치지 않는다.

팀원들에게 출시 거부권을 주겠는가? 물론 강심장이 필요하다. 적어도 처음에는 말이다. 그래놓고는 혹시나 파킨슨의 법칙 Parkinson's Law이 불리하게 작용할까 전전긍긍할 것이다. 이 주제는 장을 따로 할애할 만큼 중요하다.

5장

파킨슨의 법칙
다시 생각하기

1954년 영국 작가 C. 노스코트 파킨슨은 업무는 주어진 시간만큼 늘어진다는 개념을 소개했다. 이른바 파킨슨의 법칙이라 알려진 개념이다.

관리자들이 관리 교육이라고는 거의 받지 않는다는 사실을 몰랐더라면 모든 관리자가 파킨슨의 법칙과 그 의미를 집중적으로 공부하는 학교에 다녔다고 생각할지도 모르겠다. 심지어 관리에 대해 눈곱만큼도 모르는 관리자도 파킨슨의 법칙이라는, 사람들과 그들의 업무 태도를 지배하는 자명한 법칙에 집착한다. 파킨슨의 법칙은 업무를 완수하는 유일한 방법이 현실적으로 무리한 일정을 잡는 관례라는 강력한 신념을 관리자들에게 심어준다.

파킨슨의 법칙과 뉴턴의 법칙

파킨슨의 법칙은 절대로 자명하지 않다. 뉴턴의 법칙 같은 법칙이 아니다. 뉴턴은 과학자였다. 뉴턴은 엄격한 과학적 방법에 따라 중력의 영향을 연구했다. 뉴턴의 법칙은 철저한 검증과 확인을 거친 후에야 일반에 제기됐다. 그리고 이후로 수세기 동안 이어지는 시험을 견뎌냈다.

 파킨슨은 과학자가 아니었다. 파킨슨은 자료를 수집하지 않았다. 아마 파킨슨은 통계적 추론의 규칙도 몰랐을 것이다. 파킨슨은 유머 작가였다. 파킨슨의 '법칙'이 유명해진 이유는 '사실'이라서가 아니라 '재미'있어서였다.

 물론 일말의 진실이 없다면 재미도 없을 것이다. 파킨슨은 가상의 정부 기관(혹자는 영국 우체국이라 믿는 조직)을 예로 든다. 공공기관은 파킨슨의 법칙이 잘 들어맞는다. 공공기관이 직원들에게 주는 업무 만족도는 아주 낮으니 말이다. 그러나 여러분이 공공기관에서 일할 가능성은 낮다. 만약 그렇다고 하더라도 여러분은 팀원들이 파킨슨의 법칙에 노출되지 않게 최선을 다할 것이다. 그러지 않으면 어떤 업무도 완수하지 못하기 때문이다. 최선을 다한다면 팀원들은 직업 만족도가 꽤 높을 것이다. 결국 단순한 진실은 이렇다.

> 파킨슨의 법칙은 거의 확실히 여러분 팀원들에게는 적용되지 않는다.

팀원들도 안다. 회사에서 빈둥거리며 일하기에는 인생이 너무 짧다. 일이 즐거우므로 영원히 질질 끌 이유가 없다. 그랬다가는 자신들이 추구하는 만족도가 떨어질 것이다. 여러분만큼이나 팀원들도 업무를 완수하고 싶어 한다. 단, 자신들이 정한 품질 기준을 타협하지 않는다는 가정 하에서 말이다.

우리 직원을 만나봤다면 그런 소린 못할 거야

관리자라면 누구나 한 번쯤 업무를 요리조리 피하는 직원, 품질에 대한 개념을 상실한 직원, 한없이 질질 끄는 직원을 겪는다. 파킨슨의 법칙이 옳다는 증거가 아닐까?

건강한 업무 환경에서 업무가 진전되지 않는 이유는 능력 부족, 자신감 부족, 팀원들과 연대감 부족, 프로젝트와 프로젝트 목표에 대한 공감 부족이다. 이런 직원에게는 일정을 압박해 봐야 아무 소용이 없다. 예를 들어, 한 팀원이 품질을 개의치 않거나 업무에 별 진전이 없다면 그것은 그 불쌍한 친구에게 주어진 업무가 너무 어렵고 버거운 상태라는 명백한 징후다. 더 이상의 심리적 압박은 필요하지 않다. 그 친구에게는 다른 업무 또는 다른 회사가 필요하다.

극히 드물게 심리적 압박이 유일한 방책인 경우도 있지만, 그럴 때라도 관리자는 심리적 압박을 가하는 최후의 일인이어야 한다. 동료 팀원들에게서 가해지는 압박이 훨씬 더 효과적이다. 잘 짜인 팀에서는 관리자가 나서기도 전에 다른 팀원들이 게으른 팀원을 먼저 혼내준다.

팀과 팀 구축 방안에 대해서는 나중에 다시 다룬다. 여기서 요지는 효과 있는 방법이 아니라 효과 없는 방법이다. 파킨슨의 사고로 팀원들을 대하는 태도는 효과가 없다. 팀원들을 모욕하고 사기를 떨어뜨릴 뿐이다.

뉴 사우스 웨일스 대학교의 연구 자료

물론 우리가 당위성을 주장한다고 해서 관리자들이 파킨슨의 법칙에 대한 맹신을 버리지는 않을 것이다. 파킨슨의 법칙이 대다수 근로자에게 적용되지 않는다는, 신중하게 수집된 자료를 보여주면 마음을 바꾸는 관리자가 있을지도 모르겠다(파킨슨 자신이 법칙과 관련된 내용을 증명하는 자료를 하나도 제시하지 않았다는 사실은 잠시 접어두자. 파킨슨은 수백 쪽에 걸쳐 주장을 반복했을 뿐이다).

뉴 사우스 웨일스 대학교의 저명한 연구자 마이클 로렌스와 로즈 제프리는 1980년대와 1990년대에 걸쳐 매년 설문조사를 수행했다. 그들은 당시 업계에서 진행 중인 프로젝트들을 일반적인 자료 수집 기준에 따라 측정했다. 매년 그들은 프로젝트의 특정 측면 하나에만 집중했다. 1985년 설문조사를 살펴보면 파킨슨의 법칙이 적용되지 않는다는 사실을 보여주는 자료가 있다. 파킨슨의 법칙을 완전히 부인하는 '명백한 증거'는 아니지만 의문을 제기하기에는 충분하다.

로렌스와 제프리는 다양한 일정 수립 방식이 생산성에 미치는 영향을 조사했다. 구체적으로는, 개발자들(여기서는 프로그래머들)이 직접 정한 일정을 맞추려 더 열심히 일한다는 일반적인 믿음이 옳다고(아니면 틀렸다고) 증명하고자 했다. 두 사람은 연구 대상 프로젝트 103개의 생산성을 가중 평가해 각각에 값을 매겼다. 그런 다음, 일정 수립 방식에 따라 프로젝트를 분류했다. 표 5-1은 결과의 일부다.

일정을 정한 주체	평균 생산성	프로젝트 개수
프로그래머 혼자	8.0	19
관리자 혼자	6.6	3
프로그래머와 관리자 함께	7.8	16

표 5-1 일정 수립 방식에 따른 생산성(결과 일부)

여기까지는 일반적인 믿음을 지지하는 결과다. 관리자가 맘대로 정하는 경우보다 자신들이 정하는 경우에 프로그래머들은 생산성이 좀 더 높아 보였다. 관리자와 프로그래머들이 함께 정한 경우는 그 중간 정도의 결과가 나왔다.

같은 해에 조사한 프로젝트 중 21개는 제3자(일반적으로 시스템 분석가)가 일정을 수립했다. 이 경우 개발자들은 관리자 혼자 또는 프로그래머와 관리자가 함께 정한 경우보다 훨씬 좋은 결과를 내놓았다(표 5-2를 참조하라).

일정을 정한 주체	평균 생산성	프로젝트 개수
프로그래머 혼자	8.0	19
관리자 혼자	6.6	3
프로그래머와 관리자 함께	7.8	16
시스템 분석가	9.5	21

표 5-2 일정 수립 방식에 따른 생산성(결과 일부)

제3자가 일정을 수립한 프로젝트에서 얻어진 결과는 일반적인 믿음을 완전히 뒤엎는다. 어째서 프로그래머들은 자신이 정한 일정보다 분석가가 정한 일정을 맞추려 더 열심히 일했을까? 단순히 비정상적인 데이터라 무시해 버리고 싶겠지만, 여러분도 우리처럼 나쁜 일정이 팀원들의 사기를 떨어뜨린다고 믿는다면 충분히 말이 되는 결과다. 시스템 분석가는 프로그래머나 관리자보다 예측에 능하다. 그들은 업무를 구석구석 파악하고 있을 뿐 아니라 직접 일할 사람이 품는 낙관주의나 상사로 인한 정치와 예산 편견으로 인한 영향을 받지도 않는다. 게다가 시스템 분석가는 일반적으로 일정을 수립한 경험이 더 많다. 즉, 과거에 많이 해봤고 이 과정에서 교훈도 배웠기에 프로젝트에 필요한 시간과 노력을 좀 더 정확히 예측한다.

나쁜 일정은, 그것도 불가능하게 촉박한 일정은 개발자들의 의욕을 꺾어버린다. 개발 프로젝트 통계 지표 연구로 유명한 케이퍼스 존스는 이렇게 표현한다. "프로젝트 일정이 완전히 비합리적이고 비현실적이면 초과 근무를 아무리 많이 하더라도 프로젝트를 완료하지 못하며 프로젝트 팀은 분노하고 좌절합니다. … 사기는 바닥으로 떨어집니다"[1]. 끔찍한 결과를 초래하는 "완전히 비합리적이고 비현실적인" 일정은 관리자에게서 나왔든 개발자 자신에게서 나왔든 상관없다. 승리할 수 없는 상황에 걸려들면 사람들은 누가 일정을 잡았든 효율적으로 일하지 못한다.

1985년 제프리-로렌스 연구에서 가장 놀라운 부분은 맨 마지막에 나온다. 그들은 아예 일정이 없었던 24개 프로젝트의 생산성을 조사했는데, 나머지보다 훨씬 우수한 성과를 내놓았다(표 5-3을 참조하라).

관리자가 전혀 일정 압력을 가하지 않았던 프로젝트("일 끝내면 나 깨워"라는 프로젝트)가 최고의 생산성을 보였다. 물론 지금까지 어느 자료도 파킨슨의 법칙이 개발자들에게 적용되지 않는다는 사실을 증명하지는 않는다. 하지만 궁금하지 않은가?

일정을 재촉할지 말지 결정은 아이를 체벌할지 말지 결정과 똑같이 내려야 한다. 평소 체벌이 거의 없는 환경에 타이밍이 완벽해 아

---

[1] Capers Jones, 『Programming Productivity』(New York: McGraw-Hill, 1986), p. 213.

일정을 정한 주체	평균 생산성	프로젝트 개수
프로그래머 혼자	8.0	19
관리자 혼자	6.6	3
프로그래머와 관리자 함께	7.8	16
시스템 분석가	9.5	21
(일정 없음)	12.0	24

표 5-3 일정 수립 방식에 따른 생산성(전체 결과)

이가 쉽게 납득한다면 체벌은 효과가 있다. 하지만 상습적으로 아이를 체벌한다면 그것은 부모에게 문제가 있다는 신호다.

파킨슨 법칙의 변종

파킨슨 법칙을 약간만 변형하면 많은 조직에서 깜짝 놀랄 만큼 진실인 법칙이 나온다.

> 회사 업무량은 업무일 수를 채우도록 늘어나는 경향이 있다

이 효과는 회사가 설립되었을 때 시작되어 매년 악화된다. (1651년에 설립되어 한때 세계 최대 회사였던) 네덜란드 동인도 회사가 여전히 존재한다면 직원들은 서류 양식을 채우느라 주당 40시간을 보낼 것이다. 이 경우 파킨슨의 법칙을 보여주는 쪽은 직원들이 아니라 회사라는 사실에 주목하라. 여기에 대해서는 2부에서 다시 논하겠다.

6장

레이어트릴

레이어트릴laetrile은 살구 씨의 부드럽고 씁쓸한 속에서 추출하는 무색 액체다. 스웨덴에서는 식료품 가게에서 아몬드 추출액 가격으로 판매하며 다른 추출액과 더불어 제과에 많이 사용한다. 멕시코에서는 치명적인 암을 치료하는 약으로 판매하며 한 방울에 50달러가 넘는다. 물론 효과는 없다. 증거만 따져보면 잔인한 사기에 불과하다. 하지만 다른 희망이 없는 불치병 환자들은 아무리 황당무계한 말이라도 레이어트릴 판매상의 주장을 믿는다. 지푸라기라도 잡고 싶은 심정의 사람들은 증거를 면밀히 살피지 않는다.

비슷하게도 많은 관리자들이 '필사적'이다. 그래서 생산성을 높여준다고 주장하는 기술적인 레이어트릴의 손쉬운 희생양이 된다. 그들이 구매하는 기술의 주장을 뒷받침하는 증거는 전혀 없다. 욕구가 너무나 절실해 그들 역시 증거를 따지지 않는다.

자면서 살을 빼십시오

어느 날, 잠시 멍청해진 순간에, 나는 생산성을 2배 이상 올려준

> 다는 제품 광고를 잘라 모으기 시작했다. 순식간에 상당한 광고가 쌓였다. 생산성을 비약적으로 높여준다는 방법은 참으로 다양했다. 세미나가 있었고, 패키지 프로그램이 있었고, 방법론이 있었고, 책이 있었고, 일정을 기록하는 보드가 있었고, 하드웨어 모니터링 장비가 있었고, 컴퓨터 언어가 있었고, 뉴스레터가 있었다. 그날 밤 지하철을 타고 가던 나는 뉴욕 포스트 지 뒷면에서 결정적인 광고 하나를 발견했다. "자면서 살을 빼십시오!" 수집한 다른 기술 광고들과 잘 어울리는 듯이 보였다.
>
> — 티모시 리스터

우리 관리자들은 누구나 생산성을 높여야 한다는 부담감에 시달린다. 문제는, 생산성을 높이는 손쉬운 방법이 더 이상 없다는 데 있다. 손쉬운 방법들은 이미 오래 전에 누군가 생각해 적용했다. 하지만 확실히 어떤 조직은 다른 조직보다 생산성이 높다. 그렇다고 그들이 특별히 발전된 기술을 사용하지는 않는다. 그들은 좀 더 효과적으로 사람들을 다루고, 업무 환경과 기업 문화를 고쳐나가고, 2~4부에서 논의할 조치를 실천할 뿐이다.

    기술이 다른 조치에 비해 상대적으로 효과가 없다는 사실이, 적어도 단기적으로는, 다소 실망스러울지도 모르겠다. 우리가 제안하는 조치, 즉 기업 문화를 고쳐나가는 방법은 적용하기도 어렵거니와 효력도 더디기 때문이다. 잡지 뒷면에서 잘라낸 쿠폰과 돈 수천 달러를 우편으로 보낸 후 환상적인 생산성 향상 장치를 배송받는다면 얼마나 좋을까? 물론 효과가 없을지도 모르지만 그래도 쉬운 오답이 어려운 정답보다 흔히 더 매력적이다.

일곱 인어

쉬운 기술 오답이 주는 가짜 희망은 불쌍한 오디세우스를 유혹한 인어들[1]과 같다. 인어들은 오묘한 목소리로 허황되고 매력적인 거짓말을 읊으며 관리자를 유혹한다. 그들을 믿는 한, 관리자는 건전한 기업 문화 조성에 필요한 힘든 노력을 꺼린다.

관리자를 유혹하는 인어 종류는 업계마다 다르다. 여기서는 우리가 가장 잘 아는 분야인 소프트웨어 개발 분야에서 등장하는 일곱 가지를 짚어보았다. 더불어 우리 의견도 덧붙였다.

소프트웨어 관리에서 잘못된 희망 일곱 가지

- 내가 미처 발견하지 못했으나 생산성을 급격히 향상시킬 방법이 있다.

  의견: 그렇게 근본적인 뭔가를 놓쳤을 정도로 여러분은 멍청하지 않다. 항상 새로운 방법을 조사하고 가장 괜찮은 방법을 시도하니까 말이다. 지금까지 취한 그리고 앞으로 취할 조치가 생산성을 급격히 향상시킬 가능성은 희박하다. 하지만 모두의 건강을 유지하는 효과는 있다. 사람들은 뭔가를 열심히 하고, 배우고, 나아지고 싶어 하기 때문이다. 어딘가 미처 발견하지 못한 마법의 혁신이 있다는 정보는 순전히 두려움을 자극하는 책략이다. 팔아서 이득을 보려는 사람들이 하는 말이다.

---

1 (옮긴이) 오디세우스가 사이렌(Siren)의 유혹을 물리치기 위해 자신의 몸을 돛대에 단단히 묶었다는 그리스 신화다.

- 다른 관리자들은 2배에서 3배까지도 생산성을 높인다!

  의견: 무시하라. 광고에서 접하는 일반적인 마법의 도구는 프로젝트 생명주기에서 주로 구현과 테스트에 집중한다. 하지만 구현과 테스트 단계를 완전히 빼버려도 생산성이 2배가 되지는 않는다. 분석, 협상, 명세, 교육, 인수 테스트, 변환, 시스템 이주$^{\text{cut over}}$ 단계가 있다.

- 기술이 너무 빨리 발전해 따라잡기 어렵다.

  의견: 맞다. 기술은 매우 빠르게 발전한다. 하지만 (앞서 '첨단 기술 환상'에서 설명했듯이) 여러분이 하는 일 대부분은 엄밀히 첨단 기술 업무가 아니다. 기계는 엄청나게 변해 왔지만 소프트웨어 개발 업무는 별로 변하지 않았다. 우리는 여전히 요구 사항과 명세에 시간 대부분을 보낸다. 요구 사항과 명세는 첨단 기술 업무가 아니다. 소프트웨어 업계의 생산성은 매년 3~5% 정도 상승했으며, 철강 업계나 자동차 업계보다 아주 살짝 높은 수준이다.

- 프로그래밍 언어를 바꾸면 생산성이 크게 높아진다.

  의견: 프로그래밍 언어는 사람들이 문제를 생각하는 방식에 영향을 미친다는 측면에서 중요하지만, 한 번 더 강조하자면, 프로젝트에서 구현 단계에만 영향을 미친다. 일부 새로 나온 언어는 심하게 과장된 주장으로 인해 레이어트릴이라 불러도 좋을 정도다. 물론 어떤 기능은, 예를 들면, PHP보다 자바로 구현하면 낫다. 하지만 자바가 나오기 전에도 더 나은 방법(특정 기능을 아주 쉽게 구현해주는 맞춤 도구)이 있었다. 지난 20년 동안 태만하지 않았다

면 언어를 바꾼다고 별 효과는 없을 것이다. 5% 정도는 높아질지 모르지만(물론 무시할 만한 수치는 아니지만) 그 이상은 어렵다.

- 백로그 때문에 생산성을 당장 2배로 올려야 한다.

  의견: 그 말 많은 소프트웨어 백로그는 미신이다. 프로젝트 막바지에 들어서면 초반에 예상한 비용보다 더 큰 비용이 든다는 사실은 누구나 안다. 즉 (여력이 없어) 올해 끝내지 못한 시스템은 그 비용이 실제로 필요한 비용의 절반이나 절반 미만으로 산정된 상태라는 뜻이다. 백로그로 쌓인 프로젝트는 이처럼 가장 후하게 산정된 비용으로도 굳이 끝낼 이유가 없어 떠밀린 프로젝트다. 정말 필요한 비용을 안다면 경제적 실패작이라는 프로젝트의 실체가 드러난다. 백로그에 있어야 할 프로젝트가 아니다. 폐기해야 마땅한 프로젝트다.

- 모든 것이 자동화되었다. 이제 소프트웨어 개발 업무도 자동화할 때가 아닐까?

  의견: 첨단 기술 환상의 한 형태다. 소프트웨어 개발자들이 하는 업무는 쉽게 자동화 가능하다는 환상이다. 그들의 주요 업무는 사용자가 내놓는 요구 사항을 공식적인 절차로 정리하는 의사소통이다. 이것은, 프로젝트 생명 주기가 어떻게 바뀌든, 필수적인 업무다. 자동화될 가능성이 희박한 업무이기도 하다.

- 팀원들은 압박하면 일을 더 잘 한다.

  의견: 아니다. 일을 덜 즐긴다.

지금까지 논의는 모두 다소 부정적이다. 심리적인 압박이 오히려 생산성을 떨어뜨리고 최신 기술 따위도 별 효과 없다면 도대체 관리자는 어떻게 해야 할까?

이것이 관리다

> 예전에 개발자로 일하던 시절 나는 (훗날 코드 앤드 데이트 컨설팅 그룹 사장이 된) 샤론 와인버그$^{Sharon\ Weinberg}$가 관리하는 프로젝트에 참여하는 영광을 안았다. 샤론은 지금의 내가 진보적인 관리라 부르는 개념의 살아있는 예였다. 어느 눈 오는 날 나는 사용자 데모를 앞두고 불안정한 시스템을 손보려 아픈 몸을 이끌고 출근했다. 샤론이 들렀다가 콘솔 앞에서 축 쳐진 나를 발견했다. 잠시 사라진 샤론은 따끈한 스프를 들고 나타났다. 샤론은 스프를 부어주며 내 기운을 북돋았다. 나는 온갖 관리자 업무도 많은데 어떻게 이런 데까지 신경을 쓰냐고 물었다. 샤론은 특유의 미소를 지으며 내게 말했다. "톰, 이것이 관리입니다."
>
> - 톰 드마르코

샤론은 우수한 관리자가 본능적으로 느끼는 사실을 알았다. 관리자의 역할은 사람들을 일하게 만드는 것이 아니라 사람들이 일할 수 있게 만들어주는 것이라는 사실 말이다.

2부

사무실 환경

사람들이 일하기 좋은 환경을 만들려면 일하기 힘든 환경에 영향을 주는 요소를 파악해야 한다. 시간을 낭비하게 만드는 원인은 많지만 대체로 거의 비슷하다. 흔히 (어쩌면 거의 대부분이) 어떤 형태로든 회사가 편히 일하게 제공한 환경에서 생기는 문제다. 전화가 쉴 새 없이 울려댄다, 프린터 수리공이 들러 수다를 떤다, 복사기가 고장 나 돌아가지 않는다, 헌혈 캠페인 담당자가 예약 시간을 바꾸자고 전화한다, 인사과에서 새로운 경력 설문조사에 응하라고 종용한다, 3시까지 일과표를 제출해야 한다, 전화가 계속 온다. … 그리고 하루가 다 갔다. 어떤 날은 실제 업무와 관련된 활동에 생산적인 시간을 1분도 쏟아 붓지 못한다.

관리자 한 사람만 이런 잡무에 시달린다면, 그리고 나머지 팀원들이 평화롭게 일한다면 그나마 괜찮다. 하지만 아시다시피 그렇지 않다. 모두가 방해와 중단에 시달린다. 하루가 다 가버렸는데, 어디로 어떻게 사라졌는지 모른다. 모든 일이 일정보다 늦어지는 이유가 궁금하다면 다음을 고려하라.

하루를 잃는 방법은 수없이 많지만 되찾는 방법은 없다.

2부에서는 시간을 빼앗기는 원인을 살펴본 후, 건강하고 일하기 좋은 환경을 조성하는 방법을 제안한다.

7장

가구 경찰

현재 맡은 업무에 더해 팀원들에게 사무실 환경을 제공하는 책임까지 맡았다고 치자. 각 팀원에게 적합한 사무실 유형과 넓이와 소요 경비를 파악해야 한다. 어떻게 할까? 우선 사람들이 사무실을 사용하는 방식, 필요한 책상 크기, 혼자 일하는 시간, 함께 일하는 시간 등을 조사할 것이다. 또한 소음이 업무에 미치는 영향도 파악해야 한다. 어쨌거나 팀원들은 지식 노동자다. 일하려면 머리를 써야 하고 소음은 집중하는 능력에 영향을 끼친다.

여러 가지 방해 요인을 파악한 여러분은 팀원들을 보호할, 쉽고 기계적인 방법을 찾는다. 어느 정도 재량이 주어졌으니 '(1인용, 2인용, 3인용 등) 폐쇄형 사무실 공간의 이익' 대 '개방형 사무실 공간의 이익'을 비교할 것이다. 그래서 사생활과 조용함이 주는 이익과 그에 따라 소요되는 경비를 합리적으로 가늠한다. 마지막으로, 팀원들의 사교적 욕구를 고려해 다른 사람들을 방해하지 않으면서 대화할 공간을 마련한다.

그런데 이미 잘 알겠지만 회사에서, 특히 큰 회사에서 사무실 환경을 책임지는 사람들은 방금 열거한 항목들을 별로 고민하지 않는다. 그들은 객관적인 자료를 수집하지 않는다. 생산성처럼 복잡한 사안을 이해하려 애쓰지도 않는다. 이렇게 된 이유는 그들의 업무가 좋지 않은 환경 탓에 효율이 떨어지는 유형이 아니기 때문이다. 그래서 그들은 가구 경찰Furniture Police이 된다. 문제에 접근하는 방식이 여러분과 정반대인 사람들이다.

경찰 정신

가구 경찰 대장은 팀원들이 옮겨오기 전날 새 사무실을 둘러보며 이렇게 생각하는 사람이다. '정말 깔끔하고 통일된 사무실이야! 5층인지 6층인지 구분이 안 가잖아! 그렇지만 일단 사람들이 들어오고 나면 그걸로 끝이야. 사진을 걸고 자기만의 특별한 사무실을 꾸민다고 설치겠지. 난장판을 만들어 놓을 거야. 내 사랑스러운 카펫에다 커피를 흘리고 여기서 밥도 먹겠지. (진저리를 치며) 아이고야….' 바로 이들이 퇴근할 때는 책상을 깨끗이 치우고 사무실 벽에는 회사 달력 말고 아무것도 걸지 말라는 규칙을 공표하는 사람들이다. 우리가 아는 어느 가구 경찰은 커피를 엎지를 경우에 연락할 긴급 전화번호 스티커를 전화기마다 붙여 놓았다. 전화하면 어떤 일이 벌어지는지 직접 보지는 못했지만, 흰 작업복을 입은 수리공이 사이렌을 울리며 번쩍이는 전동차를 몰고 오는 모습을 상상할 수 있다.

> 세미나 도중 휴식 시간에 누군가 내게 말했다. 자기 회사는 퇴근할 때 5×7인치(12.7×17.78cm) 크기의 가족사진 말고는 책상 위에 아무것도 놓아두지 못하게 한다고. 그랬다가는 다음 날 아침 가구 경찰로부터 (회사 공식 편지지에 쓰인) 모욕적인 메모를 받

는다고 한다. 한 동료는 이런 메모를 많이 받고서 너무 언짢아 분을 삭이지 못했는데, 친구의 기분을 아는 동료들이 장난을 쳤다고 한다. 근처 싸구려 잡화점에서 가장 평범한 미국인 가족사진이 샘플로 담긴 액자를 산 다음 사진만 떼어내어 그 친구의 가족사진과 바꿨다. 그리고 바꾼 사진 아래다 가구 경찰이 보내는 메모와 비슷한 메모를 붙여 놓았다고 한다. 그 친구 가족이 회사 기준을 통과하지 못해 책상 위에 놓아둘 수 있는 '공식적인 회사 가족사진'을 발급해 주었다는….

- 티모시 리스터

통일된 플라스틱 지하실

경찰 정신을 좀 더 이해하려면 그림 7-1 평면도를 보라. 이제는 미국 전역에서 아주 흔히 보이는 사무실 배치다.

'창가 자리는 누가 앉을까?'라는 복잡 미묘한 질문을 단숨에 해결

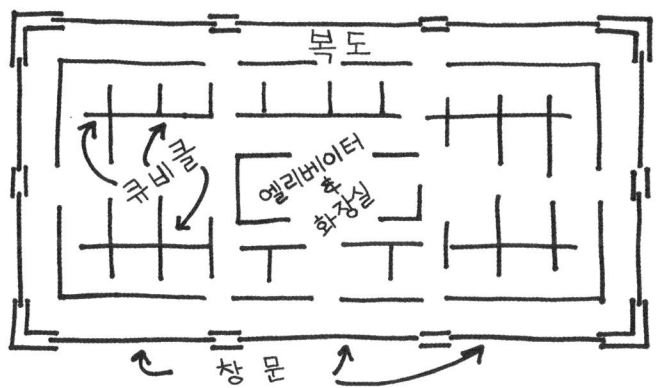

그림 7-1 전형적인 사무실 평면도

하는 사무실 배치 형태다. 답은, 아무도 앉지 않는다! 창가 자리는 모두에게 돌아가지 않는다는 문제가 있다. 누구는 창가 자리고 누구는 아니라고 치자. 동료 자리에 잠시 들렀는데 차이가 확연히 드러난다. 그럴 수는 없다. 그렇지 않나?

하지만 부작용을 보자. 사람들이 가장 자주 오가는 '엘리베이터에서 큐비클'과 '큐비클에서 큐비클' 경로에는 창문이 전혀 없다. 즉, 이런 평면도를 적용하면, 창문을 전혀 활용하지 못한다. 창가 복도는 항상 비어 있다. 우리는 새로 지은 고층 건물 20층에서 이와 같은 창가 복도식 사무실을 처음 접했다. 사방이 트여 있어 경치가 정말 장관이었으나 아무도 그것을 즐기지 못했다. 이 건물에서 일하는 사람들에게는 지하실과 별반 차이 없었다.

가구 경찰은 지하실 공간을 훨씬 더 선호한다. 통일된 환경을 구성하기 쉽기 때문이다. 하지만 사람들은 자연적인 조명에서 일을 더 잘한다. 창문이 있으면 기분이 좋아지며 곧바로 업무 질도 높아진다. 게다가 사람들은 천편일률적인 공간에서 일하고 싶어 하지 않는다. 자신의 편의와 취향에 맞는 공간을 갖고 싶어 한다. 이런 불편한 진실은 인력 관리에서 일반적으로 발생하는 전형적인 사례다.

우리는 매년 수십 개에 이르는 회사를 돌아다니는데, 이런 불편한 진실을 전혀 고려하지 않는 사무실이 대부분이다. 거의 예외 없이, 지식 노동자에게 주어진 사무실은 시끄럽고, 삭막하며, 방해가 잦고, 개인적인 공간을 보장하지 않는다. 간혹 다른 사무실보다 조금 더 예쁘게 꾸며 놓은 사무실은 있지만 더 높은 효과를 발휘하지는 못한다. 아담한 사무실에 접이식 탁자 두 개를 주고 문만 닫아주면 비버처럼 미친 듯이 일할 친구에게 73개 플라스틱 부속으로 구성된 이

동식 큐비클을 준다. 이런 작업 공간이 생산성을 높이는지 낮추는지 아무도 관심이 없다.

미국 사무실 공간을 설계하는 건실한 시민들에게 다소 가혹한 비판이라 여길지도 모르겠다. 만약 그렇게 생각한다면 그들의 사고를 여실히 보여주는 증거를 마지막으로 하나 더 들겠다. 바로 사내 방송이다. 너무나 극악무도해 참고 견뎌야 한다는 사실 자체가 놀랍다. 믿기 어렵겠지만, 사람 한 명을 찾으려고 전체 사내 방송으로 수천 명의 직원들(생각하려고 애쓰는 직원들)을 방해하는 회사도 있다. "삐! [지지직] 알립니다, 알립니다! 폴 포츄라카 씨를 찾습니다. 폴 포츄라카 씨는 즉시 방송실로 연락하십시오." 장소를 잘 골라 둘러보면 30에서 40명에 이르는 직원들이 삐 소리에 고개를 들고 방송을 경청한 후 방송이 끝나면 고개를 숙이는 모습이 보인다. '아까 내가 뭘 하고 있었더라?' 하면서.

경찰 정신에 물든 설계자들은 교도소를 설계하듯 사무실을 설계한다. 최소 비용으로 가둬 놓기에 가장 좋은 구도를 잡는다. 사무실 공간에 관한 한 우리는 그들에게 별 생각 없이 복종하지만 생산성에 문제가 있는 조직이라면 사무실 개선이 가장 효과 좋은 방책이다. 팀원들이 시끄럽고, 삭막하고, 방해가 잦은 공간에서 일한다면 사무실 개선 외에 다른 시도는 무의미하다.

8장

출근해서 하는 일이 없군요

"초과 근무는 어쩔 수 없는 현실이다." 업계를 막론하고 지식 노동자들 사이에 전해지는 정설이다. 다시 말해, 업무는 절대 주어진 시간 안에 끝나지 않는다는 뜻이다. 뭔가 수상쩍은 이론이다. 확실히 소프트웨어 업계에서 초과 근무는 피할 수 없는 현실이지만 투자한 비용보다 훨씬 가치 있는 소프트웨어를 만들어온 덕분에 소프트웨어 업계는 놀라운 전성기를 맞이했다. 그렇다면 소프트웨어 종사자들뿐 아니라 수많은 지식 노동자들이 그렇게 많은 시간을 초과 근무에 쏟고 있다는 사실은 어떻게 설명할까?

충격적인 가능성 하나는, 초과 근무가 업무 시간을 늘리는 수단이 아니라 업무 평균 질을 높이는 수단이라는 점이다. 우리가 흔히 듣는 표현에서 이런 가능성이 사실이라는 증거가 드러난다.

"저는 아침 일찍, 다른 사람들이 출근하기 전에, 업무 효율이 가장 높습니다."

"저는 밤늦게 2~3일 분량의 업무를 해치울 수 있습니다."

"사무실은 종일 전쟁터입니다. 하지만 저녁 6시 이후면 조용해지고 일에 집중할 수 있습니다."

생산성을 높이려 사람들은 새벽 같이 출근하거나, 밤늦게 남거나, 아예 사무실 바깥으로 나간다. 하루를 집에서 일하며 중요한 업무를 끝낸다. 어느 세미나 참가자는 상사가 재택근무를 허락하지 않기에 중요한 보고서 마감이 있으면 전날 병가를 내서 집에서 일한다고 말했다.

새벽 같이 출근하거나 밤늦게 남거나 집에서 일하는 행동은 사무실 환경이 열악하다는 증거다. 놀라운 사실은, 사무실에서 업무가 불가능하다는 점이 아니라, 모두가 그것을 알지만 아무도 고치러 나서지 않는다는 점이다.

나 몰라라 정책

내가 컨설팅을 제공했던 어느 캘리포니아 회사는 직원들과 소통에 관심이 많았다. 어느 해 회사 경영진은 (1000명이 넘는) 전체 프로그래머들에게 자신의 업무에서 가장 좋아하는 측면과 가장 싫어하는 측면을 열거하라는 설문을 돌렸다. 설문을 진행했던 관리자는 설문 후 회사가 취한 조치에 굉장히 기뻐했다. 그는 2위로 꼽힌 문제가 경영진과 원활하지 못한 의사소통이라고 했다. 설문에서 얻은 정보를 토대로 회사는 품질 분임조를 만들고, 불평 토론회를 열고, 기타 의사소통 프로그램을 만들었다. 회사가 취한 여러 조치를 상세히 열거하는 동안 나는 공손히 경청했다. 그가 설명을 끝냈을 때 나는 1위로 꼽힌 문제가 무엇이었는지 물었다. "환

> 경이었습니다"라고 그는 대답했다. "직원들은 사무실이 시끄럽다고 불평했습니다." 나는 회사가 어떤 조치를 취했는지 물었다. "아, 아무 조치도 취하지 않았습니다." 그는 말했다. "우리도 어쩌지 못하는 문제였습니다."
>
> - 톰 드마르코

안타깝게도 그 관리자는 회사가 사무실 환경을 개선하고자 아무런 조치도 취하지 않았다는 사실을 별로 당혹스럽게 여기지 않았다. 마치 프로그래머들이 "중력이 너무 셉니다"라는 불평을 하자 관리자들이 심사숙고한 끝에 어쩌지 못하는 문제라 결론지은 분위기였다. 중력은 인간 능력을 벗어나는 문제니까 말이다. 이른바 나 몰라라 정책이다.

사무실 환경을 바꾸는 일은 인간의 능력을 벗어나는 문제가 아니다. 물론 거의 모든 회사에는 물리적 환경을 통제하는 권력 집단, 이른바 가구 경찰이 있다. 하지만 그들을 설득하거나 그들에게서 통제권을 빼앗는 일이 불가능하지는 않다. 이 장 나머지에서는 그렇게 해야 하는 이유를 이야기한다. 이어지는 장에서는 그렇게 하는 방법을 알려준다.

구현 전쟁 게임에서 드러난 생산성 요인

『피플웨어』첫 판을 출판하기 수년 전부터 매년 우리는 일종의 공개 생산성 설문 연구를 수행했다. 지금까지 전 세계에서 300곳이 넘는 회사가 연구에 참여했다. 그러다 우리는 매년 수행하는 설문을 일종의 공개경쟁 형식으로 진행하기 시작했다. 다양한 회사의 소프트웨어 개발 팀들이 일련의 벤치마킹 구현과 테스트를 수행해 프로젝트를 최단 시간에 최소 결함으로 완료하는 경쟁이다. 우리는 이것을 구현 전쟁 게임Coding War Games이라 부른다. 경쟁 방식은 이렇다.

- 팀은 기본적으로 같은 회사 개발자 한 쌍으로 이뤄진다. 두 사람은 서로 협력하지 않는다. 각자 경쟁하고 다른 회사 개발자들과도 경쟁한다.
- 두 사람은 정확히 같은 일을 한다. 우리가 지정한 명세에 맞게 중간 규모의 프로그램을 설계하고, 구현하고, 테스트한다.
- 프로그램을 작성하는 동안 참가자들은 각 단계에 소요된 시간을 일지에 기록한다.
- 모든 참가자가 테스트 단계까지 완료하면 프로그램은 우리의 표준 인수 테스트를 거친다.
- 참가자는 자기 업무 시간에 자기 자리에서 평소 사용하는 언어와 도구와 터미널과 컴퓨터를 사용한다.
- 모든 결과는 비밀에 부친다.

1984년에서 1986년까지 92개 회사에서 600명이 넘는 개발자들이 우리 게임에 참여했다. 참가자가 얻는 이익은, 다른 참가자들과 비교해 자신의 실력이 어느 수준인지 가늠할 수 있다. 회사가 얻는 이익은, 다른 회사들과 비교해 자신들이 어느 수준인지 짐작할 수 있다. 그리고 우리가 얻는 이익은, (이 장 나머지에서 논의할) 생산성에 영향을 미치는 요인들을 자세히 파악할 수 있다.

개인차

구현 전쟁에서 처음으로 얻은 결과 중 하나는 개인차가 굉장히 크다는 사실을 증명한 것이었다. 물론 그 전에도 밝혀진 사실이었다. 예를 들어, 그림 8-1은 세 가지 다른 측면에서 개인 생산성을 조사해 합한 결과다.

생산성 개인차를 측정할 때마다 다음 세 가지 규칙이 드러난다.

- 가장 잘하는 사람은 가장 못하는 사람보다 10배 더 잘한다.
- 가장 잘하는 사람은 중간 정도 사람보다 2.5배 더 잘한다.
- 중간 이상으로 잘하는 절반은 중간 이하로 못하는 절반보다 2배 더 잘한다.

어느 측면에서 생산성을 측정하더라도 세 가지 규칙은 사실상 동일하게 적용된다. 즉, 시간 측면에서 중간 이상으로 잘하는 절반은 나머지 절반보다 2배 빨리 업무를 끝낸다. 또한 결함 측면에서 중간 이

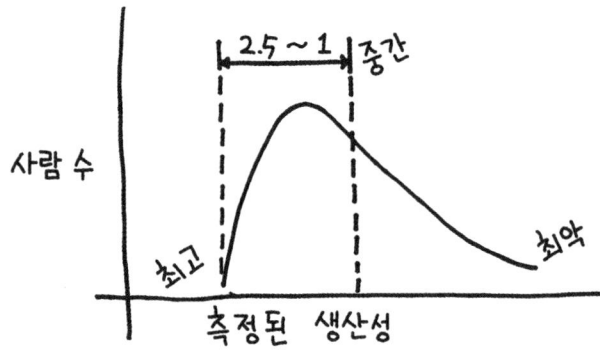

그림 8-1 개인 생산성 차이

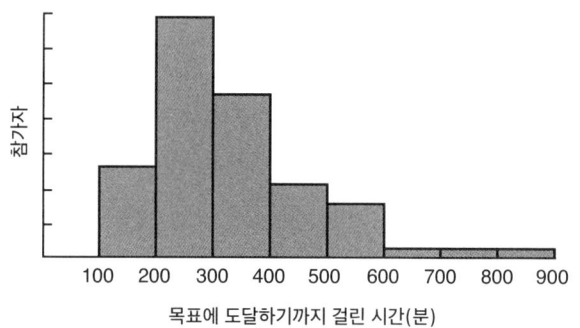

그림 8-2 생산성 개인차

하로 못하는 절반이 전체 버그 중 2/3 이상을 만들어 낸다.

구현 전쟁에서 얻은 결과도 같은 양상을 보인다. 그림 8-2는 어느 한 해 게임 참가자들이 첫 번째 목표(깨끗한 컴파일, 테스트 준비 완료 상태)에 도달하기까지 걸린 시간이다.

최단 시간은 평균보다 2.1배 빨랐다. 평균보다 나은 절반은 평균보다 못한 절반보다 1.9배 빨랐다. 이후 진행한 게임에서도 거의 같은 결과를 얻었다.

생산성과 무관한 요인

게임 결과를 분석한 결과, 우리는 다음 요소들이 생산성과 거의 또는 아예 무관하다는 사실을 발견했다.

- **언어**: 코볼과 포트란처럼 옛날 언어를 사용한 사람들이나 파스칼과 C를 사용한 사람들이나 본질적으로 차이는 없었다. 같은 언어를 사용한 사람들 사이의 생산성 개인차 분포는 전체적인 생산성 개인차 분포와 아주 비슷했다. 단 하나 예외는 어셈블리 언어였

다. 어셈블리 언어를 사용한 사람들은 다른 언어를 사용한 사람들보다 크게 뒤쳐졌다(그렇지만 어셈블리 언어 사용자들은 이미 뒤쳐진 상태에 익숙할 것이다).
- **경력:** 경력이 10년인 개발자가 2년인 개발자보다 더 우수하지 않았다. 경력과 생산성은 아무 상관관계가 없었다. 단, 언어를 접한 경험이 6개월 미만인 개발자들은 전반적으로 나머지 개발자들보다 성적이 저조했다.
- **결함률:** 참가자 1/3 정도가 결함률 0으로 과제를 마쳤다. 그들은 정확도가 높으면서도 생산성이 떨어지지 않았다(사실 그들은 결함을 일으킨 사람들보다 과제를 평균적으로 조금 더 빨리 끝냈다).
- **급여:** 참가자들의 급여 수준은 아주 다양했다. 월급과 생산성 사이의 상관관계는 아주 미미했다. 중간 이상 사람들과 중간 이하 사람들의 급여 차는 대략 10% 미만이었으나 생산성은 거의 2배까지 차이가 났다. 급여 수준이 동일한 개발자들 사이의 생산성 분포는 전체 생산성 분포만큼이나 다양했다.

다시 말하지만, 전혀 놀라운 결과가 아니다. 이미 주목하던 사실이다. 오히려 생산성에 상당한 영향을 미친다고 밝혀진 요인들이 더 놀랍다.

상사에게 알리고 싶지 않은 진실

결과에서 생산성에 밀접한 영향을 미친다고 밝혀진 요인 하나는 다소 의외였다. 짝이 누구인지가 아주 중요했다. 잘하는 사람과 짝이 된 사람은 과제를 우수하게 끝냈다. 꾸물거리며 질질 끄는 사람과 짝이 되면 마찬가지로 꾸물거리며 질질 끌었다. 과제를 끝내지 못하는 사람과 짝이 되면 역시 끝내지 못했다. 평균적으로 팀원 두 사람의 생산성 차이는 21%에 불과했다.

이것이 왜 중요할까? 과제는 따로 수행했지만 두 사람이 같은 회사에서 일하기 때문이다(대개는 한 회사에서 한 팀만 출전했다). 그들은 동일한 물리적 환경에서 일하며 동일한 조직 문화를 공유했다. 두 사람이 거의 동일한 생산성을 보였다는 사실은 전체 참가자들이 보였던 광범위한 생산성 개인차 분포가 조직 안에서는 적용되지 않을지도 모른다는 뜻이다. 다시 말해, 같은 조직에 속하는 두 사람은 비슷한 생산성을 보인다. 즉, 어떤 조직은 최고의 개발자들이 모여들고 어떤 조직은 최악의 개발자들이 모여든다는 의미다. 소프트웨어 선구자인 할란 밀스가 1981년에 예측했던 효과다.

> 프로그래머 개인 생산성이 10 대 1까지 차이가 나듯이 소프트웨어 조직 생산성도 10 대 1이라는 차이가 있다.[1]

우리 연구에서는 실험에 참가한 92개 조직들이 상당한 차이를 보였다. 전체 참여 조직 중 (대표로 나온 팀원들의 평균 생산성이 가장 높았던) 최고 조직은 최저 조직보다 10배 빨리 과제를 끝냈다. 속도만이 아니었다. 가장 빠른 조직이 개발한 코드는 모두 핵심 인수 테스트를 통과했다.

굉장히 껄끄러운 결과다. 오랫동안 관리자들은 개인차를 운명으로 받아들였다. 선천적인 차이라 합리화하고, 그러니 어쩔 수 없다고

---

[1] H. D. Mills, Software Productivity(New York: Dorset House Publishing, 1988), p. 266.

체념했다. 하지만 비슷한 인재들이 무리 지어 모이는 현상을 운명이라 여기기는 어렵다. 어떤 회사는 다른 회사보다 상황이 더 심각하다. 사무실 환경과 기업 문화에서 어떤 요인이 우수한 인재를 끌어당겨 잡아두지 못하거나 심지어 우수한 인재도 효과적으로 일하지 못하게 방해한다.

사무실 환경이 미치는 영향

단도직입적으로 말하자면, 많은 회사가 비좁고 시끄럽고 방해가 많은 사무실 환경을 개발자들에게 제공해 그들의 하루를 좌절감으로 채운다. 이런 사실만으로도 업무 생산성이 떨어지는 현상과 우수한 인력이 이직하는 경향을 설명하기에 충분하다.

사무실 환경 질이 개발자 생산성에 큰 영향을 미친다는 가설은 검증하기 쉽다. 평소 개발자들이 하는 업무와 비슷한 내용으로 일련의 벤치마크 과제를 고안한 후 다양한 환경에서 과제를 수행하며 생산성을 관찰한다. 우리는 정확히 이것을 목적으로 구현 전쟁 게임을 설계했다.

근무 환경에 대한 자료를 수집하기 위해 우리는 사전에 게임 참가자들에게 일하는 환경에 관한 설문지를 돌렸다. 사무실 면적이나 칸막이 높이 등 객관적인 자료를 요청하는 동시에 "업무 환경에 만족하십니까?"나 "근무 환경이 조용한 편입니까?" 같은 주관적인 질문을 던졌다. 그런 다음 우리는 그들이 과제에서 보인 생산성과 설문조사 결과를 비교했다.

상관관계를 쉽게 파악하려면 과제를 우수하게 수행한 사람들의 근무 환경 특징과 그러지 못한 사람들의 근무 환경 특징을 살펴보면 된다. 우리는 상위 25%와 하위 25%를 비교했다. 상위 25%의 평균 생산성은 하위 25%의 평균 생산성보다 2.6배 높았다. 업무와 환경 사이의 상관관계는 표 8-1에 요약한다.

과제를 가장 빠르고 효과적으로 끝낸 상위 25%가 일하는 환경은 하위 25%가 일하는 환경과 매우 큰 차이를 보인다. 상위 25%가 일하는 환경은 더 조용하고, 더 사적이고, 덜 방해받고, 더 크다.

환경 요인	상위 25%	하위 25%
1. 사무실 면적	78평방피트 (7.2평방미터)	46평방피트 (4.2평방미터)
2. 조용한 편입니까?	57% 예	29% 예
3. 사적 공간이 보장되는 편입니까?	62% 예	19% 예
4. 전화기를 무음으로 설정할 수 있습니까?	52% 예	10% 예
5. 전화를 다른 사람에게 돌려놓을 수 있습니까?	76% 예	19% 예
6. 별다른 이유 없이 다른 사람들이 자주 업무를 방해합니까?	38% 예	76% 예

표 8-1 구현 전쟁 게임에서 최고 생산성 개발자들과 최저 생산성 개발자들의 환경

결과 다시 보기

위에서 제시한 자료가 환경이 좋으면 생산성이 높아진다는 명제를 엄밀히 증명하지는 않는다. 단순히 우수한 인재들이 좋은 환경으로 자연스럽게 모여들어 얻어진 결과일지도 모른다. 어느 쪽이든 중요하지 않다. 조용하고 넉넉하고 사적인 공간이 현재 직원들의 생산성을 높여주든, 우수한 직원들을 끌어들여 유지하든 장기적으로는 별 차이가 없다.

하지만 우리가 발견한 한 가지 확실한 점이라면, 근무 환경에 대한 나 몰라라 정책은 실수다. 머리를 써서 일하는 사람들을 관리한다면 사무실 환경은 관리자가 적극적으로 관여할 문제다. "출근해서 하는 일이 없군요"라고 지적하고 나서 관심을 다른 곳으로 돌릴 문제가 아니다. 사람들이 정상 근무 시간에 일을 끝내지 못한다니 말이 되는가? 뭔가 조치를 취할 때다.

9장

사무실 경비 아끼기

우리가 매년 수행하는 설문에서 최근 3년 동안 변화를 살펴보면 사무실 환경에서 사적인 공간 감소, 전용 공간 감소, 소음 증가 등 추세가 드러난다. 물론 직접적인 이유는 경비다. 사무실에서 한 푼이라도 절약하면 그만큼 버는 셈이기 때문이다. 논리는 그렇다. 이처럼 판단하는 사람들은 이익을 꼼꼼히 살피지 않은 채 손익 분석을 수행한다. 비용은 알지만 공식 반대편에 놓인 이익은 전혀 모른다. 확실히 사무실 경비 절감은 매력적이지만 무엇과 비교해서 낫다는 걸까? 당연히 경비 절감은 효율성 저하와 비교해야만 한다.

최근 사무실 비용에 가해지는 맹렬한 공격을 볼 때, 잠재적인 절약이 잠재적인 위험과 비교해 얼마나 보잘것없는지 알면 놀랄 것이다. 개발자 한 사람에게 필요한 사무실 공간에 들어가는 비용은 그 개발자에게 들어가는 급여에 비해 아주 작다. 물론 땅값, 급여 수준, 건물 임대 또는 소유 여부 등에 따라 달라지지만 일반적으로 대략 급여의 6%에서 16% 정도다. 회사가 소유하는 건물에서 일하는 프로그래머에 대해 사무실 공간과 편의 시설에 들어가는 비용 1달러당 15달러 정도가 급여로 들어간다고 봐야 한다. 직원 복지에 들어가는 비용까지 고려하면 직원 한 사람에게 투자되는 총 비용은 사무실에 투자되는 비용의 20배가 넘는다.

20:1이라는 비율은 사무실 경비 절감이 위험하다는 사실을 암시한다. 1달러에서 조금 아끼려 애쓰다가 20달러에서 왕창 까먹을지도 모른다. 신중한 관리자는 업무 효율에 미치는 영향을 고려하지 않은 채 팀원들을 저렴하고, 시끄럽고, 비좁은 공간으로 몰아넣지 않는다. 그러므로 우리 사무실을 최신 유행에 맞춰 10년짜리 장기 프로젝트에 어울리는 개방형으로 바꾸는 전략을 펼쳐온 설계자들 역시 생산성 손익 분석을 아주 신중하게 먼저 수행했으리라 생각할 것이다. 아니라면 환경에 무책임하게 무관심하다는 뜻이기 때문이다.

질병처럼 번지다

무책임한 무관심, 불행히도 우리 시대에 나타나는 일반적인 태도다. 무책임한 무관심으로 천연자원도 마구 파괴하는데 사무실 설계는 가만둘까? 예언적인 공상 과학 소설에서 존 브루너는 다음 세기말까지 계속되는 공기, 토양, 수질 오염을 묘사한다. 오염이 아무리 심해도 불평하는 사람은 없다. 동요하지 않는 거대한 양 떼처럼 브루너가 창조한 세상에 거주하는 사람들은 생존 가능성이 완전히 사라질 때까지 문제를 무시한다. 생존 가능성이 사라진 후에야 그들은 알아차린다. 브루너는 자신의 작품에 『The Sheep Look Up』이라는 제목을 붙였다.

미국 사무실 직원들은 그들의 근무 환경이 합리적인 상태에서 말도 안 되는 상태로 퇴화하는 와중에도 무심한 태도로 방관해 왔다. 얼마 전까지만 해도 그들은 벽과 문과 창문이 있는 2~3인용 사무실에서 일했다(벽과 문과 창문, 기억하는가?). 그런 공간에서는 사람들이 조용하게 일할 수 있었으며 옆 사람을 방해하지 않고 조용히 회의도 할 수 있었다.

그러다 난데없이 개방형 사무실이 질병처럼 번지기 시작했다. 새로운 사무실 형태를 지지하는 사람들은 생산성이 저하되지 않는다는 증거를 하나도 내놓지 않았다. 아니, 내놓지 못했다. 의미 있는 생산성 측정은 복잡하고 모호하다. 업무 분야마다 다르게 측정해야 하는데, 그러려면 전문적 지식과 신중한 연구와 수많은 자료 수집이 필요하다.

개방형 사무실이라는 아이디어를 내놓은 사람들은 그만한 수고를 감수할 의지가 없었다. 하지만 말은 번드르르했다. 새로운 사무실은 생산성을 급격히 높여준다며, 최대 300%까지 향상시킨다고 시끌벅적하게 단언하며 생산성이 떨어질 가능성에 대한 언급을 회피했다. 전혀 근거 없는 자료를 토대로 수많은 기사를 쏟아냈으며, 심지어 『Data Management』지에다 「Open-Plan DP Environment Boots Employee Productivity」(개방형 사무실 환경은 직원 생산성을 급격하게 높여준다)라는 인상적인 제목의 성명서도 냈다. 이처럼 전도유망한 제목에 이어 글쓴이는 곧바로 핵심에 접근한다.

> 정보 처리 환경에서 개방형 사무실을 설계할 때 근본적으로 고려할 사항은 시스템의 전기적인 배치 능력, 컴퓨터 지원 능력, 제조업체와 판매업체 서비스다.

끝이다. 이게 전부다. "근본적으로 고려할 사항"은 달랑 이것뿐이다.

이런 공간에서 일할 사람에 대한 언급은 없다.

앞의 기사와 비슷한 다른 기사에서도 그들은 직원 생산성이라는 개념을 명백히 설명하지 않는다. 『Data Management』 기사에는 제목을 지지할 만한 증거가 없다. 개방형 사무실이 생산성을 높인다는 주장을 지지하기 위해 사용한 유일한 방법은 반복적인 단언에 의한 증명일 뿐이다.

비판을 잠시 중단하고 몇 가지 사실을 제시한다

산타 테레사에 새로운 연구실을 짓기 앞서 IBM은 그 공간에서 일할 사람들의 업무 습관을 신중하게 연구함으로써 모든 업계 표준을 위반했다. IBM 지역 관리자들의 도움으로 건축가 제럴드 맥큐가 연구를 수행했다.[1] 연구자들은 현재 사무실에서 업무가 진행되는 모습과 새 사무실 모델 하우스에서 업무가 진행되는 모습을 관찰했다. 그들은 프로그래머들, 엔지니어들, 품질 관리 직원들, 관리자들이 일상적인 업무를 수행하는 모습을 지켜보았다. 연구 결과 그들은 새로운 공간으로 이주할 다양한 사람들에게 최소한 다음과 같은 공간이 필요하다고 결론지었다.

- 직원 1명당 전용 공간 100평방피트(약 9.2평방미터)
- 사람 1명당 업무 공간 30평방피트
- 밀폐된 공간이나 6피트(약 1.8미터) 높이 칸막이로 방음(결국 그들은 전문 인력 절반 정도를 1인용 또는 2인용 폐쇄형 사무실에 배치했다)

---

1   G. McCue, "IBM's Santa Teresa Laboratory," IBM Systems Journal, Vol. 17, No. 1(1978), pp. 320~41.

이와 같은 최소 기준을 충족하게 연구실을 지었던 이유는 간단하다. 연구 대상이었던 직종의 사람들은 최적으로 일하기 위해 조용한 공간이 필요하기 때문이다. 비용을 절감하겠다고 최소 기준에 미달하는 공간을 지었다가 자칫하면 절감한 비용을 모두 까먹을 만큼 효율이 떨어진다. 다른 연구에서도 같은 사안을 조사해 거의 비슷한 결과를 얻었다. 맥큐 연구는 한 가지만 다르다. 바로 IBM이 맥큐의 추천을 받아들여 사람들이 일할 수 있는 연구실을 지었다는 점이다(우리는 IBM이 오래가리라 예측한다).

그렇다면 IBM의 최소 표준 작업 공간과 관련해 나머지 회사들의 상황은 어떨까? 그림 9-1은 우리 구현 전쟁 게임 설문에 참여한 회사들이 직원들에게 제공하는 1인당 전용 공간 면적이다.

참가자들 중 16%만이 100평방피트 이상의 사무실에서 일한다.

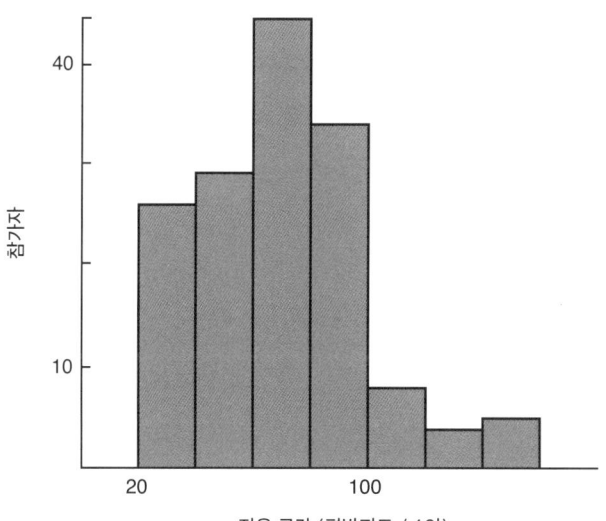

그림 9-1 전용 공간 넓이 분포

11%만이 독립된 사무실이거나 칸막이 높이가 6피트 이상이다. 100 평방피트 그룹에 속하는 참가자 수보다 20~30평방피트 그룹에 속하는 참가자 수가 더 많다(30평방피트 이하라면 산타 테레사 연구실의 책상 면적보다 더 작은 공간에서 일한다는 뜻이다).

구현 전쟁 게임 참가자들을 조사한 결과 58%가 사무실이 조용하지 않다고 불평했다. 61%는 사생활이 보장되지 못한다고 불평했으며, 54%는 회사 사무실보다 집 서재가 더 낫다고 말했다.

업무 질과 제품 질

비좁고 시끄러운 사무실을 제공하는 회사들은 이런 요소들이 별로 중요하지 않다는 생각으로 스스로를 위로한다. 시끄럽다는 불평은 널찍하고 독립된 사무실로 대접 좀 해 달라는 요구 정도로 취급한다. 조금 시끄럽다고 뭐가 문제인가? 졸리지 않으니 좋지 않은가.

소음이 업무에 미치는 영향을 파악하고자 우리는 참가자들을 두 그룹으로 나누었다. 하나는 자신의 사무실이 꽤 조용한 편이라 대답한 사람들이고, 다른 하나는 그렇지 않다고 대답한 사람들이었다. 그런 다음 우리는 각 그룹에서 프로그래밍 과제를 결함 없이 완벽하게 끝낸 참가자 수를 세었다.

> 과제를 수행하기 전에 자신의 사무실이 조용한 편이라 대답한 사람들은 결함이 없는 코드를 내놓을 가능성이 33% 더 높았다.

소음 강도가 높아질수록 이런 경향도 강해졌다. 예를 들어, 직원 50여 명이 참가한 어느 회사는 소음 강도가 평균보다 22% 높을 만큼 업무 환경이 열악했다. 그 회사에서 결함이 전혀 없는 코드를 내놓은 사람 수는 조용한 사무실에서 결함이 전혀 없는 코드를 내놓은 사람 수에 비해 심하게 차이가 났다.

> 결함이 전혀 없는 코드를 내놓은 사람들: 66%가 사무실이 조용한 편이라 응답함
> 결함이 1개 이상인 코드를 내놓은 사람들: 8%가 사무실이 조용한 편이라 응답함

거듭 강조하지만, 다른 환경 요인과 마찬가지로, 우리는 프로그래밍 과제를 수행하기 전에 참가자들에게 소음과 관련된 설문을 요청했다.

우리가 소음 강도를 객관적으로 측정하지 않았다는 사실에 주목하라. 그저 참가자들에게 사무실이 조용한 편인지 아닌지 물었을 뿐이다. 다시 말해, 정말 조용한 환경에서 일하는 사람들과 시끄러운 환경에서도 잘 적응해 (구애받지 않고) 일하는 사람들을 구분하지 않았다. 하지만 직원이 시끄럽다고 불평한다면 그 사람은 운 좋은 어느 쪽에도 속하지 않는다는 뜻이다. 즉, 코드에 결함이 생기기 쉽다는 말이다. 이런 결과를 무시하려면 위험을 각오하라.

노벨상을 받아 마땅할 발견

살다 보면 직관이 번쩍 하는 날이 있다. 우리에게 그 획기적인 날은 1984년 2월 3일, 사무실 밀도와 1인당 전용 면적 사이의 놀라운 관계를 알아채기 시작한 날이다. 하나가 올라가면 다른 하나가 내려갔

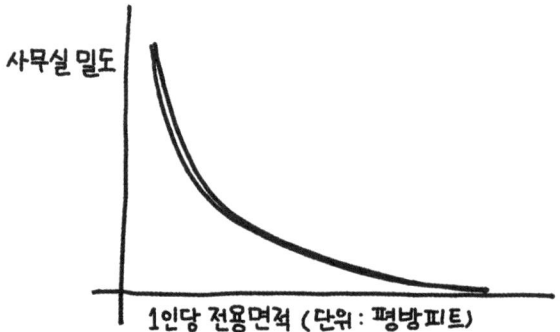

그림 9-2 드마르코/리스터 효과

다! 신중한 연구자로서 우리는 즉시 경향을 기록하기 시작했다. 자유 진영에 속한 3만 2346개 회사를 조사한 결과 둘 사이에 사실상 완벽한 반비례 관계가 있다는 사실을 확인했다(그림 9-2를 참고하라).

   자료를 수집하면서 우리가 얼마나 흥분했을지 상상해 보라. 독일 물리학자 옴이 옴의 법칙Ohm's Law을 발견하고 느꼈을 흥분을 우리도 경험했다. 진정으로 노벨상을 받아 마땅할 발견이다. 여기서 이런 관계를 처음 봤을 가능성이 높을 것이다. 사무실 밀도(즉, 1000평방피트당 직원 수)는 1인당 전용 면적에 반비례한다.

   이것이 어째서 중요한지 모르겠다면 소음 관점에서 생각해 보라. 소음은 밀도에 직접적으로 비례한다. 그러므로 1인당 전용 면적을 반으로 줄이면 소음은 2배로 늘어난다. 프로그래머가 30평방피트 공간에서 갇힌 느낌 없이 일할 수 있다고 증명해 내더라도 30평방피트라는 공간이 충분하다고는 증명하지 못할 것이다. 30평방피트 사무실은 100평방피트 사무실보다 소음이 3배가 넘는다. 이것은 결함으로 가득한 제품과 결함이 전혀 없는 제품 사이에 존재하는 차이를 뜻할지도 모른다.

꼭꼭 숨어라

사무실 환경이 열악하면 사람들은 숨을 곳을 찾는다. 회의실을 예약하거나 도서관으로 향하거나 커피를 마시러 나가서는 돌아오지 않는다. 몰래 사내 연애를 한다거나 정치적 반란을 모의하기 위해서가 아니라 일하려고 숨는다. 여기서 다행스러운 소식은, 팀원들이 업무 완수라는 성취감을 진정으로 느끼고 싶어 한다는 점이다. 그래서 일이 진행되도록 극단적인 조치까지 취하는 것이다. 일정에 쫓기면 사람들은 어디든 일할 만한 곳을 찾아 나선다.

> 브라운 대학교에 다니던 시절 모든 숙제가 한꺼번에 몰렸을 때 힘든 시기를 헤쳐나가기 위해 조용한 곳을 찾는 기교를 부렸다. 브라운 대학교에는 도서관 개인 열람실 시스템이 있었다. 화재경보기 외에는, 그것도 진짜 불이 났을 때 외에는, 아무런 방해도 받지 않는 장소였다. 우리는 아무도 생각 못할 구석진 열람실을 찾는 데 전문가가 됐다. 생물학과 도서관 5층 열람실이 내가 가장 좋아하는 곳이었는데, 미국사 도서관 지하실까지 공부하러 간 친구도 있었다. 그 건물을 기부했던 여성의 유해가 보관된 지하실 말이다. 친구 녀석에 따르면, 시원한 대리석에 무척 조용했다고 한다.
>
> - 티모시 리스터

회의실을 들여다보면 세 사람이 조용히 일하는 모습이 보인다. 오후에 구내식당을 둘러보면 탁자당 한 명이 앉아 일거리를 펼쳐 놓은 모습이 보인다. 어떤 직원들은 코빼기도 보이지 않는다. 사람들이 일하러 어딘가로 숨어버린다. 이것이 여러분 회사 모습이라면 폐단의 흔적이다. 사무실 경비 절감이 오히려 엄청난 손해라는 뜻이다.

쉬어가기

생산성 측정과 UFO

'쉬어가기(intermezzo)'는 자칫 심각할 작품의(아, 그러니까, 꽤 심각한 작품의) 분위기 전환을 위해 군데군데 넣어주는 재미난 여담이다.

좋은 사무실 환경과 나쁜 사무실 환경에서 각각 생산성을 측정해 사무실 환경과 업무 효율성 사이의 관계를 깔끔하게 정의하지 못하는 이유는 무엇일까? 그런 접근 방식은 제조 공장에나 적합하기 때문이다. 하지만 측정하는 작업이 지적인 업무라면 명쾌하게 정의하기 어렵다. 지식 노동자의 생산성을 측정하려는 시도는 행동 과학이라는 비판에 시달린다. UFO 연구보다 나을 것이 없다는 사람도 있다.

사무실 환경이 생산성에 미치는 효과를 판단하는 실험은 설계하기 쉽다.

- 새 사무실에서 완료된 업무량을 측정한다.
- 해당 업무에 들어간 비용을 측정한다.
- 새 사무실 크기와 비용을 이전 사무실 크기 및 비용과 비교한다.

설계는 쉽지만 실행은 어렵다. 예를 들어, 시장 조사나 새 회로 설계나 새 대출 정책 개발에 들어간 업무량을 어떻게 측정할까? (소프트웨어 업계가 그렇듯) 표준이 나오는 중일지도 모르지만 어쨌거나 방

대한 사내 자료 수집과 사내 전문 지식 구축은 필수다. 하지만 대다수 조직은 직원들이 수행하는 지적 업무량을 측정하려는 시도조차 않는다. 물론 비용도 아주 효과적으로 측정하지 않는다.

특정 업무에 투입된 총 시간에 대한 자료가 있을지도 모르지만 투입된 시간의 질을 파악할 방법은 없다(여기에 대해 10장 '머리로 일한 시간, 몸으로 일한 시간'에서 좀 더 자세히 다룬다). 게다가 설령 조직이 새 사무실 크기와 비용을 측정하더라도 그것과 비교할 과거 자료가 없다. 관리자는 눈살을 찌푸리며 고민하다가 한숨을 내쉬며, 생산성 차이는 파악 불가라고 결론지을 가능성이 높다. 하지만 현실이 그 정도로 나쁜 상황은 아니다.

길브의 법칙

어느 해 런던 소프트웨어 공학 국제 학회(ICSE, International Conference on Software Engineering)에서 나는 『Software Metrics』의 지은이면서 소프트웨어 프로세스 측정에 대해 논문을 수십 편 출간한 톰 길브(Tom Gilb)와 오후를 보냈다. 나는 무엇이든 측정이 불가능하다고 언급하면 톰이 쉽게 발끈한다는 사실을 발견했다. 톰은 측정 불가라는 개념 자체를 굉장히 불쾌하게 여겼다. 그날 톰은 특별히 자신이 측정 가능성의 근본적인 진실이라 여기는 개념을 말해주었다. 듣자마자 무척 현명하고 권할 만하다고 여겨져서 내 수첩에다 길브의 법칙이라는 제목으로 옮겨 적었다.

정량화가 필요한 것은 무엇이든 전혀 측정하지 않는 방법보다

> 나은 방법으로 측정할 수 있다.
>
> 길브의 법칙은 측정이 공짜라거나 싸다고 보장하지 않는다. 완벽하다고도 보장하지 않는다. 아무것도 하지 않는 것보다 좋다는 뜻이다.
>
> - 톰 드마르코

물론 생산성은 측정할 수 있다. 똑같은 업무 또는 비슷한 업무를 수행하는 사람들 한 그룹을 소집한 후 각자 합리적인 측정 방식을 고안하라고 하루를 주면 그들은 길브의 법칙을 증명하는 뭔가를 내놓을 것이다. 그런 다음 그들이 내놓은 방법으로 계산한 값을 토대로, (서로에게서 배우는) 동료 검토나 품질 평가 위원회 활동을 병행해, 서로의 생산성 값을 조율한다. 이렇게 그룹이 내놓은 평균값은 사무실 환경 개선 등 특정 변수가 생산성에 미치는 영향을 보여주는 믿을 만한 지표가 된다.

우리가 가장 잘 아는 분야인 소프트웨어 개발 분야에는 당장 적용할 수 있는 생산성 측정 방식이 상당히 많다. 심지어 회사를 방문해 생산성을 측정한 후 업계 다른 회사와 비교한 현재 수준을 보여주는 서비스도 있다. 자신들의 생산성을 측정하지 못하는 조직은 충분히 그러려 애쓰지 않았기 때문이다.

모르고 넘어갈 문제가 아니다

바보라도 사용 가능한 생산성 측정 도구가 있어 지금 바로 이 순간에 여러분 팀을 측정한다고 가정하자. 담당자가 와서 비슷한 업무를 수행하는 조직 중 여러분 팀의 생산성이 상위 5%에 든다고 말한다. 기쁠 것이다. 남몰래 미소 지으며 뿌듯한 마음으로 복도를 거닌다. '꽤 잘한다고 생각은 했지만 정말 기쁜 소식이야!'라고 생각하면서.

아뿔싸! 담당자가 다시 찾아와 처음 보고할 때 아무래도 그래프를 거꾸로 봤다고, 실제는 하위 5%라 말한다. 하루를 망쳤다. '내 이럴 줄 알았어! 이런 병신들을 데리고 있으니 무슨 일이 되겠어?'하는 생각이 든다. 아까는 구름 위를 떠다녔는데 지금은 죽 쑨 기분이다. 하지만 어느 상황에서도 여러분은 별로 놀라지 않는다. 결과가 어떻든 별로 놀라지 않을 가능성이 농후하다. 여러분 팀의 생산성이 실제로 어느 정도인지 전혀 모르기 때문이다.

조직에 따라 10배까지 (생산성에) 차이가 난다는 사실을 감안하면 무지한 상태로 있어서는 절대로 안 된다. 경쟁사가 같은 업무를 10배 더 효율적으로 수행할지도 모른다. 그것을 모르면 아무런 조치도 취할 수 없다. 시장만이 안다. 그리고 시장은 상황을 바로 잡는 방향으로 움직인다. 여러분 회사에 불리한 방향으로 말이다.

눈 감고 측정하기

업무 측정은 방법론 개선, 동기 부여, 직업 만족도 개선에 유용한 도구이지만 그렇게 사용되는 경우는 거의 없다. 측정 방식은 위협과 부담을 주는 경향으로 치우기기 쉽다.

원래 의도한 효과를 얻으려면 경영진이 한 걸음 물러나 지켜볼 정도로 통찰력과 안정감이 있어야 한다. 즉, 개인을 측정한 자료가 경영진에게 전달되지 않으며 조직 내 모두가 그 사실을 알아야 한다. 개인으로부터 수집한 생산성 자료는 해당 개인에게 이익을 줄 목적으로만 사용되어야 한다. 측정 방식은 자체 평가이며 개인 정보를 삭제한 평균만 상사에게 전달되어야 한다.

이것은 많은 관리자에게 받아들이기 어려운 개념이다. 관리자들은 자료를 활용하면 (예를 들어, 공정한 승진이나 심지어 공정한 해고 등) 자신의 몇 가지 업무를 좀 더 효율적으로 수행할 수 있다고 주장한다. 회사가 돈 들여 수집한 자료이니 관리자도 활용하면 이득이라 생각한다. 하지만 이처럼 민감한 개인 자료는 개인의 적극적이고 자발적인 협력이 있어야만 제대로 수집된다. 비밀을 보장하겠다는 약속이 깨진다거나 자료가 단 한 사람에게라도 불이익을 초래한다면 전체 자료 수집은 당장 중단된다.

개인이 자료를 사용하는 목적은 관리자가 자료를 사용하려는 목적과 똑같다. 그들은 스스로 부족한 부분을 개선하고 이미 뛰어난 부분을 더 잘하려 애쓴다. 극단적인 경우에는 자신이 부족하다고 드러난 분야의 업무로부터 자신을 '해고'하려 들지도 모른다. 관리자는 굳이 개인 자료를 살펴보지 않아도 이익을 충분히 얻는다.

10장

머리로 일한 시간, 몸으로 일한 시간

9장 '사무실 경비 아끼기'에서 소개했던 산타 테레사 연구소 사전 건축 조사에서 맥큐와 그의 연구팀은 개발자들이 다양한 업무 모드에서 보내는 시간을 측정했다. 그들은 평소 일과에서 개발자들이 표 10-1과 같이 시간을 배분한다고 결론지었다.

소음이라는 관점에서 살펴보면 표 10-1의 중요성이 명백히 드러난다. 30% 시간 동안은 소음에 민감한 상황에 놓이며 나머지 시간 동안은 스스로 소음을 만든다. 사무실에는 혼자 일하는 사람들과 함께 일하는 사람들이 동시에 있으므로 두 모드가 충돌한다. 특히 혼자 일하는 사람들이 이런 충돌로 불편을 겪는다. 특정 순간에 숫자상으로는 소수에 불과하지만 그렇다고 그들을 무시해서는 안 된다.

업무 모드	시간(%)
혼자 일하기	30%
2명이서 일하기	50%
3명 이상 함께 일하기	20%

표 10-1 개발자들이 시간을 보내는 방식

혼자 일하는 바로 그 시간이 실제로 일을 하는 시간이기 때문이다. 나머지 시간은 부가적인 활동, 휴식, 수다에 쓰이는 시간이다.

몰입

혼자 일하는 동안 사람들은 심리학자들이 말하는 몰입flow이라는 상태에 빠진다. 몰입은 거의 명상에 가까운 몰두 상태를 말한다. 몰입에 빠진 사람은 살짝 도취한 상태로 시간 흐름을 거의 느끼지 못한다. "일을 시작했는데 시계를 쳐다보니 3시간이 지났더군요." 억지로 노력하지 않는다. 그냥 물 흐르듯 일한다. 많이 겪어봤을 테니 굳이 더 설명하지 않겠다.

몰입하지 않아도 생산성을 발휘할 수 있는 업무도 있기는 하지만 공학, 설계, 개발, 집필 등과 관련 있는 직종에서 몰입은 필수다. 이런 분야는 추진력이 중요하다. 몰입했을 때만 진도가 잘 나간다.

불행히도 몰입은 스위치처럼 껐다 켰다 할 수가 없다. 본격적인 몰입으로 빠져들기까지 대략 15분 정도 집중하면서 천천히 주제로 녹아드는 시간이 필요하다. 이 시간 동안 소음과 방해에 특히 민감해진다. 방해가 잦은 환경에서는 몰입으로 빠져들기 어렵거나 불가능하다.

일단 몰입했다 하더라도 (전화처럼) 온전히 자신에게 향하는 방해나 ("알립니다! 폴 포츄라카 씨를 찾습니다. 폴 포츄라카 씨는 즉시 전화 주십시오"처럼) 무시할 수 없게 오래 지속되는 소음이 몰입을 깨뜨린다. 방해를 받을 때마다 몰입으로 되돌아가려면 다시 빠져드는 시간이 추가로 필요하다. 몰입으로 빠져드는 와중에는 실제로 일을 하지 않는다.

10장 머리로 일한 시간, 몸으로 일한 시간   79

몰입하지 못하는 상태의 지속

걸려오는 전화를 처리하는 시간이 5분이고 몰입까지 걸리는 시간이 15분이라면 전화 한 통에 드는 총 비용은 몰입 시간(즉, 업무 시간) 20분이다. 전화 12통이면 반나절이 간다는 뜻이다. 12통 정도만 더 오면 하루가 다 가버린다. "출근해서 하는 일이 없군요!"를 확실히 보장하는 방법이다.

일할 시간을 잃어버리는 동시에 좌절감에 시달린다는 사실도 중요하다. 계속해 몰입하려다 매번 방해를 받으면 짜증이 쌓인다. 몰입 언저리까지 갔다 현실로 튕겨온다. 자신이 갈구하는 차분한 집중 상태가 아니라 현대 사무실이 강요하는 잡다한 방향 전환으로 계속 내몰린다. 표 10-2는 구현 전쟁 게임 참가자들이 채운 일과표다. 그들의 입장에 한번 서 보라.

이런 상태로 며칠을 보내면 누구나 새로운 직장을 찾을 준비를 한다. 관리자라면 몰입에 빠지지 못해 생기는 짜증에 대해 상대적으로 동조하지 못할지도 모르겠다. 결국 관리자란 방해 모드에서 대다수 작업을 처리하기 때문이다. 하지만 여러분을 위해 일하는 사람들은

업무 시간	업무 유형	업무를 중단하게 만든 원인
2:13-2:17	코딩	전화
2:20-2:23	코딩	상사가 들러 이야기함
2:26-2:29	코딩	동료가 질문함
2:31-2:39	코딩	전화
2:41-2:44	코딩	전화

표 10-2 구현 전쟁 게임 일과표 일부

몰입에 빠질 필요가 있다. 이런 사람들에게서 몰입을 빼앗아버리는 어떤 방해물도 작업 효율성과 작업 만족감을 줄일 것이다. 또한 이런 방해물은 작업 수행비용을 높일 것이다.

몰입 시간 측정

현재 회사가 사용하는 업무 시간 관리 시스템은 전통적인 모델에 기반을 둘 가능성이 크다. 기존 모델은 완료한 업무량이 투입한 업무 시간에 비례한다고 가정한다. 이런 체계에서 일과표를 채우는 직원들은 실제 업무에 투입한 시간과 좌절하며 허비한 시간을 구분하지 않는다. 그래서 그들은 머리로 일한 시간이 아니라 몸으로 일한 시간을 보고한다.

설상가상으로, 근무 시간 자료는 급여 지급 목적으로도 쓰인다. 그러니 직원들은 언제나 미리 정해진 한 주 근무 시간에 딱 맞게 일한 시간을 기록한다. 실제로 더 많이 일했든 더 적게 일했든 상관이 없다. 점호 시간에 "출석했습니다!"라고 답하는 셈이다. 경리부는 이렇게 얻어진 공식적인 허구가 괜찮을지도 모르겠다. 하지만 생산성을 평가하거나 돈의 쓰임을 분석하고 싶다면 너무 오염되어 사용하지 못할 자료다.

개발 업무에 투입되는 시간을 좀 더 현실적으로 파악하려면 몰입이라는 현상을 이해해야 한다. '출석해서 앉아 있는' 시간이 아니라 '집중해서 일하는' 시간이 더 중요하다. 몰입 상태로 60분이면 정말로 뭔가를 해내지만 6분씩 10번은(11번 중단은) 아무것도 해내지 못한다.

몰입 시간 기록 시스템은 별로 복잡하지 않다. 업무 시간을 기록하는 대신 방해받지 않은 업무 시간을 기록한다. 정직한 자료를 얻으려면 너무 적게 기록했다고 책임을 물어서는 안 된다. 일주일에 방해받지 않은 업무 시간이 한두 시간에 불과해도 잘못을 추궁받지 않는다고 믿을 수 있어야 한다. 사실 이것은 몰입하기 좋은 환경을 제공하지 못한 회사 책임이다. 물론 어떤 자료도 경리부로 넘어가면 안 된다. 급여 지급 목적으로 출석 시간을 기록하는 시스템도 여전히 필요하겠다.

출석 시간이 아니라 몰입 시간을 기록하는 업무 시간 관리 시스템은 두 가지 큰 장점이 있다. 첫째, 직원들이 몰입 시간의 중요성에 주목한다. 매일 최소 두세 시간은 방해받지 않는 시간을 누려도 괜찮다는 사실을 알고 나면 그들은 자발적으로 그 시간을 확보하려 애쓴다. 방해받는다는 것을 인식할 수 있게 되면 동료들이 평상시에 방해하지 못하도록 막을 수 있다.

둘째, 업무에 투입된 실제 시간이 기록된다. 3000 몰입 시간이 필요하다고 예상되는 제품이라면 2000 몰입 시간이 기록되었을 시점에 2/3를 완료했다고 봐도 좋다. 출석 시간으로 완료 상태를 분석하는 방법은 어리석고 위험하다.

환경 지수

몰입하기 쉬운 환경이 우수한 환경이라는 의견에 공감한다면 방해받지 않은 시간 자료는 현재 사무실 환경의 우수성을 평가하는 척도로 사용해도 된다. 방해받지 않은 시간이 근무 시간에서 많은 비중을 차지한다면, 예를 들어 대략 40%에 달한다면, 몰입하기 좋은 환경이라는 뜻이다. 비율이 낮을수록 좌절감이 높고 효율이 떨어진다는 뜻이다. 우리는 이것을 환경 지수Environmental Factor 또는 E-Factor라 부른다.

환경 지수 = 방해받지 않은 시간 / 출석 시간

환경 지수 자료를 모으면서 다소 놀라웠던 결과는 값이 한 회사 내에서도 자리에 따라 달라진다는 사실이다. 예를 들어, 큰 정부 기관 한 곳은 환경 지수가 0.38에서 0.10까지 나왔다. 기관장은 정부 정책과 행정 서비스 수준으로 사무실 특성이 결정되므로 물리적 환경은 어쩌지 못한다고 단언했다. 그럼에도 불구하고 협소하고 시끄러운 개방형 사무실에서 일하는 곳이 있는 반면, 쾌적한 4인용 사무실에서 같은 수준으로 같은 업무를 수행하는 곳도 있었다. 당연히 4인용 사무실의 환경 지수가 훨씬 더 높았다.

환경 지수는 현 실정에 위협적일 수도 있다(어쩌면 자료를 수집하지 않는 편이 낫겠다). 예를 들어, 합리적인 사무실은 환경 지수가 0.38이고 경비 절감 사무실은 0.10이라 보고하면 사람들은 십중팔구 비용 절감이 타당하지 않다고 결론짓게 된다. 0.10 공간에서 일하는 사람들이 주어진 업무를 끝내려면 0.38 공간에서 일하는 사람들보다 출근해서 앉아 있는 시간이 3.8배 길어야 한다는 의미다. 다시 말해, 경비 절감 사무실에서는 절감한 경비로 얻어지는 이익보다 생산성 저하로 얻어지는 손해가 더 크다는 뜻이다. 당연히, 이처럼 이단적인 사고는 억압해야만 한다. 그렇지 않으면 사무실 환경을 쥐어짜서 얻어지는, 그 멋진 '절약'을 몽땅 위험에 빠뜨리게 된다. 누가 보기 전에 당장 이 책을 불태워 버리라.

빨간 두건의 정원

처음 환경 지수를 측정하기 시작할 때 0에 근접한 값이 나오더라도 놀라지 말라. 방해받지 않은 시간을 기록하라고 하면 사람들이 비웃을지도 모른다. "이렇게 정신없는 곳에서 방해받지 않는 시간이란 없습니다." 낙담하지 말라. 단순한 자료 수집이 아니라 사람들의 태도 변화에 일조한다는 사실을 명심하라. 주기적으로 방해받지 않은 시간을 강조하면 하루 중 얼마라도 방해 없는 시간을 누려야 한다는 개념을 관리자가 공식적으로 인정한다는 뜻이다. 숨어서 일하거나, 전화를 무시하거나, (음…, 문이 있다면) 문을 닫아도 좋다는 뜻이다.

어느 고객사에서 환경 지수 자료를 수집하기 시작하고 몇 주 후에 사람들이 책상에다 빨간 두건을 매달기 시작했다. 위에서 빨간 두건을 공식적인 '방해하지 마시오' 표시로 쓰라고 시키지도 않았는데 말이다. 공감으로 자연스럽게 생긴 현상이었고, 곧 모두가 두건의 중요성을 인식하고 존중하게 됐다.

물론 평소에도 시종일관 '방해하지 마시오' 표시를 걸어 놓는 과민한 괴짜도 있지만 보통 사람들은 분위기상 주변 사람들에게, 아주 짧은 시간 동안이라도, 대놓고 방해받기 싫다고 말하기 어렵다. 환경 지수를 조금만 강조해도 조직 문화가 바뀐다. 방해하면 안 된다는 개념이 용인된다.

회사에서 생각하기

벨 연구소에서 일하던 시절 나는 2인용 사무실을 썼다. 사무실은 널찍했고, 조용했으며, 전화를 돌려놓을 수 있었다. 웬들 토미스

> 라는 친구와 사무실을 함께 썼는데, 나중에 웬들은 전자 장난감 제조사를 창립해 큰 성공을 거뒀다. 당시 웬들은 전자 교환기 시스템의 고장 진단 사전을 만들었는데, 시스템의 사전 체계가 n-공간 근접성이라는 개념에 기반을 두었다. 집중력이 뛰어난 웬들조차 생각하기 벅찬 개념이었다. 어느 날 오후 내가 프로그램 출력물을 살펴보는 동안 웬들은 책상 위에 발을 올린 채 허공을 응시하고 있었다. 상사가 들어와 물었다. "웬들! 뭐합니까?" 웬들이 대답했다. "생각하고 있습니다." 그랬더니 상사가 말했다. "생각은 집에서 해도 되지 않나요?"
>
> - 톰 드마르코

벨 연구소 환경과 일반적인 현대 사무실 환경의 차이는 조용함이다. 일하다 생각에 잠길 수 있는 환경 말이다. 오늘날 우리가 접하는 대다수 사무실은 소음과 방해가 너무 많아 신중한 생각이 사실상 불가능하다. 더욱 창피한 사실은, 사람들이 매일 아침 두뇌를 들고 출근한다는 점이다. 사무실이 조금만 평화롭고 조용하면 월급을 더 주지 않아도 사람들은 기꺼이 자신들의 두뇌를 더 많이 사용한다.

11장

전화

업무 시간 질에 대한 자료를 수집하기 시작하면 자연적으로 방해의 주된 원인에 관심이 쏠리게 된다. 바로 전화다. 하루 15통 정도를 받는 일은 대수롭지 않다. 대수롭지 않지만 몰입에 걸리는 시간 때문에 하루가 훌쩍 가버린다. 하루가 다 가고 시간이 도대체 어떻게 흘러버렸는지 의아해한다. 하루 내내 통화했던 사람들이나 전화한 용건은 기억나지 않는다. 몇 통은 중요한 전화였지만 몰입을 깰 정도는 아니다. 하지만 울리는 전화를 무시할 만큼 배짱 있는 사람이 있을까? 생각만 해도 섬뜩하다.

상상 속 세계

자, 이제 긴장을 풀고 전화가 아직 발명되지 않은 덜 복잡한 세상으로 가 보자. 이곳에서는 점심이나 회의를 쪽지로 제안하고 답변도 쪽지로 받는다. 모두가 조금 더 일찍 계획한다. 모두가 아침에 30분 정도 편지를 읽고 답한다. 삶에서 성가신 전화벨 소리는 없다.

이곳에서는 매주 수요일 아침 회사 연금 투자 신탁 위원회 회의가 열린다. 자신에게 직원 대표로 투자 포트폴리오를 감시하는 책임이 있다고 가정하자. 이번 주 수요일은 어느 발명가가 위원회 앞에서 발표할 예정이다. 발명가는, 위원회가 그의 새 장치에 투자만 한다면, 세상을 바꿀 만한 계획이 있다. 이 발명가의 이름은 A. G. 벨이다.

"신사 숙녀 여러분, 이것이 벨로폰^{BellOPhone}입니다!" (그가 덮개를 벗기자 검고 큰 상자가 나타난다. 상자 옆에는 손으로 돌리는 크랭크가 달려 있고, 위에는 거대한 종이 달려 있다.) "이것이 미래입니다. 미국에 있는 모든 사무실 책상 위에 한 대씩 놓일 겁니다. 가정도 마찬가지입니다! 미래에 이것 없는 세상은 상상하기 어려울 겁니다."

점점 더 설명에 열을 올리며, 벨은 열정적인 몸짓으로 회의실 곳곳을 돌아다니기 시작한다. "벨로폰은 어디나 있을 겁니다. 모두가 지하에 매립된 전선이나 공중에 매달린 전선으로 연결됩니다. 그리고 정말 짜릿한 소식으로, 여러분의 벨로폰을 다른 사람의 벨로폰에 직접 연결할 수 있습니다. 시내 반대편, 아니 다른 도시에 있더라도 말입니다. 코드만 입력하면 연결되어 상대방 벨로폰에 종이 울립니다. 그것도 시시한 장난감 종이 아니라 진짜 종입니다."

벨은 회의실 맞은편에 두 번째 장비를 설치한 후 첫 번째 장비와 연결한다. 첫 번째 장비에 있는 다이얼을 조작하니 두 번째 장비가 엄청난 굉음과 함께 살아난다. 따르르르르르르르르릉! 0.5초 후에 다시 울리고 또 울린다. 귀가 먹먹하다.

"그렇다면 상대방은 어떻게 종소리를 멈출까요? 벨로폰으로 달려가 수화기를 듭니다." 벨은 두 번째 장비의 수화기를 들어 위원회 한 명에게 넘겨준다. 그런 다음 회의실 맞은편으로 뛰어가 첫 번째 장비의 송신기에 대고 소리를 지른다. "여보세요! 여보세요! 제 말이 들립니까? 보셨습니까? 지금 저 분은 제 말에 완전히 집중합니다. 이제 저 분에게 무엇이든 팔 수 있습니다. 돈을 빌리거나 개종하게 만들 수도 있습니다. 제 맘대로 할 수 있습니다!"

위원회는 충격에 빠진 상태다. 당신은 손을 들어 조심스럽게 질문한다. "첫 번째 종소리를 못 들을 리 없습니다. 왜 계속 울리죠?"

"아, 그것이 벨로폰의 장점입니다." 벨이 말한다. "받을까 말까 고민할 시간을 절대로 주지 않습니다. 여러분이 무엇을 하고 있든, 얼마나 몰두했든, 종이 울리면 하던 일을 멈추고 무조건 받게 됩니다. 그렇지 않으면 계속 울리니까요. 우리는 수십억 대를 팔 작정이지만 절대 한 번만 울리는 모델은 팔지 않을 겁니다."

위원회는 한데 모여 의논하지만 금방 판결을 내린다. 만장일치로 이 쓸모없는 물건을 내치기로 결정한다. 너무나 방해가 되는 장치라 만에 하나라도 혹해서 설치했다가는 아무도 일하지 못하리라 판단한다. 벨로폰에 몇 년만 노출되면 대만과 한국에서 물건을 사들이는 지경에 이를지도 모른다. 미국은 심지어 무역 적자에 시달릴지도 모른다.

크리프트 스토리[1]

물론 시간을 되돌릴 방법은 없다. 전화기는 이미 우리 생활의 일부가 됐다. 없애지도 못하고 아마 없애고 싶지도 않을 것이다. 사람들 책상에서 전화기를 제거하면 폭동이 일어날지도 모른다. 하지만 훼

---

1 (옮긴이) 영국의 공포물 시리즈

방꾼 전화의 부정적인 영향을 최대한 줄이는 방법은 있다. 그중에서도 우리가 전화에 얼마나 많은 시간을 기꺼이 내주는지 깨닫는 단계가 가장 중요하다.

친구나 동료와 대화하다 전화가 오면 받는가? 물론 받는다. 받지 않을 가능성은 고려조차 않는다. 하지만 이것은 공정함이라는 사회적인 규칙을 어기는 행동이다. 단지 목소리가 크다고(따르릉!!!!!) 순서를 무시하고 먼저 받아준다. 여러분도 남들을 그렇게 대할 뿐 아니라 남들도 여러분을 그렇게 대한다. 이처럼 무례한 취급에 너무 길들여져 알아차리지도 못한다. 정말 극단적인 경우에야 명백히 잘못된 행동이라는 사실을 깨닫는다.

> 20대의 어느 날 모건 자동차 뉴욕 대리점에서 부품을 사러 줄을 서서 기다리는 중이었다. 내 모건이 고장 나 새 카뷰레터 니들이 필요했다. 영국 스포츠카를 운전하는 사람들은 분명 (고통을 즐기는) 마조히스트들이지만 그날 부품 줄은 정말 심했다. 모두가 줄 서서 기다리는 동안에 담당자는 계속 걸려오는 전화를 받았다. 내 차례가 되었을 때 내가 한마디 꺼내기도 전에 그는 4통을 연속으로 받았다. 나는 생각했다. 어째서 멍청하게 줄 서서 기다리는 사람보다 집에서 편히 앉아 전화하는 사람이 먼저지? 어째서 돈 들고 사겠다는 고객보다 그냥 둘러보는 구경꾼이 먼저지? 너무 화가 나서 나는 잠시 동안 전화를 받지 말고 기다리는 사람들을 먼저 응대하라고 제안했다. 놀랍게도 그는 오히려 내게 화를 냈다. 그는 굉장히 발끈하며 사람보다 전화가 먼저라 말했고 그것으로 끝이었다. 내 불평은 대서양이 싫다는 불평만큼이나 무의미했다. 내

> 가 싫어한다고 세상이 바뀌지는 않으니 말이다.
>
> - 톰 드마르코

전화는 우리가 일하는 방식을 크게 바꾸기는 했지만 방해의 폐해를 알아차리지 못할 수준은 아니라고 본다. 관리자는 최소한 전화라는 방해물이 일에 몰두하려는 직원들에게 미치는 영향을 경계해야 한다. 하지만 흔히 가장 나쁜 방해꾼은 관리자 자신이다. 1985년 구현 전쟁 게임에 참여했던 어느 프로그래머는 환경 조사 설문에 이렇게 적었다. "우리 상사는 외근을 나갈 때마다 전화를 제게 돌려놓습니다." 그 관리자는 도대체 무슨 생각이었을까? 다음 메모를 쓴 시스템 부서장 머릿속에는 도대체 무슨 생각이 들었을까?

> 많은 사람이 바쁘면 전화를 받지 않아 전화가 3번 울린 후 비서들 중 한 명에게로 넘어갑니다. 이런 방해로 비서들이 업무에 지장을 받습니다. 우리 회사의 공식적인 정책은 다음과 같습니다. 자리에 있으면 전화가 3번 울리기 전에 받으십시오.

수정된 전화 윤리

이대로 계속 둘 수는 없다. 사무실 환경을 정상으로 되돌리는 길은 방해와 전화를 대하는 새로운 태도다. 일하는 사람은 주위가 평화롭고 조용해야 한다. 이는 방해로부터 완전히 자유로운 시간을 의미한다. 몰입해 일하려면 울려대는 전화를 무시하는, 효율적이고 용납 가능한 방법이 필요하다. '용납'이란 사람들이 가끔 일부러 전화를 받지 않는다는 사실을 기업 문화가 인정한다는 뜻이다. '효율'이란 작업을 계속 진행하기 위해 전화벨 소리가 끊길 때까지 기다릴 필요가 없어야 한다는 뜻이다.

전화와 여러 방해꾼으로부터 사람들을 보호하는 데 도움이 되는 방법들이 있다(어떤 방식은 돈이 든다. 그러므로 다음 주 화요일 이상으로 멀리 내다보는 조직에서만 가능하다).

이메일이 처음 나왔을 때 우리 대다수는 이메일의 큰 가치가 종이 절약이라 생각했다. 하지만 종이 절약은 재몰입 시간 절약이라는 이익에 비하면 사소하다. 전화와 이메일의 큰 차이는 전화는 방해하지만 이메일은 아니라는 점이다. 수신자는 자신이 편할 때 이메일을 처리한다. 이메일을 사용할 경우 대다수 비즈니스 의사소통 과정에서 '수신자가 편할 때'가 용납된다. 시스템을 오가는 이메일 트래픽 양이 그 증거다. 어느 정도 적응 기간을 거친 후 직원들은 이메일을 사내 전화보다 우선으로 사용하기 시작한다. 모든 통화가 사라지지는 않지만 대다수는 없어진다.

우리 대다수에게는 완벽하게 용납 가능한 음성 사서함과 이메일이 있다. 답은 기술이 아니다. 습관의 변화다(계속 반복되는 주제에 주목하라). 스스로 질문할 줄 알아야 한다. 이것이 업무를 중단할 가치가 있는 소식이나 질문인가? 답변을 기다리는 동안 계속 일할 수 있을까? 이 요청은 즉시 처리해야 하는가? 그렇지 않다면 문제없이 얼마나 미뤄도 괜찮을까?

이런 질문을 던져보면 가장 효과적인 의사소통 방법이 아주 분명해진다.

호환 불가능한 멀티태스킹

설계와 같이 고도의 집중이 필요한 일을 하는 사람에게 방해는 생산성 살인범이다. 설계 중인 제품에 대해 영업 부서나 마케팅 부서가 지원을 청한다면 모든 전화를 빼놓지 말고 받아야 마땅하다. 고객을 지원할 때도 마찬가지다.

지식 노동자가 다양한 업무를 한꺼번에 수행해야 한다면 관리자는 각 업무의 몰입 요구 사항을 파악해야 한다. 집중이 필요한 업무와 방해가 잦은 업무를 섞으면 남는 것은 좌절밖에 없다. 특히 ("좀 가만 내버려두세요. 일하는 중입니다"라는) 무례한 전화 예의가 출현할 가능성이 높아진다.

태도 변화는 어떤 책략보다 중요하다. 사람들은 때로 전화를 안 받아도 된다는 사실을 알아야 하며 관리자들도 이를 이해해야 한다. 이것이 지식 노동자가 하는 업무의 특성이다. 시간의 양이 아니라 질이 중요하다.

이 장을 대충 읽은 독자는 전체 메시지를 다음이라 생각할지도 모르겠다.

> 전화: 나쁘다, 이메일: 좋다

하지만 문제는 그렇게 단순하지 않다. 이메일에 관해서는 33장 '이 (악한)메일'에서 좀 더 자세히 논한다.

12장

사무실에 문을 달자

합리적인 사무실 환경을 만드는 데 성공했는지 실패했는지 판단하는 명백한 지표 몇 가지가 있다. 성공을 가장 잘 보여주는 지표는 문이다. 문이 충분하면 직원들은 필요에 따라 소음과 방해를 조절한다. 실패를 가장 잘 보여주는 지표는 사내 방송이다. 한 사람을 찾는다는 잦은 방송으로 모두를 방해하는 조직은 일하기 좋은 환경의 중요성에 무지하다는 사실을 여실히 드러낸다.

이 지표들을 개선하라. 그러면 일하기 좋은 환경을 만들겠다는 의지가 드러날 뿐 아니라 즉각적인 이익도 덩달아 얻어진다. 사람들이 일하기 시작한다. 그렇지만 사내 방송을 없애고 문을 달라니, 무리한 요구로 들릴지도 모르겠다. 관리자 재량을 벗어나는 조치일까?

뚱뚱한 여가수가 노래를 부를 때까지 공연은 끝나지 않는다
지난 수십 년 동안 우리 모두에게 영향을 미쳐 온 사무실 환경의 몰락은 피해자들의 동의가 있었기에 가능했다. 그렇다고 어느 피해자 한 명이 "아니, 나는 시끄럽고 북적이고 노출된 환경에서 일하지 않겠어!"라고 말하는 바람에 몰락을 멈출 수도 있었다는 의미는 아니다. 사무실 공간에서 비용을 절약하려는 조치의 비생산적인 부작용에 대해 우리가 충분히 크게, 그리고 자주 목소리를 높이지 않았다는 의미다.

더 시끄럽고 더 북적이는 환경이 생산성을 해친다고 믿으면서도 우리는 침묵을 지켰다. 우리 주장을 증명하는 확실한 통계 증거가 부족했기 때문이다. 물론 가구 경찰은 사람들이 여유 있게 떨어져 일하나 다닥다닥 붙어 일하나 별 차이 없다는 그들의 주장을 지지하는 증거를 전혀 내놓지 않았다. 그냥 그렇다고 우겼다.

눈에는 눈, 이에는 이, 우리도 그들에게서 배워야 한다. 즉, 이성적인 업무 환경으로 가는 첫 단계는 반복적인 주장이다. 사무실 환경이 생산성을 떨어뜨린다면 그렇다고 말하라. 다른 사람들이 거들도록 게시판을 만들라. 각자 사무실 환경을 평가하는 설문도 좋다(한 고객사에서 실시한 설문에서 직원들은 생산성을 해치는 부정적인 측면 7가지를 꼽았는데 상위 4개가 소음 관련 항목이었다).

그렇게 느끼는 사람이 자신만이 아니라는 사실을 깨달으면서 환경에 대한 인식이 높아진다. 인식이 높아지면 두 가지 좋은 일이 일어난다. 첫째, 사람들이 소음과 방해에 좀 더 신중해지면서 환경이 조금씩 좋아진다. 둘째, 희생자들이 암묵적인 동의를 철회한다. 이제는 경영진이 환경을 무시하며 생산성을 높이는 조치를 취하기 어려워진다.

캠페인을 시작했다고 기존 목소리가 찌그러져 가만있으리라 기대하지 말라. 곧바로 (적어도) 3가지 반대 의견이 즉시 제기된다.

• 사람들은 화려한 사무실에 신경 쓰지 않는다. 사람들은 그 정도로

단순하지 않다. 직책 게임을 하는 사람이나 신경 쓴다.
- 소음이 문제일지도 모른다. 하지만 사무실을 뒤엎지 않고서도 해결할 더 저렴한 방법이 있다. 백색 소음이나 무자크[1]를 틀어 덮으면 된다.
- 문 닫힌 사무실은 활기찬 환경에 적합하지 않다. 우리는 사람들이 생산적으로 소통하기 바라며 사람들도 그것을 원한다. 따라서 문과 벽은 잘못된 방향으로 가는 조치다.

이어지는 절에서 세 의견을 하나씩 살펴보자.

사무실 치장 문제

사람들이 화려한 사무실에 별로 신경 쓰지 않는다는 말은 맞다. 예를 들어, 직원들이 사무실 벽 색깔이나 집기 종류에 별로 비중을 두지 않는다는 사실은 다양한 연구에서 밝혀졌다. 칙칙한 사무실은 확실히 생산성을 해치지만 심하게 칙칙하지 않는 이상 그저 무시하고 일한다. 우리 목표가 무시하고 일할 수 있는 환경이므로 최신 유행으로 치장한 사무실은 확실히 낭비다.

    사람들이 외관에 까다롭지 않다는 사실을 사무실 환경에 신경 쓰지 않는다는 의미로 오해하기 쉽다. 하지만 구체적으로 소음, 사생활, 탁자, 책상에 대해 물어본다면 이 특성들이 굉장히 중요하다는 의견을 강하게 피력할 것이다. 이것은 신경 쓰지 않고 일할 수 있는 사무실이 이상적이라는 생각과도 일치한다. 계속 직원을 방해하고 호출

---

[1] (옮긴이) 상점, 식당, 공항 등에서 배경 음악처럼 내보내는 녹음된 음악

하고 못살게 구는 사무실에서는 신경 쓰지 않고 일하기가 어렵다.

 업무 환경을 우려하는 직원을 직위나 추구하는 사람으로 치부하는 경우가 특히 안타깝다. 흔히 사무실 설계에서 직위를 추구하는 죄는 경영진이 저지르기 때문이다. 질 좋은 제품을 제시간에 출시하려고 열심히 일하는 사람은 사무실 외관에 신경 쓰지 않지만 상사는 가끔 신경을 쓴다. 그래서 일하기는 거의 불가능한데도 고급 카펫, 흑색과 은색 가구, 사무실 한 칸보다 자리를 더 차지하는 화분, 장식장 등으로 쓸모없이 비싸게 장식된, 역설적인 사무실도 있다. 다음번에 누군가 새로 설계한 사무실을 자랑스럽게 선보일 때 그 사람이 자랑하는 점이 사무실 기능인지 외관인지 잘 살펴보라. 십중팔구 외관이다.

 사무실 설계에서 외관을 지나치게 강조한다. 정작 중요한 핵심은 일하기 좋은 사무실인지 일하기 힘든 사무실인지다. 일하기 좋은 사무실은 직책 과시용이 아니라 필수 요소다. 필요한 만큼 투자해야지 아니면 생산성 손실이라는 대가를 치른다.

창의적인 공간

시끄럽다는 직원들의 불평에 대응해 증상을 치료하는 방법과 원인을 치료하는 방법이 있다. 원인을 치료하는 방법은 (벽이나 문 같은) 소음 장벽으로 직원을 격리하는 방법인데 돈이 든다. 증상을 치료하는 편이 훨씬 저렴하다. 무자크나 다른 형태의 분홍색 잡음pink noise[2]

---

2 (옮긴이) 분홍색 잡음은 백색 잡음의 옥타브마다 에너지를 일정하게 만든 잡음을 의미한다. 보통 공연장이나 녹음 스튜디오에서 음향 특성을 파악하기 위해 쓰인다.

발생기를 설치하면 적은 비용으로 소음을 상쇄할 수 있다. 문제를 아예 무시하고 사람들이 각자 알아서 아이포드나 헤드폰으로 소음을 차단하게 내버려두면 더 큰 돈을 절약할 수 있다. 둘 중 한 방법을 취한다면 생산성 측면에서 보이지 않는 대가를 치르게 된다. 바로 직원들의 창의력이 떨어진다.

1960년대 코넬 대학 연구자들은 음악이 업무에 미치는 영향에 대해 일련의 실험을 수행했다. 그들은 전산학과 학생들을 모아 두 그룹으로 나눴다. 한 그룹은 음악을 틀어 놓고 공부하기 좋아하는 학생들이었고, 다른 한 그룹은 그렇지 않은 학생들이었다. 그들은 각 그룹의 절반을 조용한 방에 넣었다. 나머지 절반은 이어폰이 있고 음악을 선택할 수 있는 방에 넣었다. 두 방 모두 참가자들에게는 주어진 명세에 따라 프로그램을 짜라는 과제가 주어졌다. 놀랍지도 않지만, 참가자들 모두가 같은 속력과 같은 정확도로 과제를 끝냈다. 음악을 틀어 놓고 수학 숙제를 하는 학생이라면 누구나 알다시피 수학적 논리에 필요한 두뇌는 음악에 방해받지 않는다. 음악을 듣는 두뇌는 다르기 때문이다.

하지만 코넬 실험에는 예측 불허의 카드가 한 장 숨겨져 있었다. 주어진 명세는 입력으로 들어온 숫자에 일련의 조작을 가한 후에 결과를 출력하는 프로그램이었다. 예를 들어, 참가자들은 각 숫자를 두 자리 왼쪽으로 시프트한 후 100으로 나누기 등 총 열두어 가지 연산을 수행했다. 명세에는 전혀 언급되지 않았으나 모든 연산을 거치고 결과로 나온 값은 입력한 값과 같았다. 이것을 알아차린 학생들도 있고 알아차리지 못한 학생들도 있었다. 알아차린 학생들 중 거의 대다수는 조용한 방에 있던 학생들이었다.

지식 노동자가 매일 하는 업무 중 많은 수는 좌반구의 직렬 처리를 거친다. 음악은 이런 작업을 별로 방해하지 않는다. 음악은 총체적인 우반구가 소화하기 때문이다. 하지만 모든 업무가 좌반구를 거치지는 않는다. 간혹 "아하!"라고 외치게 만드는, 몇 달 또는 몇 년을 절약할 기발한 방책이 떠오르는 경우가 있다. 창의적인 도약은 우반구가 맡은 기능이다. 우반구가 무자크에서 흘러나오는 "1,001 Strings"를 듣느라 바쁘다면 창의적인 도약 기회는 사라진다.

환경으로 인해 저하되는 창의성은 은밀하다. 창의성 자체가 어쩌다 튀어나오므로 줄어든다고 해서 바로 눈에 띄지는 않는다. 사람들은 창의적인 사고를 할 여유가 없다. 창의력 저하가 미치는 영향은 오랜 기간에 걸쳐 축적된다. 조직은 효율성이 떨어지고, 사람들은 마지못해 일하며, 우수한 인력이 회사를 떠난다.

활기찬 사무실

닫힌 사무실을 반대하는 사람들은 곧바로 혼자 일하는 환경의 무용론을 거론한다. 하지만 닫힌 사무실이 1인용을 뜻하지는 않는다. 2인용, 3인용, 4인용 사무실이 더 합리적이다. 특히 사무실 동료들이 같은 팀에 속한다면 말이다. 다른 사람과 업무 시간 50%를 보내야 하는 사람은 그 시간 대부분을 정해진 한 사람과 보낼 가능성이 높다. 이들 두 사람이 사무실을 공유하면 이상적이다.

심지어 개방형 사무실일지라도 팀원들이 책상을 옮겨 함께 쓸 작은 공간들을 만들게 격려해야 마땅하다. 이것이 허락되면 사람들은 독창성을 발휘해 자신들의 필요에 맞게 배치를 바꾼다. 업무 공간, 회의 공간, 사교 공간이 생겨난다. 함께 소통 모드에 있거나 동시에 몰입 모드에 빠져들므로 임의의 이웃과 일할 때보다 소음 충돌이 적어진다. 소통이 쉽고 자연스러우므로 사무실에 활기가 넘친다. 자신들이 공간을 통제한다는 느낌은 추가적인 이익이 된다.

회사의 틀을 깨버리자

개방형 사무실을, 함께 쓰는 공간으로 바꾸게 허락하라는 제안만큼 위협적인 발언이 또 있을까? 회사가 이런 '사무실 시스템'(즉, 장벽 없는 시스템)을 구입한 큰 이유 중 하나가 융통성이다. 적어도 이동식 큐비클 홍보 책자는 그렇게 주장한다. 그러니 책상을 여기저기 옮기기 쉬워야 한다. 나름대로 공간을 만들게 허락한다고 별로 해가 될 리 없어 보이지만 조직 위쪽 누군가는 분명히 발끈한다. 통일성이라는 소중한 원칙에 어긋나기 때문이다. 모든 것에 통일성을 부여하는 방식으로 영역의 '소유자'는 통제력을 행사하고 과시한다. 팽팽한 줄을 따라 정확히 씨를 심어 완벽한 일직선으로 당근을 키우려는 정원사처럼 이 관리자도 자연이 선호하는(이 경우는 사람들의 천성이 선호하는) 사소한 무질서에 위협을 느낀다.

불편한 진실을 말하자면, 최고 업무 환경은 찍어내듯 복제할 수 없다. 한 사람에게 일하기 좋은 환경이 다른 사람에게도 똑같이 좋지는 않다. 허락만 한다면 사람들은 필요한 대로 공간을 만들고 통일성은 사라진다. 각 개인의 공간과 각 팀의 공간에 나름대로 독특한 특징이 생겨난다. 그렇지 않으면 그들은 그럴 때까지 계속 고친다.

관리자가 할 일은 사람들이 각자에게 적합한 사무실을 만들게 공간을 확보해주고, 소음을 없애주고, 사생활을 보장할 방도를 마련해

주는 정도다. 통일성이 끼어들 여지는 없다. 사람들이 이상한 그림을 걸거나, 책상을 잡동사니로 어지럽히거나, 가구를 옮기거나, 사무실을 합쳐도 웃으며 참아 넘겨야 한다. 원하는 대로 고치고 나면 그들은 사무실 문제는 완전히 잊고 일에 몰두한다.

13장

한 걸음씩 걷기

사무실 환경에 대한 마지막 장에서는 이상적인 환경의 특징을 살펴본다. 다음과 같은 질문에 실마리를 제공하리라 생각한다.

- 어떤 환경에서 일해야 직원들이 가장 편안하고 행복하고 생산적일까?
- 어떤 환경에서 일해야 직원들이 자신과 자기 일에 자긍심을 느낄까?

소란스럽고 끔찍하게 통일된 전형적인 사무실에서 일하는 사람들에게는 잔인하게 들릴 질문이다. 하지만 이상적인 환경에 대해 생각해 볼 가치는 있다. 언젠가 여러분이 책임자 자리에 앉을지도 모른다. 아니, 오늘 당장에라도 위에서 불러 사무실 환경을 개선할 방안에 대해 물을지도 모른다. 그러니 공간이라는 주제에 살짝 가담해도 좋겠다. 적어도 목적지는 알아두어야 하니까. 우리가 향할 목적지는 오랫동안 효과가 증명된 특성이 존재하는 사무실이다.

세월이 흘러도 변치 않는 건축 방식이 있다.

수천 년이 되었지만 지금도 예전과 변함이 없다.

사람들이 편안히 머무는 과거의 위대한 전통 건물, 마을, 천막, 사원은 언제나 이 방식의 핵심에 근접한 사람들이 만들어왔다. 이 방식을 따르지 않고서는 생기와 활력을 불어넣어 주는 위대한 건물, 위대한 마을, 아름다운 장소를 만들 수는 없다. 그리고 앞으로 보겠지만, 이 방식은 나무나 언덕처럼, 우리 얼굴처럼, 그리고 고대의 형태 그대로인 건물을 찾는 모든 사람들을 이끌 것이다.

- 크리스토퍼 알렉산더, 『The Timeless Way of Building』[1]

크리스토퍼 알렉산더는 설계 과정에 대한 통찰로 아주 유명한 건축가이자 철학자다. 알렉산더는 자신의 철학을 건축학 용어로 설명했지만 몇몇 아이디어는 건축학이라는 분야를 훌쩍 뛰어 넘어 많은 영향을 미쳤다(예를 들어, 『Notes on the Synthesis of Form』이라는 책은 모든 분야의 설계자들에게 일종의 경전으로 여겨진다). 환경 구조 연구소(Center for Environmental Structure)에서 일하는 동료들과 함께 알렉산더는 우수한 건축 설계의 요소를 찾아 기록했다. 그 결과물이 바로 『The Timeless Way of Building』(『영원의 건축』, 한진영 옮김, 안그라픽스 펴냄)이라는 3권짜리 세트의 첫 번째 권이다. 이 작품이 미친 영향은 지금도 논의되고 있다. 알렉산더는 현대 건축 대부분이 파탄 난 상태라 현대 건축가 대다수가 자신과 자신의 아

---

[1] 『The Timeless Way of Building』(1979년): 106단어(p. 7) ⓒ 1979 크리스토퍼 알렉산더. "옥스포드 대학교 출판사의 허락 얻음."

이디어에 어느 정도 방어적인 태도를 보인다고 믿는다. 하지만 알렉산더의 책을 읽으며 자신의 경험에 비춰 책의 전제를 살펴보면 알렉산더의 의견에 반대하기 어렵다. 실내 공간에 대한 알렉산더의 철학은 굉장히 설득력 있다. 어떤 공간은 너무 좋고 어떤 공간은 아무래도 불편하게 느껴지는 이유를 이해하게 된다.

유기적 질서라는 알렉산더의 개념

회사가 새 공간에 사옥을 짓는다고 가정하자. 첫 단계는 무엇일까? 당연히 종합 계획 수립이다. 대다수 경우에 이것은 『The Timeless Way of Building』 기준으로 볼 때 처음이자 치명적인 탈선이다. 활기차고 흥미롭고 조화로운 공간은 절대로 이렇게 개발되지 않는다. 종합 계획은 규모와 위엄, 강철과 콘크리트 경간, 동일한 요소로 거대한 전체를 만드는 모듈 방식과 복제를 포함한다. 결과는 헌정사에 이름이 들어가는 자아도취자 한 명 말고는 어느 누구에게도 적합하지 않은 공간과 개성이 부족한 통일성이다.

    단조로운 사무실 대다수는 사무실을 짓자고 기획한 임원들에게 상징적인 가치만 있다. 창공에 띄운 고층 건물처럼 길이 남길 업적이다. 그들은 자랑한다. "제 작품을 보십시오! 멋지지 않습니까! 절망하십시오!" 그렇다, 우리가 취할 수 있는 유일한 행동은 절망이다. 공장에서 찍어낸 듯 똑같이 늘어선 사무실에서는 자신이 번호가 매겨진 톱니처럼 느껴진다. 샌프란시스코에 있는 트랜스아메리카의 전체주의적인 건물이든 AT&T의 매디슨 가 건물이든 결과는 침울하게 똑같다. 개인들이 질식할 것만 같은 느낌이다.

    종합 계획은 전체주의 질서를 세우려는 시도다. 단 하나의 통일된 비전이 전체를 지배한다. 같은 기능을 다르게 수행할 가능성은 결코 없다. 전체주의 시각의 부작용은 시설의 개념적인 해석이 영원히 변하지 않는다는 데 있다.

종합 계획 대신 알렉산더는 메타-계획을 제안한다. 메타-계획은 시설이 사용자 요구에 따라 진화해 나간다는 철학이다. 메타-계획은 다음과 같은 세 부분으로 이루어진다.

· 조금씩 커지는 성장 철학
· 성장을 지배하는 패턴 또는 공유된 설계 원칙
· 공간 사용자가 설계에 직접 관여

메타-계획 아래서 건물들은 일련의 조금씩 커지는 단계를 거치며 캠퍼스와 공동체로 진화한다. 공유된 원칙을 존중함으로써 건물들은 동일함이 아니라 비전의 조화를 유지한다. 성숙한 마을처럼 그것들은 진화된 매력을 띠기 시작한다. 이것이 알렉산더가 유기적 질서라 부르는 개념이다. 다음 내용과 그림 13-1에서 좀 더 자세히 묘사한다.

> 환경에서 개인의 요구와 전체의 요구가 완벽하게 균형을 이룰 때 이 자연적 질서 또는 유기적 질서가 나타난다. 유기적 환경에서는 모든 장소가 고유하다. 그리고 각 장소는, 하나도 빠짐없이, 서로 협력해 총체적인 전체를 형성한다. 여기 속한 구성원이라면 누구나 알아보는 전체다.

캠브리지 대학교는 유기적 질서를 보여주는 완벽한 사례다. 이 대학의 가장 아름다운 특징 중 하나는 각 단과 대학(세인트 존스, 트리니티, 트리니티 홀, 클레어, 킹즈, 피터하우스, 퀸즈 등)이 시내 중심 도로와 강 사이에 위치한다는 점이다. 단과 대학마다 기숙사가 있고, 거리에 입구가 있으며, 강을 바라본다. 단과 대학마다 작은 다리가 있어 강 건너 목초지로 이어진다. 단과 대학마다 보트 창고가 있고 강을 따라 산책로가 있다. 그런데 모든 단과 대학이 같은 시스템을 반복하면서도 각자 독특한 특징이 있다. 기숙사, 입구, 다리, 보트 창고, 산책로는 모두 다르다.

- 크리스토퍼 알렉산더, 『The Oregon Experiment』[2]

그림 13-1 유기적 질서의 예제, 종합 계획이 없는 스위스 마을[3]

---

2 『The Oregon Experiment』(1975년): 188단어(pp. 10~11) ⓒ 1975 크리스토퍼 알렉산더. "옥스포드 대학교 출판사의 허락 얻음."
3 같은 책 pp. 46.

패턴

『The Timeless Way of Building』에 실린 패턴은 성공적인 공간과 실내 질서의 추상화다. 시리즈에서 두 번째 책인『A Pattern Language』(『패턴 랭귀지』, 이용근·양시관·이수빈 옮김, 인사이트 펴냄)는 253개 패턴을 소개하며 건축을 바라보는 일관적인 시각으로 각 패턴을 엮어낸다. 조명과 여유로운 공간에 관한 패턴, 장식에 관한 패턴, 실내 공간과 실외 공간의 관계에 관한 패턴, 어른, 아이들, 노인들을 위한 공간에 관한 패턴, 주변 교통에 관한 패턴, 닫힌 공간에 관한 패턴 등이 있다. 각 패턴은 간단한 건축학 경구, 패턴을 묘사하는 그림, 교훈 순서로 제시된다. 그 사이사이에서는 패턴의 이유와 원인을 논한다. 한 예로, 다음은 패턴 183 '둘러싸인 작업 공간'에서 발췌한 설명과 그림이다.

> 작업 공간이 너무 둘러싸여 있거나 너무 노출되어 있다면 능률적으로 일하기가 매우 어렵다. 좋은 작업 공간은 균형을 이루고 있는 공간이다. … 자신의 뒤에 벽이 존재하는 경우, 작업 공간은 더욱 편안하게 느껴진다. … 벽은 자신의 전면에 적어도 8피트(약 2.4m) 떨어진 곳에 위치해야 한다. (업무 중 때때로 자신의 책상에서 눈을 떼고 먼 곳에 초점을 맞춰 눈의 피로를 풀어야 한다. 8피트 이내에 벽이 존재한다면 눈의 피로를 풀기가 매우 힘들 것이고 둘러싸여 있다는 느낌을 너무 강하게 받는다) … 자신의 작업 공간에서 발생하는 소음과 판이하게 다른 소음이 들려서는 안 된다. 자신의 작업 공간은 그곳에서 발생하는 소음과는 다른 외부의 소음을 충분히 차단해 줘야 한다. 다른 사람들이 자신과 같은 작

업을 할 때, 자신의 업무에 조금 더 집중할 수 있다는 증거가 있다.
… 작업 공간에서 여러 방향을 면하고 앉을 수 있어야 한다.

- 크리스토퍼 알렉산더, 『A Pattern Language』[4]

그림 13-2 둘러싸인 작업 공간[5]

253개 패턴에 덧붙여 팀은 자신들의 프로젝트 특성에 맞춰 새로운 패턴을 준비해야 한다. 이어지는 네 절에서 우리가 그런 팀이 되어 보겠다. 우리는 두뇌로 먹고사는 사람들이 일하는 공간을 합리적으로 설계한다는 목표를 세웠다. 우리가 제안하는 패턴 네 개는 현대적인 규격을 따르는 사무실에서 최악으로 나쁜 형태 네 가지를 겨냥

---

4 『A Pattern Language』(1977년): 170단어(p. 846) ⓒ1977 크리스토퍼 알렉산더. "옥스포드 대학교 출판사의 허락 얻음."
5 같은 책 pp. 847~51.

한다. 다음에 소개하는 패턴을 만들면서 우리는 성공적인 환경을 만드는 데 성공한 고객사들로부터 많은 아이디어를 빌려 왔다.

패턴 1: 조립 키트를 사용한 맞춤식 작업 공간

오늘날 흔히 보이는 모듈식 칸막이 사무실은 타협의 걸작이다. 사적인 공간이 전혀 아니면서도 고립된 느낌을 준다. 소음과 방해를 제대로 막아내지 못한다. 어떤 경우는 오히려 소음이 더 잘 전달된다. 작고 외로운 공간에 자신 말고 아무도 없으니 고립된 느낌이다(변기 없는 화장실과 같다). 그렇다고 혼자 일하기는 불가능하다. 업무와 관련해 형성되는 그룹에 참여하기도 거의 불가능하다.

칸막이 사무실은 혼자 일하는 사람에게 질 낮은 공간이며 팀에는 무용지물이다. 대안은 분명하게 팀을 둘러싸는 공간이다. 팀마다 공용 공간과 준전용 공간이 있어야 한다. 개인에게는 사적 공간이 필요하다.

함께 일하도록 할당되거나 선발된 사람들은 자신들의 공간을 설계하는 데 의미 있는 역할을 맡아야 한다. 팀이 쓸 사무실 공간을 마련하는 사내 공간 계획 부서가 도와주면 이상적이다. "세 명이 같이 일하니 최소한 300평방피트(약 27.8평방미터)가 필요하겠군요. 흠, 여기가 어떨까요. 이제 자리 배치와 가구를 고민해봅시다. …" 팀원들과 담당자는 다양한 자리 배치를 논의하기 시작한다(그림 13-3을 참고하라).

직원들이 쓸 공간을 스스로 설계하게 허락해야 하므로 회사가 사용하는 책상과 가구는 순수한 조립형이어야 한다. 단순한 격자에 맞는 형태가 아니라 다양한 구성으로 쓸 수 있는 가구여야 한다.

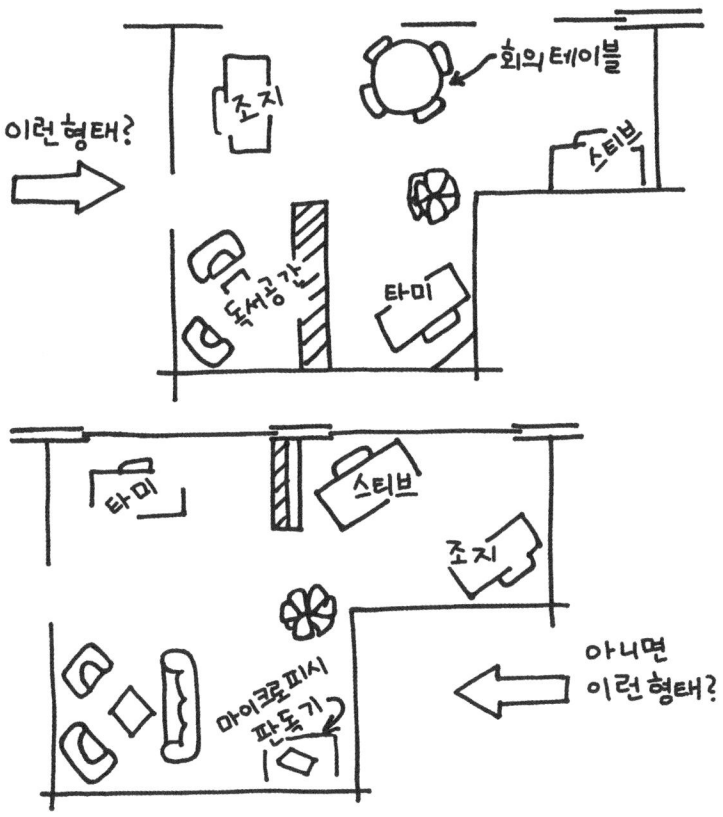

그림 13-3 가능한 자리 배치

패턴 2: 창문

요즘 들어 사무실 정치는 창문을 할당하는 문제에 직책을 크게 따진다. 창문 추첨에서 많은 참가자들이 패자가 된다. 창문 없는 집에서 절대 살지 않을 사람들이 낮 시간 대부분을 창문 없는 사무실에서 보낸다. 알렉산더는 창문 없는 공간을 크게 비판한다. "창문 없는 방은 그곳에 반드시 머물러야 하는 사람에게 교도소와 같습니다."

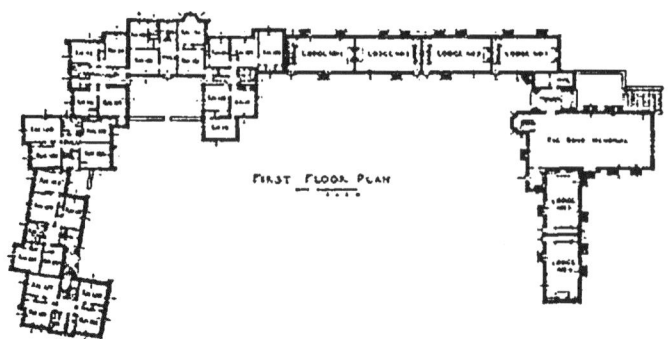

그림 13-4 스와스모어 대학의 여자 기숙사

우리는 창문 없는 사무실을 불가피하게 받아들인다. 회사는 다음과 같이 말한다. 모두에게 창문 있는 사무실을 주고 싶지만 우리가 보기에는 현실적으로 불가능하다고. 물론 가능하다. 과도한 비용을 들이지 않고서도 창문을 충분히 공간에 넣을 수 있는 증거가 있다. 호텔이 바로 아주 좋은 증거다. 창문 없는 호텔 방은 상상하기 어렵다. 창문 없는 호텔 방에 숙박할 사람도 없다(그냥 잠만 자는 공간인데도 말이다). 그래서 호텔은 창문을 많이 넣어 짓는다.

창문이 부족한 이유는 가로 세로 비율이 정사각형에 가깝게 건물을 짓기 때문이다. 좁고 긴 형태로 짓는다면 창문이 부족할 이유가 없다. 그림 13-4에서 보듯이, 건물 폭은 최대 30피트(약 9.1미터)가 적당하다.[6]

건물 폭을 30피트로 제한하라고? 진심으로 하는 말인가? 비용은 어떡하나? 실내 공간이 커서 얻어지는 규모의 경제는 어떡하나? 몇

---

[6] 『The Oregon Experiment』(1975년): 188단어(p. 125) ⓒ 1975 크리스토퍼 알렉산더. "옥스포드 대학교 출판사의 허락 얻음."

년 전 덴마크 입법부는 모든 직원에게 창문을 제공해야 한다는 법을 통과시켰다. 덕분에 건축가들은 호텔과 아파트를 계획하듯 좁고 길쭉한 건물을 지어야 했다. 한동안 법을 시행한 이후에 수행한 연구에서 평방미터당 공간 비용은 크게 달라지지 않았다고 밝혀졌다. 추가 비용이 아예 없다는 말은 아니다. 확연히 드러나지 않을 만큼 크지 않았다는 뜻이다. 사람들에게 좀 더 쾌적한 공간을 제공하느라 직원당 비용이 높아진다 하더라도 환경에 투자할 만한 가치가 있다. 쾌적한 환경 덕분에 다른 부문에서 얻어지는 절약이 있기 때문이다. 진짜 문제는 비용이 (공간과 서비스라는) 굉장히 눈에 잘 띄는 범주에 속하는 반면, 이익은 (생산성 증가와 이직률 하락이라는) 잘 측정되지 않아 거의 보이지 않는 범주에 속한다는 데 있다.

패턴 3: 실내와 실외 공간

좁다란 건물은 실내 공간과 실외 공간을 통합하기도 쉽다. 실외 공간이 있는 건물에서 한 번이라도 일할 기회가 있었다면 종일 실내에 갇혀 일하는 자신을 상상하기 어려워진다.

1983년 더 애틀랜틱 시스템즈 길드를 설립하며, 우리는 뉴욕 직원들이 일할 회의실과 사무실 공간을 찾으러 맨해튼을 돌아다녔다. 우리가 찾은 공간은 그리니치빌리지 선구 창고의 꼭대기 층이었다. 2000평방피트 넓이의 실내와 1000평방피트(약 92.8평방미터) 넓이의 테라스로 이루어진 공간이었는데 봄, 여름, 가을 내내 우리는 테라스를 회의실과 식당으로 이용했다. 적어도 1년에 절반은 종일 사용했다. 실외에서 해도 되는 일은 모두 실외에서 처리했다.

우리 사무실을 불가능한 사치라 치부하기 전에 다음 사실을 생각해 보라. 우리가 지불한 임대료는 맨해튼 평균 임대료의 1/3에도 미치지 못했다. 판에 박힌 사무실이 아니어서 오히려 훨씬 저렴했다. 이런 공간에서는 수천 명의 사람이 똑같이 일할 수 없다. 우리가 찾아낸 사무실 같은 곳에서 많은 수의 직원이 일하려면 수백 곳에 위치한 특수한 장소를 찾아 나서야 한다. 그리고 나면 절대로 동일한 공간이 나오지 않는다. 햇살이 좋은 날 어떤 사람은 테라스에서 일한다. 어떤 사람들은 정원이나 정자나 뜰에서 일한다. 이 얼마나 다양한가?

패턴 4: 공용 공간

아주 오래된 실내 공간 패턴 중 하나가 실내로 들어섰을 때 점진적인 '친밀도의 증가'를 보이는 패턴이다. 가장 바깥에는 (배달원, 장사꾼, 영업 사원 등) 외부인이 들어와도 괜찮은 공간이 있다. 그 안쪽에는 (팀이나 가족 등) 내부자만 사용하는 공간이 있다. 가장 안쪽에는 개인만을 위한 공간이 있다. 집에서 현관, 거실, 주방, 침대, 목욕탕으로 이어지는 동선을 설계할 때도 적용되는 패턴이다. 건강한 사무실도 마찬가지여야 한다.

사무실 입구에는 팀 전체가 사용하는 공간이 필요하다. 일종의 난로 주변 역할을 하는 공간이다. 더 들어가면 서로 밀접하게 일하는 사람들이 소통하고 교류하는 공간이 있어야 한다. 마지막으로, 가장 안쪽에는 혼자 일하며 조용하게 생각하는 공간이 있으면 좋다.

팀 전체가 교류하는 공간은 전원이 앉기에 충분한 탁자와 좌석, 칠판이나 화이트보드, 팀원들이 원하는 내용을 게시할 게시판이 필요하다. 팀원들이 간단한 식사를 준비하고 같이 먹을 공간까지 있으면 더욱 좋다.

함께 음식을 먹지 않는다면, 그 어떤 인간 집단도 유지될 수 없다. 모든 조직과 사회 집단에 함께 모여 식사를 할 수 있는 공간을 제공하도록 한다. 함께하는 식사는 정기적인 행사로 하도록 한다. 특히 모든 직장에서는 함께 점심식사를 하도록 하는데, 공용 테이블 주위에 (도시락이나 종이 용기로 준비된 식사가 아닌) 제대로 된 식사를 준비해 중요하고 편안한 일상의 행사가 되도록 한다. … 우리 센터의 작업 그룹에서도 순서를 정해 음식을 요리할 때 이 패턴이 가장 아름답게 나타난다는 사실을 발견했다. 점심식사는 이벤트가 되었고 모임이 되었다. 그리고 요리를 하는 것은 모든 구성원에게 사랑과 에너지를 듬뿍 담은 일이 되었다.

- 크리스토퍼 알렉산더, 『A Pattern Language』[7]

패턴의 패턴

성공적인 공간에서 반복적으로 튀어나오는 패턴은 인간 창조물의 특성과 본질적으로 일치하는 경향이 있다. 이런 패턴은 사람으로서 할 일을 하게 만든다. 이런 패턴은 개인이자 그룹 일원이라는 사람의 존재감을 강조한다. 이런 패턴은 개성이나 팀에 속하고자 하는 개인의 성향을 부정하지 않는다. 이런 패턴은 개인의 원래 모습을 존중한다.

(우리와 알렉산더가 만든) 모든 패턴에는 재현이 불가능한 공식에 의존한다는 공통 요소가 가득하다. 어느 누구도 동일한 공간에서 동

---

[7] 『A Pattern Language』(1977년): 170단어(pp. 697~99) ⓒ 1977 크리스토퍼 알렉산더. "옥스포드 대학교 출판사의 허락을 얻음."

일한 작업을 할 필요가 없다. 커피 마시는 공간은 동일할 필요가 없으며, 도서관이나 앉아서 쉴 수 있는 공간도 마찬가지다. 공간의 질감, 형태, 조직은 이 공간에 거주하는 사람들에게 대단히 흥미로운 주제다. 공간은 해당 공간에서 수행하는 작업과 동일한 구조가 되어야 한다. 그리고 각계각층의 사람들은 작업 공간에 자신들의 흔적을 남길 필요가 있다.

현실로 돌아오기

자, 지금까지 논의가 여러분에게 무슨 의미가 있을까? 큰 회사에서 일한다면 상사가 자신의 잘못을 인정하고 알렉산더가 제안한 대로 사무실을 마음껏 바꿔도 좋다고 허락할 가능성은 희박하다. 그렇다고 멋지고 기이한 사무실 환경이 자연적으로 형성되는 작은 회사는 여러분에게 내키지 않을지도 모른다.

그럼에도 불구하고 여러분의 팀원들에게 활기차고 생산적인 환경을 제공할 가능성은 있다. 회사가 종합적으로 계획하는 공간은 거의 꽉 차기 마련이라 생기는 가능성이다. 새 팀이 자리 잡을 공간을 마련하는 일은 언제나 골칫거리다. 사내에서 아직 공간을 확보하지 못했다면 밖으로 눈을 돌리라. 팀을 아예 다른 곳으로 옮겨 달라고 청원하라. 거절당할 가능성도 크지만 어차피 회사 내에 공간이 없으니 허락이 떨어질지도 모른다. 팀원들에게 직접 공간을 찾아 준비하게 시키라. 본사와 똑같은 흰색 쓰레기통이나 골이 파인 천으로 덮인 칸막이가 아니어도 괜찮다. 팀원들을 위해 싸고 특이하고 환상적인 일터가 되어 줄 낡은 집이나 정원 딸린 아파트 공간을 빌릴 수 있다면 회사의 다른 직원들과 다른 곳에서 일한들 뭐가 문제겠는가? 팀원들만 좋다면 그만 아닌가?

여러분이 회사 전 직원의 공간 문제를 해결할 필요는 없다. 여러분 팀원들의 문제만 해결해도 대단한 성과다. 그래서 팀의 생산성이 높아지고 이직률이 낮아지면 관리자로서 능력을 입증하는 증거가 된다.

프로젝트 팀이나 업무 팀을 회사 공간 밖으로 옮기면 거의 항상 결과가 좋다. 즉석에서 마련한 공간에서 일하면 에너지가 더 넘치고 성공률도 더 높아진다. 소음과 방해가 적다. 특이한 사무실에서 일한다는 사실로 인해 팀이 공감대를 더 빠르게 형성한다. 자신이 고위 임원진 중 한 명이라면 가장 중요한 프로젝트를 하나 골라 핵심 인력을 회사 밖으로 옮겨보라. 중요한 업무가 회사 밖에서 더 좋은 성과를 낸다는 발언은 다소 슬프다. 슬프지만 사실이다. 여러분에게 이익이 되도록 활용하라.

3부

우수한 인재를 확보하라

어떤 일을 하든지 결과는 어떻게 하느냐보다 누가 하느냐에 좌우된다. 그럼에도 불구하고 현대 경영학은 우수한 인재를 고용하고 유지하는 일에 무심하다. 경영 교육을 들어 보면 이 주제는 형식적으로 살짝 언급될 뿐이다.

경영학은 핵심 전략가이자 업무의 책략가로서 상사의 역할에 더욱 집중한다. 경영을 전투 시뮬레이션 보드 게임으로 여기라고 가르친다. 이런 게임에서는 개성이나 개인의 재능을 인정할 여지가 없다. 얼굴 없는 자원을 언제 어디에 투입할지 상사의 결정에 따라 성공과 실패가 결정된다고 믿는다.

이어지는 4개 장에서는 전략가로서 관리자 시각이 끼친 피해를 복구하고 다음 공식으로 성공을 추구하게 유도한다.

- 우수한 인재를 확보하라.
- 회사를 그만두지 않도록 행복하게 해주라.
- 구속하지 말라.

물론 최고의 팀이라도 개별 팀원의 공헌이 전체에 기여하려면 관리자의 조율이 필요하다. 하지만 그것은 관리자의 역할 중 상대적으로 기계적인 부분이다. 대다수 프로젝트는 팀을 구성하고 방향이 정해지는 바로 그 순간에 성공과 실패가 결정된다. 재능 있는 사람들을 모아 놓으면 그때부터 관리자는 힘들이지 않고 프로젝트를 수행할 수 있다.

14장

혼블로어 효과

C. S. 포레스터[1]의 나폴레옹 전쟁 소설 시리즈는 영국 해군 장교인 호레이쇼 혼블로어의 공적을 그린다. 한편으로 혼블로어 시리즈는 잘 짜인 역사적 배경에서 벌어지는 순수한 모험 소설이다. 다른 한편으로는 치밀한 관리 무용담이다. 호위함이나 전열함을 지휘하는 일은 프로젝트나 회사 부서를 관리하는 일과 크게 다르지 않다. 오늘날 관리에 몸담은 사람이라면 고용, 교육, 업무 분담, 일정 관리, 전술적 지원이라는 업무에 익숙할 것이다.

혼블로어는 궁극적인 관리자다. 혼블로어는 지략과 용기와 운과 정치적 책략으로 장교 후보생에서 장군이 됐다. 비즈니스 위크 지에 실린 유명 기업가에게 성공의 발판이 되었을 바로 그런 자질이다. 혼블로어 이야기에는 오늘날 관리자가 배울 만한 교훈이 있다.

---

1 (옮긴이) 영국의 소설가(1899~1966). 혼블로어 함장을 주인공으로 하는 범선 해양 소설로 유명하다.

만들어진 사람과 타고난 사람

소설 전반에 걸쳐 반복되는 주제는, 성공하는 사람은 만들어지는 것이 아니라 타고나는 것이라는 혼블로어의 우울한 예감이다. 어쩌다 혼블로어 밑에서 일하게 된 부하는 거의가 불성실하거나 멍청하다. 혼블로어는 중요한 순간에 그들이 자신을 실망시키리라는 사실을 안다(그리고 항상 실망시킨다). 혼블로어가 알게 된 몇 안 되는 훌륭한 부하가 자신의 유일한 자원이라는 사실도 안다. 상대의 그릇을 재빨리 판단하고 믿을 때를 아는 능력이 혼블로어의 위대한 재능이다.

요즘 같은 평등주의 시대에 누군가를 타고난 무능력자로 낙인 찍어버리는 경우는 상상하기 어렵다. 모든 인간에게는 타고난 가치가 있다. 관리자가 리더십 기술로 직원 한 명 한 명으로부터 잠재력을 끌어내야 한다. 이처럼 원초적인 인간을 다듬는 능력이 관리의 본질 아닌가.

혼블로어의 침울한 평가에 비하면 위안이 되는 시각이다. 확실히 관리자 입장에서는 더 매력적인 시각이다. 하지만 현실은 다르다. 부모는 오랜 시간에 걸쳐 아이에게 영향을 미친다. 개인은 스스로를 크게 바꾸기도 한다. 하지만 관리자가 팀원들을 변화시킬 가능성은 희박하다. 사람들이 그만큼 오래 머물지도 않을 뿐더러 관리자는 사람들의 본성을 바꿀 만한 영향력이 없다. 그러므로 여러분 팀원들은, 얼마나 오래 일했든, 처음이나 끝이나 같은 사람이다. 처음에 업무에 적합하지 않았다면 끝까지 적합하지 않다.

그러니까 처음부터 적합한 사람을 찾는 작업이 중요하다는 뜻이다. 다행스럽게도 운에만 의존할 필요는 없다. 여러분은 새로운 사람을 고용하거나 사내에서 새 팀원을 구할 때 중요한 역할을 맡기도 한다. 만약 그렇다면, 사람을 판단하는 여러분의 능력이 궁극적인 성공을 결정한다.

획일적인 인조인간

처음으로 구인에 나선 초보 관리자도 좋은 인재를 판단하는 기본 원칙은 안다. 예를 들어, 외모로 판단하지 않는다. 잘 생긴 후보가 수수한 후보보다 더 우수한 제품을 내놓으리라는 보장은 거의 없다.

모두가 안다. 그런데도 아주 묘하게도 대다수 고용 실수는 능력보다 외모에 치중한 탓에 기인한다. 단순히 고용하는 사람이 무식하거나 천박해서가 아니다. 우리는 표준에서 아주 먼 사람을 대하면 뭔가 불편하다. 진화가 우리에게 심어 놓은 성향이다. 진화적인 관점에서 보면 이런 태도는 합당하다. 공포 영화에 반응하는 자신을 돌아보라. 디트로이트를 서서히 집어 삼키는 흐느적거리는 초거대 괴물보다 사람과 흡사한 '괴물'이 훨씬 더 무섭다.

점차 성숙해지면서 우리는, 친밀한 관계를 맺거나 친구를 고를 때, 정상적인 모양새에 끌리는 타고난 편견을 무시할 줄 알게 된다. 개인적인 삶에서는 오래전에 무시하는 법을 배웠더라도 사람을 고용할 때는 처음부터 다시 배워야만 한다.

대다수 관리자는 외모가 매력적이거나 '정상'인 사람을 고용하는, 자신에게 통제 못할 성향이 있다고 느끼지 않는다. 그렇다면 어째서 이 이야기를 꺼냈을까? 고용에 영향을 미치는 요인은 책임자 개인적인 성향만이 아니기 때문이다. 조직이 조직 표준을 따르라고 은연중에 강요하는 분위기 역시 큰 몫을 한다. 여러분이 고용하는 사람은 여러분의 작은 왕국에도 속하지만 여러분 상사의 왕국과 상사의 상사의 왕국에도 속한다. 적용하는 기준은 여러분 자신만의 기준이 아니다. 여러분 위에 있는 조직 사다리를 대표해 사람을 고용한다. 고용 여부를 결정할 때마다 위쪽 사다리 전체가 따르는 표준이 영향력을 발휘한다. 거의 느끼지 못하는 미묘한 압력이 회사 평균 방향으로 작용해 결국 여러분은 모두와 비슷하게 보이고 비슷하게 말하고 비슷하게 생각하는 사람을 고용한다. 건강한 기업 문화에서는 이런 영향이 미미하므로 무시해도 좋다. 그러나 건강하지 못한 문화에서는 자기 조직과 생각이 다르다고 중요한 인물을 고용하지 못하는 사태도 발생한다.

통일성을 강요하는 문화는 관리자가 불안하다는 증거다. 자신감 있는 관리자는 팀원들이 머리를 자르든 넥타이를 매든 신경 쓰지 않는다. 관리자의 자긍심은 팀원들의 성취에만 좌우된다.

복장 규정

불안한 전체주의 체제(예를 들어, 종교 단체에서 운영하는 학교와 군대)에서는 통일성이 너무나 중요해 복장 규정까지 강요한다. 규정과 다른 치마 길이나 다른 재킷 색깔은 위협을 주기에 금지다. 천편일률적인 통일성을 망치는 그 무엇도 허락하지 않는다. 같은 부류에 속한 사람이 달성한 업적만 인정한다.

가끔 회사도 복장 규정을 강요한다. 제복 착용에 비하면 덜 극단적이지만 개인에게서 상당한 재량을 빼앗는다. 시행하는 순간부터 효과는 대단히 파괴적이다. 사람들이 그것만 이야기한다. 업무는 바로 중단된다. 가장 중요한 사람들이 자신의 진짜 가치를 인정받지 못한다고, 자신의 공헌보다 머리 스타일이나 넥타이가 더 중요하다고 느끼기 시작한다. 결국 그들은 회사를 떠난다. 나머지는 우수한 인재가 굳이 필요하지 않다는 사실을 증명하려 애쓰며 느릿느릿 일한다.

이 책 곳곳에서 우리는 조직이 저지르는 실수를 바로잡는 방안을 제안한다. 하지만 여러분 회사가 복장 규정을 선포했다면 포기하라. 구제할 방법은 없다. 조직이 뇌사의 마지막 단계에 접어들었다는 증거다. 시체가 곧바로 쓰러지지는 않는다. 떠받치는 손이 많기 때문이다. 하지만 시체를 떠받치는 업무는 만족감과 거리가 멀다. 새 직장을 알아보라.

암호: 프로답다

> 사내 세미나에서 나는 중구난방 임의의 표준화가 관리자의 불안감 탓이라 넌지시 암시했다. 참가자들의 반응은 폭발적이었다. 모두 한마디씩 거들었다. 가장 엉뚱한 일화 중 하나가, 오후 휴식 시간에 팝콘을 만들기 위해 사무실 전자레인지를 사용하는 행동에 대한 회사의 반응이었다. 물론 팝콘은 냄새가 강렬하다. 어느 고상한 임원 한 명이 팝콘 냄새를 맡고 조치를 취했다. 그는 "팝콘은 프로답지 못합니다"라는 사내 메모를 돌렸고 따라서 그 이후로 팝콘은 금지됐다.
>
> - 티모시 리스터

고객 센터나 영업 부서에서 일한다면 팝콘 금지 규정이나 복장 규정이 합당할 수도 있다. 하지만 그 외 다른 부서에서는 정말 쓸모없는 조치다. 고객이 돌아다닐 가능성이 희박한 공간이기 때문이다. 이 '규정'들은 외부인들이 보는 조직의 이미지와 하등 무관하다. 내부인들이 보는 이미지가 중요할 뿐이다. (흔히 자신감이 부족한 중간 관리자인) 그들은 무엇이든 평균과 다른 행동이 불편하고 불안하다. 그래서 자신이 대장이라는 사실을 보여주고자 아랫사람들에게 통일된 행동을 강요한다.

프로답지 못하다는 표현은 놀랍거나 위협적인 행동을 묘사할 때 흔히 쓰인다. 심약한 관리자를 언짢게 만드는 행동은 정의상 거의가 프로답지 못하다. 그러므로 팝콘은 프로답지 못하다. 남자의 긴 머리는 프로잡지 못하다. 여자의 긴 머리는 괜찮다. 포스터는 프로답지 못하다. 편안한 신발은 프로답지 못하다. 좋은 소식에 사무실에서 덩실덩실 춤추는 행동은 프로답지 못하다. 낄낄거리며 웃는 행동도 프로답지 못하다(미소는 괜찮지만 너무 자주는 안 된다).

반대로 프로답다는 놀랍지 않다는 의미다. 다른 사람들과 똑같이 입고 행동하고 생각하면, 그러니까 완벽한 일벌이 되면, 프로답다 여겨진다.

당연히 이같이 비정상적인 프로의 정의는 병적이다. 건강한 조직 문화에서 프로답다는 표현은 업무에 정통하고 유능하다는 뜻이다.

사내 엔트로피

엔트로피는 동등함 또는 똑같음을 뜻한다. 엔트로피가 증가할수록 에너지가 생성될 가능성과 업무가 추진될 가능성이 낮아진다. 대기업이나 조직에서 엔트로피는 태도, 외모, 사고의 획일성으로 간주할 수 있다. 우주에서 열역학 엔트로피가 언제나 증가하듯, 기업 엔트로피도 언제나 증가한다.

관리의 열역학 제2법칙
조직 내 엔트로피는 항상 증가한다.

오래된 조직은 융통성이 없는 반면 젊은 회사는 재미있는 이유가 여기 있다.

전 세계적인 현상이므로 이를 어찌할 방도는 없지만 자신이 속한 조직 안에서는 이에 맞서야 한다. 가장 성공적인 관리자는 사내 엔트로피를 뒤흔들어 우수한 인재를 고용하고, 그 인재가 기업 표준과 크게 다를지라도, 개성대로 일하게 해주는 사람이다. 조직이 사후 경직에 들어가더라도 여러분이 속한 작은 부분은 무사할 수 있다.

15장

리더십에 대해 이야기해 보자

직장에서 실제로 리더십을 접하기는 굉장히 어렵지만 리더십에 대한 이야기는 언제나 듣는다. 회사는 항상 리더십에 대해 말한다.

흔히 말하는 리더십은 조직 권력을 능수능란하게 행사해 주어진 목적을 달성하는 능력을 가리킨다. 여기서 리더는 관리자다. 권력을 적절히 행사해 부하 직원들을 다루라고 회사는 관리자를 리더십 교육에 보낸다. 이 관점에서 리더십은 조직 사다리를 따라 내려가는 개념이다. 리더가 위에 있고 따르는 사람들은 아래에 있다. 조직 사다리에서 나보다 위에 있는 사람이 나를 이끈다. 나는 조직도에서 내 네모 칸 바로 밑에 있는 사람들을 이끈다.

업무 착취 메커니즘으로서 리더십

어느 끔찍한 '동기 부여' 포스터에 이런 내용이 있었다. "리더의 속력이 집단의 속력을 결정한다." 이런 리더십은 업무 착취 메커니즘이다. 질이 아니라 양을 추구하는 리더십이다. '더 열심히 일하라, 더 오래 일하라, 그만 놀라'고 이끄는 리더십이다.

1차 세계 대전 초반, 레프 다비도비치 브론슈타인이라는 젊은 러

시아 기자가 집으로 보내는 편지에 최전방에서 자신이 관찰한 리더십에 대해 썼다. 어느 편지라면 역사 속으로 사라져 잊혔겠지만 훗날 브론슈타인이 혁명가 트로츠키가 되는 바람에 편지는 모두 보존되었다. 한 편지에서 브론슈타인은 '휴대용 무기가 없으면 하급 장교는 전투에서 부하 병사들을 지휘하지 못한다'고 관찰했다. 총을 사용한다는 말은 뒤에서 '지휘'한다는 뜻이다. 바로 이것이 업무 착취형 리더십이다. 회사라면 총은 위임된 권위와 직위 권력을 뜻한다.

서비스로서 리더십

하지만 최고의 리더십은 (사람들이 격한 감정과 깊은 존경을 드러내며 말하는 리더십은) 직위 권력이 없는 사람들에게서 가장 자주 발견된다. 최고의 리더십은 위임된 권위로 이뤄진 공식적인 조직 계층 밖에서 일어난다.

> 출장을 가지 않을 때면 나는 마이크라는 멋진 친구가 이끄는 그룹에서 한 주에 두세 번 테니스를 친다. 마이크는 우리 리더다. 마이크는 누가 누구랑 대진할지 결정한다. 세 세트 게임에서 모두가 다른 선수와 대진하게 각 세트가 끝나면 선수들을 다른 코트로 (16명을 코트 네 곳으로 분산해) 배치한다. 마이크가 정해주는 대진 편성은 언제나 뛰어나다. 30분이 지날 즈음 코트 네 곳을 둘러보면 점수는 항상 5:4, 6:6, 7:6, 5:5 등 엇비슷하다. 게다가 멋지게 울리는 목소리라 반대편 끝 코트에서도 잘 들린다. 마이크는 모임 시간을 정하고, 코트 사용 일정을 협상하며, 못 오는 선수가 있는 경우 반드시 대타를 구한다. 마이크에게 그룹 리더를 맡긴 사람은

없다. 그냥 마이크가 나서서 했다. 마이크의 리더십에 아무도 이의를 제기하지 않았다. 그처럼 잘 이끌어주는 리더를 만난 우리의 행운에 그저 감동했을 따름이다. 마이크는 우리의 감사와 존경 외에 아무런 대가도 받지 않는다.

- 톰 드마르코

이 사례에서 리더십은 우리에게서 뭔가를 착취하려는 리더십이 아니다. 서비스다. 마이크와 같은 리더가 제공하는 리더십은 전진을 도와주는 리더십이다. 명시적인 방향이 정해지면 감독이 아니라 촉매제 역할을 한다. 마법이 일어나게 도와준다.

직위 권력 없이 이끌려면(리더라는 명시적인 직책 없이 이끌려면) 마이크처럼 해야 한다.

- 업무를 자진해서 맡는다.
- 업무에 맞는 자질을 갖춘다.
- 필요한 숙제를 미리 해서 준비한다.
- 모두에게 최대의 가치를 제공한다.
- 유머와 명백한 선의로 업무를 수행한다.

물론 카리스마가 있으면 더욱 좋다.

리더십과 혁신

조직에서 권한을 부여받지 않고도 리더로 나서는 사람이, 경쟁사들이 처한 한계를 뛰어넘어 혁신적인 아이디어를 내놓는 사람이다. 혁신은 리더십이 있어야, 리더십은 혁신이 있어야 가능하다. 혁신이 없으면 리더십도 없고, 리더십이 없으면 혁신도 없다.

혁신에 대한 말:행동 비율은 리더십에 대한 말:행동 비율보다 훨씬 더 엉터리다. 대다수 회사에서 경영진은 언제나 혁신을 주창한다. 기본 방침은 늘 이렇다. "우리가 살아남으려면 혁신이 필요합니다. 혁신은 너무나 중요합니다. 혁신의 중요성은 아무리 강조해도 지나치지 않습니다. 그렇습니다. 혁신은 정말, 정말, 정말 중요합니다. 그리고 혁신은 우리 모두의 임무입니다. 아니, 모두의 가장 중요한 임무입니다. 자, 여러분! 나가서 혁신합시다!" 아, 그런데 말이다.

- 아무도 혁신할 시간이 없다. 항상 바쁘기 때문이다.
- 대개는 대놓고 싫어한다. 혁신은 자발적인 변화를 뜻하기 때문이다.
- 진짜 혁신은 내놓은 사람의 영역을 넘어 멀리까지 퍼져나간다. 그러니 아래서 조직을 관리한다는 의심을 산다. 위에서 높으신 분들이 아주 의심스런 눈초리로 바라본다.

즉, 최고의 혁신이 효과를 달성하려면 약간의 반항이 필요하다. 이것이 반항적인 리더십이다. 혁신을 내놓는 사람이 위대한 리더일 필요는 없지만 누군가는 리더가 되어야 한다. 반항적인 리더십은 (건설적인 불복종으로 핵심 인물을 당장 돈 되는 업무에서 빼내) 혁신할 시간을 확보해주고 (혁신의 이익을 최대한 높이기 위해) 조직의 변화를 강력히 추진한다.

혁신이 조직을 어떻게 바꿀지 아무도 모르기에 주동자에게 맘대로 해보라고 아무도 허가하지 못한다. 서비스로서 리더십이 거의 언제나 공식적인 허가 없이 발휘되는 이유가 바로 여기에 있다.

리더십: 말과 행동

> 최근 아서 밀러가 쓴 '세일즈맨의 죽음'이라는 브로드웨이 공연을 보러 갔다가 연극이 끝날 무렵 나오는 대사에 깜짝 놀랐다. 주인공 윌리 로만은 부유한 이웃 찰리에게 또 다시 돈을 조금만 빌려 달라 청한다. 찰리의 성공과 윌리의 실패가 이루는 슬픈 대조는 자식들에게 반영된다. 윌리의 아들 비프는 완전히 바닥 인생을 살고, 찰리의 아들 버나드는 변호사로 성공한다. 찰리는 돈을 빌려주며 윌리에게 버나드가 사건을 변호하러 워싱턴 DC의 대법원으로 갔다고 자랑스럽게 말한다. 미합중국 대법원 말이다.
> "대법원!" 윌리가 말했다. "나한테 아무 말도 안 했어요!"
> "말할 필요가 없죠." 찰리가 대답했다. "할 거니까요."
>
> — 티모시 리스터

리더십이 자연스럽게 생기게 회사가 허락했다면 리더십을 두고 그렇게 호들갑을 떨 필요는 없었을 것이다.

16장

곡예사 고용하기

서커스 단장: 저글링 묘기는 얼마나 했죠?
후보: 6년 정도입니다.
단장: 공 3개, 4개, 5개도 가능합니까?
후보: 네, 네, 네.
단장: 불타는 물건도 가능합니까?
후보: 당연하죠.
단장: 칼, 도끼, 담뱃갑, 챙 넓은 모자는 어떻습니까?
후보: 무엇이든 가능합니다.
단장: 묘기를 부리면서 재담도 합니까?
후보: 끝내주게 웃겨줍니다.
단장: 괜찮군요. 단원으로 받겠습니다.
후보: 아, 묘기는 안 보십니까?
단장: 이런, 그 생각을 못했네요.

묘기를 보지도 않고 단원을 고용하겠다는 생각은 확실히 터무니없다. 상식을 벗어난다. 그럼에도 엔지니어나 설계자나 프로그래머나 그룹 관리자를 고용할 때 상식을 벗어나는 경우가 많다. 설계나 프로그램을 보자고 안 한다. 사실상 면접은 그저 말로만 한다.

사람을 고용할 때는 아마도 전에 만들었던 제품과 비슷한 제품을 만들기 위해 고용한다. 지원자가 만든 제품의 질을 파악하려면 전에 만든 제품의 견본을 봐야 한다. 당연한 말이라 생각하겠지만 개발 관리자들이 거의 항상 간과하는 부분이다. 면접장에는 피상적인 상태만 점검하려는 기류가 흐른다. 지금까지 수행한 업무에 대해 물어만 봐야지, 보여 달라면 안 된다는 불문율이라도 있는 듯 행동한다. 그런데 막상 보여 달라 청하면 지원자들은 누구나 즐겁게 견본을 보여준다.

포트폴리오

캐나다 서부 지역에서 교육 프로그램을 진행하던 중 우리는 지방 대학 교수로부터 전화를 한 통 받았다. 그는 아이디어를 얻고 싶다며 수업 후 저녁 시간에 호텔에 들러 맥주를 사겠다고 제안했다. 도저히 거절하기 힘든 제안이었다. 그날 저녁 우리는 거꾸로 그에게서 훨씬 더 가치 있는 교훈을 얻었다.

그 교수는 무엇이 자신의 성공과 직결되는지 솔직히 털어놓았다. 학생들의 취직이, 그것도 많은 학생들의 취직이 관건이었다. "하버드 졸업장은 그 자체로 가치가 있지만 우리 대학 졸업장은 아무짝에도 쓸모없습니다. 올해 졸업생들이 얼른 취직하지 못하면 내년에 학생들이 없고 그럼 저는 책상을 빼야 합니다." 그래서 그는 졸업생들의 취업률을 높일 공식을 개발했다. 그는 학생들에게 시스템 구축에 관한 여러 최신 기술을 가르치는 동시에 근처 회사와 기관에서 실제 프로그램도 짜게 시켰다. 하지만 공식의 백미는 모든 학생들이 자신의 프로그램 견본을 보여주고자 만든 포트폴리오였다.

그는 면접에서 자기 포트폴리오를 이렇게 자랑하라고 학생들을 가르쳤다.

> 제가 작성한 몇 가지 프로그램 견본을 가져왔습니다. 예를 들어, 이것은 한 프로젝트에서 작성한 C++ 하위 루틴이고, 이것은 다른 프로젝트에서 작성한 SAP 스크립트입니다. 이 부분은 커누스가 주창하는 빠져나갈 조건이 있는 루프$^{\text{loop-with-exit}}$ 확장 구조를 사용합니다만 그 외에는 완전히 구조화된 코드로 회사 표준에 거의 맞습니다. 그리고 이것은 코드 작성에 앞서 만든 설계안입니다. 그리고 이것은 명세에 해당하는 계층적인 자료 흐름도이고, 저것은 자료 사전이고….

그 후로 계속해서 우리는 그 무명의 기술 대학과 그들의 포트폴리오에 대한 이야기를 자주 들었다. 노스캐롤라이나 주 트라이앵글 파크와 플로리다 주 템파에서 졸업생을 채용하러 그 먼 캐나다까지 주기적으로 방문한다는 인재 채용 담당자들도 만나봤다.

물론 이것은 졸업생들에게 매력을 더해주려는 교수의 영리한 계획이었지만, 그날 저녁 우리가 가장 놀랐던 점은 면접관들이 열이면 열 모두 포트폴리오에 놀란다는 사실이었다. 다시 말해, 평소 지원자들에게 포트폴리오를 들고 오라 요구하지 않는다는 뜻이다. 어째서 안 할까? 면접에 자신이 짠 프로그램 견본을 가져오라는 요청은 지극히 합리적이지 않은가?

적성 테스트(아아악!)

새로 고용할 직원이 해당 업무에 필요한 기술에 정말 능숙해야 한다면 이런 기술을 측정하는 적성 테스트를 만들어 시험하면 어떨까? 우리 업계는 가끔 가다 한 번씩 적성 테스트라는 아이디어에 빠져드는 오랜 역사가 있다. 1960년대는 적성 테스트가 대유행이었다. 지금은 대다수 관리자와 회사가 포기했다. 아직 포기하지 못했다면 포기할 좋은 이유를 알려주겠다. 적성 테스트는 엉뚱한 자질을 측정한다.

적성 테스트는 십중팔구 고용 직후에 수행할 업무와 관련 있다. 통계 분석이든 프로그래밍이든 그 직책에서 요구하는 업무를 잘할지 못할지 검사한다. 시장에는 거의 모든 기술 부문에 대한 적성 테스트가 존재하며, 모든 테스트가 신입 직원의 업무 수행 능력에 대해 상당히 그럴 듯한 정확도를 자랑한다. 하지만 그래서 어떻다는 건가? 우수한 신입 직원이라면 몇 년 정도 그 업무를 수행하다 팀장이나 제품 관리자나 프로젝트 리더로 승진한다. 적성 테스트로 검사한 업무를 2년 정도 수행하다 다른 업무를 20년 동안 할지도 모른다.

우리가 지금까지 관찰한 적성 테스트는 거의가 좌뇌 중심이다. 신입 직원이 수행하는 업무는 전형적으로 좌뇌형이기 때문이다. 하지만 그들이 점차 성장한 후에 훗날 맡게 되는 업무는 우뇌형이 훨씬 더 많다. 특히 관리는 전체적인 사고, 경험적인 판단, 경험에 기반을 둔 직관이 필요하다. 즉, 적성 테스트로 뽑은 사람은 짧은 기간 동안 잘해도 나중에 성공할 가능성이 낮을지도 모른다. 혹시 적성 테스트를 수행해 여기서 떨어지는 사람을 고용하면 어떨까?

이 책을 읽는 독자들은 우리가 적성 테스트로 직원을 채용한다는 아이디어에 찬성할 리 없다고 예상할 것이다. 그렇다고 적성 테스트가 쓸모없다거나 사용하지 말아야 한다는 의도는 없다. 사용해야 한다. 단지 채용을 결정하는 수단으로 사용하지 말라는 뜻이다. 시중에 판매 중인 적성 테스트나 직접 만든 적성 테스트는 직원들이 스스로를 평가하는 좋은 수단이 된다. 건강한 조직이라면, 사적인 자체 평가를 재미있게 자주 수행하는 관례는 직원들에게 필수다(37장 '혼란과 질서'에서 좀 더 자세히 다룬다).

오디션 개최

우리가 몸담은 업계는 기술적이기보다는 사회적이다. 직원들이 기계와 소통하는 능력보다 서로와 소통하는 능력이 더 중요하다. 그러므로 직원 채용 절차는 최소한 사회적이고 인간적인 의사소통 역량에 초점을 맞춰야 한다. 우리가 발견한 바로 최선의 방법은 후보자에 대한 오디션이다.

개념은 간단하다. 과거에 자신이 수행한 업무와 관련해 10분에서 15분 정도 프레젠테이션을 시킨다. 생전 처음 써봤던 새 기술이나 새 경험일 수도 있고, 힘겹게 깨우친 관리 경험일 수도 있고, 아주 재미있었던 프로젝트일 수도 있다. 주제는 지원자가 선택한다. 발표일을 정한 후 지원자와 함께 일할 사람들로 소규모 청중을 구성한다.

물론 지원자는 긴장한다. 안 하려고 들지도 모른다. 누구나 긴장하기 마련이라고 말해주라. 오디션을 여는 이유도 설명하라. 다양한 지원자들의 의사소통 능력을 보고, 미래 동료 직원들을 채용 과정에 참여시키려는 의도라 설명한다.

오디션을 마치고 지원자가 떠난 다음 참석자들과 간단히 후기를 나눈다. 각 참석자가 돌아가며 지원자가 업무에 적합한지, 그리고 팀과 잘 어울릴지 의견을 말한다. 물론 최종적인 결정은 관리자에게 달렸지만 미래 동료 직원들이 내놓는 의견은 굉장히 소중하다. 게다가 이렇게 고용한 신입 직원은 팀도 무리 없이 받아들인다. 팀원들이 뽑자 했기 때문이다.

> 내가 처음 연 오디션은 컨설턴트와 강사를 고용할 때였다. 내가 유망한 지원자들을 고문하는 의도는 아주 단순했다. 단순한 문제든 복잡한 문제든 잘 설명하는 재능을 타고난 사람인지, 아니면 가르치면 되는 사람인지, 아니면 아예 가망 없는 사람인지 파악하고 싶었다. 또한 다른 사람 의견도 듣고 싶었다. 그래서 오디션 당시 사무실에 있는 우리 회사 사람들을 청중으로 앉혔다. 5년 동안 우리는 거의 200회에 달하는 오디션을 개최했다.
> 　오디션을 열면 신입 직원과 기존 직원들이 더 빨리 친해진다는 사실이 곧 분명해졌다. 성공적인 오디션은 동료들로부터 받는 일종의 인증이었다. 반대 경우 역시 일종의 인증이었다. 실패한 오디션 후에는 직원들의 사기가 확 올라갔다. 자신을 채용한 이유가 하필 그때 내 책상에 이력서가 놓여 있었던 뜻밖의 행운 때문이 아니라는 사실을 지속적으로 보여주는 증거이기 때문이다.
> 　　　　　　　　　　　　　　　　　　　　　- 티모시 리스터

오디션을 열 때는 한 가지 주의할 사항이 있다. 지원자는 회사가 하는 일과 직접 관련 있는 주제를 다뤄야 한다. '세쌍둥이 돌보기' 또는 '순무 재배 시 탄산음료가 미치는 영향' 등 극단적인 주제는 판단이

불가능하다. 지원자는 굉장한 열정으로 발표하겠지만 직장에서는 그런 열정을 못 볼지도 모른다.

17장

다른 사람과 오순도순 일하기

계약직, 외주 인력, 해외 위탁 인력은 합리적인 팀 구성이라는 문제에 또 다른 차원을 더한다. 게다가 사실상 모든 것의 국제화는 가장 평범한 사내 팀조차도 다양한 문화 배경을 바탕으로 하는 팀원들로 이뤄진다는 뜻이다. 여러분이 맡을 다음 프로젝트 팀은 우리 아버지와 할아버지가 관리했던 단일 문화 그룹이 아니라 UN 특별 전문 위원회에 가까울 가능성이 크다. 문화와 배경이 다양한 사람들로 팀을 꾸려가는 일은 어렵지만 이익도 있다.

먼저 이익부터

우리처럼 나이 든 사람들은 팀에 여성이 아예 없거나 거의 없던 시절을 기억한다. 소프트웨어 업계는, 최소한 미국에서는, 급증하는 여성 인력에 대한 촉매였다. 『Software Engineering Economics』 지에서 베리 뵘은 우리 업계가 겨우 25년 만에 사실상 0달러에서 연간 300억 달러 규모로 성장했다고 지적한다. 대부분은 인건비다. 그렇다면 그 많은 사람이 어디서 왔을까? 다른 최첨단 업계들로 진출하는 인력을 배출한 곳과 같지 않다. 그 업계들도 성장하고 있다. 대학에서 수학과 전산을 전공한 남학생들도 아니다. 그들만으로는 턱없이 부족하다. 개발되지 않은 인력, 그전까지 진로 선택이 심하게 제한되었던 교육받은 여성 인력이 열쇠였다. 회사는 그들에게 프로그래밍과 디버깅과 시스템 설계 등 구체적인 기술을 가르쳐야만 했지만 어차피 갓 졸업한 남자 직원에게도 같은 기술을 가르치기는 매한가지였다. 봄이 연구하던 시절에는 학생들에게 실무 소프트웨어 기술을 가르치는 대학이 거의 없었다.

여성들이 신생 업계에 미친 영향은 단순한 노동력 이상이었다. 그들은 팀의 조직 방식과 팀원들의 소통 방식을 바꿨다. 남성들의 진부한 구닥다리 스포츠 논리에 발레, 양육, 가족 이미지를 접목했다. 관리 영역으로 진출하면서, 우리 동료 실러 브래디가 "치마 관리 방식"이라 부르는, 새로운 스타일도 도입했다. 오늘날 남자로만 이뤄진 팀은 희박하며 그리 활기차 보이지도 않는다. 여성들은 큰 차이를 만들었다.

음식이라는 마법

세계화와 공동 시장으로 국경이 사라지며 우리 프로젝트에도 새로운 다양성이 찾아왔다. 국적이 더 다양해졌고 문화도 더 다양해졌다. 받아들이기 성가실 때가 있지만 이 모든 변화는 우리에게 풍요도 선사했다. 음식을 보라. 우리 할아버지의 할아버지 세대는 중국 만두, 인도 라임 피클, 레모그라스 카레, 티라미슈, 뇨끼가 함께 팔리는 시장을 상상하기 어려웠지만 현대 사회에서 이제 이런 음식은 생활의 일부다(여러분이 몇 세기 전으로 되돌아간다면 재미난 볼거리는 많겠지만 먹을거리가 별로 없어 굉장히 지루할 것이다). 우리는 음식 사이의 차이점을 감추려 하지 않으며 오히려 이를 무척 즐긴다.

> 내가 일했던 팀 하나는 한 달에 한 번 '점심 때 전통 음식 가져오기' 행사를 열었는데 인기가 너무 좋아 곧 한 달에 두 번으로 늘렸다. 모든 음식은 문화가 제각각인 팀원들이 준비한 이국적인 요리였다.
> - 티모시 리스터

문화가 제각각인 팀원들이 가져온 다양한 음식을 즐기듯 우리는 그들이 일하고 생각하고 소통하는 다양한 방식을 즐겨야 한다.

그렇다. 하지만…

그렇기는 하지만 새로움을 받아들이는 팀의 능력에는 한계가 있다. 계약직 직원을 이번 달에 20명, 다음 달에 3명, 다다음 달에 15명을 추가할 예정이라면 프로젝트는 새로운 인력을 총 38명이나 수용해야 한다. 렌터카를 빌리듯 사람을 취급하지 않으려면 신중한 계획이 필요하다.

팀이 융합하려면 시간이 걸린다. 그리고 그 시간 동안에는 팀 구성을 바꾸지 않는 편이 좋다. 계약직 직원이라는 대응 전략을 쓴다면 팀이 융합할 가능성은 사라진다. 사실상 이렇게 관리하는 사람들을 팀이라 부르기도 어려워진다.

18장

유년기의 끝

『Childhood's End』라는 아서 클라크^{Arthur C. Clarke}의 공상 과학 소설에는 부모 세대와 양적으로도 질적으로도 다른 신인류 세대가 긴장을 유발한다. 유년기의 끝이라는 제목은 신인류의 도래가 인간 유년기의 끝이라는 뜻이다. 진화는 부모 세대를 철저히 조롱했다. 자식 세대가 호모 슈퍼버스로 진화하면서 부모들은 순식간에 새로운 네안데르탈인이 되어버린다.

오늘날 업계로 뛰어드는 젊은 세대가 소설 속 신인류만큼이나 다르지는 않지만 우리가 이해하고 수용해야 할 세대 차이가 분명히 있다.

기술, 그리고 맞은편

디즈니 특별 연구원 앨런 케이[1]는 기술을 "지금 있는데 옛날에 없던 것"으로 정의한다. 케이는 한 걸음 더 나아가 옛날부터 있던 것은 이름이 있다고 말한다. 바로 환경이다. 우리 세대의 기술은 다음 세대

---

1 (옮긴이) 앨런 케이는 현재 뷰포인트 연구소 대표다.

의 환경이다.

20세기 말에는 가정과 학교에서는 찾아보기 어려우나 회사에는 존재하는 중요한 기술이 있었다. 이제는 그렇지 않다. 젊은 프로그래머들에게 컴퓨터, 스마트폰, 웹, 프로그래밍, 해킹, 소셜 네트워킹, 블로깅은 이제 기술이 아니라 환경이다. 젊은 친구들에게 이런 주제를 놓고 제작 기술에 대해 가르치기가 어려울 뿐 아니라 기술 사용에 따르는 윤리에 관해 떠들어 봤자 소귀에 경 읽기다. 그럼에도 불구하고 이들이 새파란 신참에서 귀중한 직원으로 발전하려면 기술/환경의 적절한 사용에 어느 정도 동의해야 한다.

산만의 지속

가장 단순하게 표현해, 세대 차이를 뚜렷이 부각하는 요소는 집중이다. 나이 든 사람들은 한 번에 한두 가지 일에 집중하는 반면 젊은이들은 온갖 일에 주의를 분산한다.

아이포드로 귀청이 떨어지게 음악을 틀어놓고, 끊임없이 문자를 받고 날리며, SNS 사이트는 24시간 열어두고, 역사 숙제 도중에 간간히 비디오 게임도 해가며 공부한 세대를 마이크로소프트 전 부사장 린다 스톤은 "산만의 지속"이라 묘사한다. 젊은 신입은 자신이 이런 환경에서 가장 효율적으로 일한다고 말한다.

문제는 산만의 지속이 몰입과는 정확히 반대 상태라는 사실이다. 우리가 믿는 바와 같이 여러분도 일을 하는 데 몰입이 필수라 믿는다면, 어느 선에서 주의의 분산을 제지해야 한다. 업무 시간 2%를 한 번에 연달아 페이스북에 쏟는 경우와 종일 주의의 2%를 페이스북에 쏟는 경우가 다르다는 사실을 젊은 신입이 이해하게 만들어야 한다.

전자는 (업무 시간에 가끔 집으로 전화를 하거나 문자를 보내듯) 인간적으로 이해가 가지만 후자는 팀의 일원이 되는 데 장애가 된다. 몰입하지 못하는 사람은 효율이 떨어질 뿐 아니라 다양한 세대가 존재하는 팀에 어울리기 어렵다.

규정을 정확히 밝히라

> 벨 연구소에 근무할 때 내 첫 상사인 리 토메노스카는 근무 첫날 나를 따로 불러 이렇게 말했다. "톰, 솔직히 말하죠. 우리는 8시 45분부터 5시 15분까지 일합니다. 점심시간은 1시간입니다. 그러니까 하루에 7시간 30분, 일주일에 37시간 30분을 일합니다. 이것이 정상 근무 시간입니다. 시간을 지켜주십시오. 지각할 참이면 차라리 한두 시간이 낫습니다. 하루는 5분, 하루는 10분 이렇게 늦다가는 다른 사람보다 업무에 뒤처집니다." 내가 꼭 들어야 할 말이었다. 규칙이 무엇인지 전혀 몰랐으니까. 회사 생활이 처음인 22살짜리가 무엇을 알았겠는가?
>
> - 톰 드마르코

젊은 직원들이 조직의 일원으로 융화하려면 규정을 정확히 밝혀줘야 한다. 몰입이 필요한 업무라면 젊은 직원들이 집중할 자세를 갖춰야 한다. '산만의 지속' 시간은 근무 중에 일정 시간 인정되는 휴식으로 정의해야 한다. 나머지 시간은, 당연히, 일해야 한다.

마찬가지로 회의에서도 산만의 지속은, 타당한 목적이라도 회의에 해가 된다. 여러분의 회사가 우리가 방문한 회사들과 같다면 이것은 단순히 세대 문제가 아니다. 심지어 나이 든 직원들도 회의 시간에 이메일을 확인하거나 다른 일을 한다. 사람들이 회의에 집중하지 않는다면 업무 윤리를 탓하지 말고 회의 문화를 점검하라. 일어서서 하는 회의나 노트북 없는 회의는 규정을 명확히 밝혀주는 방법 중 하나다. 하지만 그러려면 여러분의 회의 철학을 재고해야 한다. 그리고 이것은 언제나 좋은 생각이다(여기에 대해서는 31장 '회의, 독백, 대화'에서 좀 더 자세히 다룬다).

어제의 인기 애플리케이션

요즘 들어온 젊은 직원들은 이메일을 대수롭지 않게 여긴다. 이메일이 현대를 대변하는 상징이라 여긴다면 충격에 대비하라.

> 지난 몇 년간 나는 메인 대학교에서 학부 윤리 과목을 가르쳤다. 작문 수업이라 나는 학생들에게 원고를 반복해 다듬을 필요성과 가치를 가르치려 애썼다. 보통은 어느 금요일까지 초고를 제출하고 그 다음 금요일까지 수정한 원고를 제출하라는 숙제가 나간다. 나는 주말 동안에 초고를 검토한 후 이메일로 돌려보낸다. 놀랍게도 원고를 수정할 때 내 의견을 반영한 학생이 거의 없었다. 학생들에게 이유를 물었더니 이메일 함을 확인하는 학생이 거의 없었다. 그들은 만약 내가 이메일로 뭔가를 보내면 이메일 함을 열어보게 문자로 알려 달라고 부탁했다.
>
> - 톰 드마르코

나이가 어릴수록 이메일을 장황하고 따분한 시간 낭비로 간주할 가능성이 높다. 간결한 문자가 그들의 취향에 훨씬 더 잘 맞는다. 광대역폭을 자랑하는 시대지만 그들에게 최고의 기술은 대역폭을 가장 적게 사용하는 통신 수단이다. 엄지손가락으로 입력하는 문자 말이다.

(33장 '이(악한)메일'에서 우리가 피력하는 반이상향의 관점에 어안이 벙벙해진다면 젊은 직원을 고용하지 말라)

19장

이곳에 오게 되어 기쁩니다

간단한 질문 두 개로 시작하자.

질문 1: 지난 몇 년간 회사의 연간 이직률은 얼마인가?
질문 2: 그만둔 사람을 교체하는 비용은 평균 얼마인가?

점수는 이렇게 매긴다. 두 질문에 답이 있으면 통과, 아니면 탈락. 대다수는 탈락이다.

공정하게 말해 이런 정보를 파악하는 일이 관리자의 책임은 아니다. 좋다. 점수를 다시 매기겠다. 두 질문에 대한 답을 아는 사람이 조직에 한 명이라도 있으면 통과다. 그래도 대다수는 탈락이다. 애연가가 장수라는 주제에 대해 의사와 진지하게 상담하고 싶어 하지 않듯이 회사도 이직률을 측정하고 싶어 하지 않는다. 성가신 데다 결과가 좋을 리 없기 때문이다.

이직률: 명백한 비용

우리가 조사한 바로, 일반적인 이직률은 매년 33%에서 80% 사이다.

즉, 평균 직원 수명은 15개월에서 36개월이라는 뜻이다. 잠시 동안 여러분 회사의 이직률이 딱 중간이라 가정하겠다. 다시 말해, 직원들이 2년 넘게 근무하면 회사를 떠난다. 새로운 직원 한 명을 채용하려면, 인력 공급 업체에 주는 수수료든, 같은 일을 하는 사내 채용 팀에 소요되는 경비든, 대략 1.5개월에서 2개월 어치 월급이 든다. 채용된 직원은 곧바로 프로젝트에 투입되므로 새 직원에게 나가는 월급은 프로젝트 경비에 포함된다. 업무를 따라잡는 데 드는 초기 경비는 따로 계산하지 않는다. 하지만 이것은 순전히 회계 장부용일 뿐이다. 근무 첫날 새 직원은 전혀 쓸모없다는 사실을, 아니 새 직원을 교육하느라 다른 누군가의 시간을 투자해야 한다는 사실을, 우리 모두가 안다.

두어 달이 지나면 그나마 조금 일이 된다. 5개월 정도면 완전히 따라잡는다. 그러므로 새 직원 1명에 드는 초기 경비는 대략 3개월로 잡으면 합리적이다(물론 업무가 아주 난해하다면 초기 비용이 훨씬 더 든다). 직원 한 명을 교체하는 총 경비는 4.5개월에서 5개월 어치 월급 또는 그 직원에게 드는 2년 치 경비의 20% 정도다.

조직에 따라 이직률은 상당한 차이를 보인다. 10%인 회사도 있고, 같은 업계이면서도 100%가 넘는 회사도 있다. 혹시라도 경쟁사 관리자들이 한자리에 모인다면 옆자리 관리자 회사의 이직률이 여러분 회사보다 두 배이거나 절반일 수도 있다. 물론 어느 쪽인지 여러분이나 옆자리 관리자는 모른다. 아마 앞으로도 절대 모를 것이다. 최소한 둘 중 하나는 이직률을 측정하지 않는 회사에서 일할 가능성이 높기 때문이다.

이직률에 숨겨진 비용

직원 이직에 드는 비용은 전체 인건비의 20% 정도다. 하지만 이것은 드러나는 비용일 뿐이다. 드러나지 않는, 훨씬 나쁜 비용이 있다.

이직률이 높은 회사에서는 사람들이 파괴에 가깝게 단기적인 태도를 취한다. 그리 오래 일하지 않으리라는 사실을 알기 때문이다. 그러므로 팀원들이 일하는 공간을 개선하자고 주장했더니 높은 사람이 이런 논리로 반대하고 나서도 놀라지 말라.

> 아, 잠깐만요. 한두 푼 드는 일이 아니지 않습니까. 우리 엔지니어들에게 그렇게 큰 공간, 소음 방지, 사생활까지 제공하면 한 사람당 매달 50달러가 들지도 모른다. 50달러에 머리수를 곱해보세요. 수천수만 달러가 듭니다. 그 정도 돈은 못 씁니다. 생산성을 높이자는 의견에는 적극 찬성이지만 우리 3분기 실적이 얼마나 끔찍한지 봤습니까?

물론 반박하지 못할 논리적인 답변은 "지금 합리적인 환경에 투자하면 미래에 끔찍한 3분기를 피할 수 있습니다"이다. 하지만 잠깐만 참기 바란다. 아무리 반박하지 못할 논리도 뒤집어버리는 단기적인 시각의 인물을 만나봤을 것이다. 그는 조만간 회사를 떠날 사람이다. 그에게 단기적인 비용은 지극히 현실적이지만 장기적인 이익은 아무 의미가 없다.

이직률이 높은 조직에서는 아무도 장기적인 관점에서 바라보지 않는다. 그 조직이 은행이라면 우간다 개발 공사에 대출한다. 22%라는 이자는 이번 분기 실적으로 엄청나게 멋지니까 말이다. 물론 우간다 개발 공사는 몇 년 안에 채무불이행 상태에 빠지겠지만 그때까지 누가 남아 있겠는가? 그 조직이 척식 회사라면 단기 실적 달성에 최선을 다한다. 사람들을 착취하고 속인다. 회사의 생명줄이자 유일한 자산인 피플웨어를 보존하려는 어떤 노력도 기울이지 않는다. 농업 경제를 같은 방식으로 운영한다면 종자용 옥수수를 즉시 다 먹어치우고 다음 해에 굶주린다.

사람들이 1~2년 정도만 머문다면 최고의 인력을 잡아두는 유일한 방법은 빠른 승진이다. 즉, 거의 신입이 초급 관리자가 된다는 뜻이다. 경력이 5년도 안 되고 회사에 들어온 지 1년도 안 되는 사람이 초급 관리자가 된다.

다소 당황스러운 수치다. 말하자면, 40년 회사를 다니는데 5년만 일하고 35년 동안 관리한다. 굉장히 좁고 수직적인 조직 구조다. 직원 중 15%는 일하고 85%가 관리한다. 경비 10%가 일하는 직원들에 쓰이고 90%가 관리자에 쓰인다. 마르크스도 이처럼 머리만 큰 자본주의 구조는 내다보지 못했다.

이런 구조는 머리만 커 불안정할 뿐 아니라 계층 밑단에 별 볼 일 없는 사람들이 모이는 경향이 있다. 업계 전반에 걸쳐 어느 정도는 그렇지만, 이직률이 높은 회사에서 특히 더 그렇다. 성숙하고 진지한 회사가 평균 연령 20대에다 평균 경력 2년 미만인 직원들이 개발한 제품을 내놓는 사례도 드물지 않다.

우리는 빨리 승진하는 회사가 잘 나가는 회사라 믿는다. 자연스러운 현상이다. 젊은 일꾼으로서 우리는 남보다 앞서 가고 싶으니 말이다. 하지만 기업 관점에서 보면 더딘 승진이 건강하다는 신호다. 이직률이 낮은 회사에서는 초급 관리자로 승진하기 위해 10년도 더 걸린다(예를 들어, IBM 내에서도 가장 건강한 조직들은 오랫동안 그 래왔다). 가장 아래 있는 사람들이 평균적으로 최소 5년차다. 조직 구조가 낮고 평평하다.

사람들이 떠나는 이유

사람마다 다들 성격이 다르듯 직장을 옮기려는 이유도 많고 다양하다. 하지만 이직률이 비정상적으로 높은(30%가 넘는) 조직은 이유가 다음 몇 가지로 좁혀진다.

- 그냥-좀-다니다-말지-뭐 태도: 동료들이 장기적으로 몸담을 곳이라 생각하지 않는다.
- 일회용이라는 느낌: 경영진이 직원을 언제든 교체할 수 있는 부품으로 여긴다(이직률이 그렇게 높으니 교체하지 못할 사람은 없겠다).
- 충성심은 가소로운 감정이라는 분위기: 직원을 언제든 교체할 수 있는 부품으로 보는 조직에 누가 충성할까?

이런 환경에서는 이직이 이직을 낳는 효과가 서서히 퍼진다. 사람들이 빨리 그만두므로 교육에 투자할 필요가 없다. 회사가 사람에게 한 푼도 투자하지 않으므로 직원들은 그만둘 궁리만 한다. 새로 들어오는 사람은 능력으로 뽑지 않는다. 능력이 뛰어난 인재는 대체하기가 어렵기 때문이다. 회사가 사람들을 특별하게 여기지 않는 분위기에서는 직원들이 자신의 진가를 인정받지 못한다고 느낀다. 남들은 다 그만두는데 내년까지 그냥 있으면 내가 뭔가 이상한 사람이다.

특수한 병적 측면: 회사 이전

사무실을 외진 곳으로 옮기는 결정보다 더 제멋대로인 행동은 없다. 이것은 기껏해야 교묘한 술책일 뿐이다. 불안한 경영자는 직원들 삶을 비참하게 만들면서 신이 된 느낌을 즐긴다. 일반적인 회사 경영으로는 직원들의 회사 생활을 통제할 수 있지만, 외진 곳으로 옮기면 사생활까지 통제할 수 있다.

물론 옮기는 이유를 설명할 때는 대단히 엄숙하다. 사무실 경비가 급격히 증가한다며 원래 사무실의 세율과 새 사무실의 이익을 거론한다. 무슨 이유를 어떻게 대든 진짜 이유는 이와 다르다. 사무실을 이전하는 진짜 이유는 정치적인 거래, (자신들의 중요성을 보여주는 물리적 증거로서) 새로운 체계를 구축할 기회, 또는 (상사가 사는 동네로 이전해 얻어지는) 상사의 출퇴근 시간 단축이다. 때로는 단순한 힘의 과시다.

자기중심적인 관리자일수록 사무실 이전이라는 아이디어를 열정적으로 좋아한다. 다음은 로버트 타운센드가 한 말이다.

> 정말 정리가 필요한 사무실을 (지었거나) 물려받았다면 죽은 건물은 버리고 동네를 아예 떠나는 방법이 유일한 해결책이다. 내 친구 하나는 여러 회사에서 총 네 번이나 사무실을 이전했다. 결과는 항상 똑같았다. 1) 자신의 미래에 자신 있는 우수한 직원은 함께 간다. 2) 미래가 불투명한 (아내도 미심쩍어 하는) 사람은 해고라는 사실에 직면하지 않아도 된다. "회사가 이전했습니다"라고 말한다. 대개 경쟁사에 금방 취직한다. 경쟁사는 인력을 빼온다고 생각한다. 3) 이전한 동네에서 고용한 인력이 예전 동네보다

낫다. 새 인력은 회사의 우수한 직원들을 만났기에 열정에 불타오른다.¹

기술적인 용어로 표현하자면, 개가 풀 뜯어 먹는 소리다. 타운센드가 간과한 한 가지 사실은 여성 인력의 존재다. 오늘날 대다수 가정은 맞벌이를 한다. 배우자는 따라 옮기지 못할 가능성이 높으므로 사무실 이전은 부부 관계를 망치는 데 일조한다. 맞벌이를 하고자 서로 절충하며 살아가는 부부에게 견디기 힘든 스트레스를 안긴다. 비겁한 행위다. 신세대 부부들은 이런 반칙을 참아주지도, 용서하지도 않는다. 회사 이전이 1950년대나 1960년대는 가능했을지도 모른다. 지금은 바보짓이다.

심지어 1960년대에도 사무실 이전은 비합리적이었다. 한 가지 사례로, 1966년 AT&T 벨 연구소는 ESS1 프로젝트 팀 600명을 뉴저지에서 일리노이로 옮긴다는 결정을 내렸다. 이전하는 이유는 이것저것 많이 내놓았지만 지금 보면 정치적인 속임수가 아니었나 싶다. 1950년대 상원의원 케네디와 존슨은 매사추세츠와 텍사스에 큰 투자를 유치했다. 일리노이 주 상원의원 더크슨도 뭔가 필요했다. 고연봉, 저공해 직업 600자리가 자기 주로 온다면 얼마나 큰 실적일까! 반독점 문제나 규제 완화에 호의적인 태도를 보이겠다고 AT&T를 조금만 압박하면! 연구소는 이전 비용이 그리 크지 않으리라 생각했다. 이사 비용으로 한 사람당 몇천 달러를 쥐어주면 되겠다고 생각했다. 약간의 이직은 감수하고 말이다.

---

1   R. Townsend, 『Up the Organization』(New York: Alfred A. Knopf, 1970년), p. 64.

> ESS 프로젝트가 끝나고 몇 년 후에 나는 해당 프로젝트 팀장이었던 레이 케치레지를 인터뷰했다. 대규모 프로젝트 관리에 관한 글을 쓰는 중이었는데 ESS는 확실히 적격이었다. 나는 케치레지에게 상사로서 자신의 성공과 실패를 무엇이라 보는지 물었다. "성공 따위는 없었습니다"라고 그는 말했다. "실패는 바로 이사였습니다. 이직으로 인해 우리가 얼마나 큰 손해를 입었는지 믿지 못할 겁니다." 케치레지는 수치 몇 개를 말해줬다. 계산할 것 없이 바로 눈에 띄는 수치는 이전하기 전에 그만둔 사람들 수였다. 그만둔 사람의 비율을 따져보면, 초기 이직률은 1차 세계대전 당시 참호 속에서 쓰러져간 프랑스 병사들의 사망률보다 높았다.
>
> - 톰 드마르코

사무실을 옮기느니 직원들을 일렬로 세운 후 기관총을 갈기는 쪽이 회사에 미치는 피해가 덜하다. 그것도 초기 이직만 봐서 그렇다. 벨 연구소의 경우에 이전 후 1년이 지날 즈음 또 한 번 대규모 탈출이 일어났다. 이번에는 정직하게 회사를 따르고자 애썼던 사람들의 탈출이었다. 회사를 따라 옮겼다가 새 동네가 마음에 들지 않자 그들은 다시 옮겼다.

영구적이라는 분위기

오랜 기간 우리는 이직률이 놀랍도록 낮은 회사 몇 군데를 상담하며 함께 일하는 특권을 누렸다. 이 회사들의 우수성은 낮은 이직률 하나만이 아니라는 사실에 놀라지 않을 것이다. 실제로 이들은 이 책에서 언급한 사람을 중시하는 자질 대다수에서 탁월한 듯이 보인다.

최고다.

최고의 조직은 다른 조직과 비슷하지 않다. 비슷한 점보다 다른 점에 더 주목해야 한다. 하지만 그들 모두가 공유하는 한 가지는 최고가 되려는 근성이다. 최고는 복도에서, 회의에서, 평상시 그냥 나누는 이야기에서도 언제나 등장하는 주제다. 이 효과의 역도 똑같이 참이다. '최고'가 아닌 회사에서는 최고라는 주제를 거의, 아니 절대 거론하지 않는다.

최고의 조직은 항상 최고가 되기 위해 의식적으로 노력한다. 최고는 함께 바라보는 방향, 함께 느끼는 만족, 강한 결속력을 제공하는 공동 목표다. 이런 곳에는 영구적이라는 분위기가 있다. 멍청이가 아닌 이상 다른 데로 옮기지 않는다는 분위다. 다른 데로 옮기면 바보 취급 받는다. 이것이 과거 미국의 작은 마을들을 특징짓는 일종의 공동체 감정이다. 우리가 사는 대도시와 시읍면에서는 극히 찾아보기 어려운 느낌이라, 회사라는 조직 내에서 더욱 중요해진다. 야망 있는 회사들은 이런 공동체 감각을 키우려 발 벗고 나선다. 예를 들어, 리더스 다이제스트와 일부 HP 지사는 직원들을 위한 공동체 정원도 만들었다. 점심시간에 정원은 아마추어 농부와 정원사로 가득하다. 사람들은 담장을 사이에 두고 서서 토마토에 대해 이야기를 나눈다. 가장 달콤한 스위트피나 가장 긴 애호박을 기르는 대회도 한다. 활기찬 물물교환 장터를 만들어 직접 기른 마늘을 옥수수와 교환한다.

단기적으로는 공동체 정원이 전혀 쓸모없다는 사실을 증명할 수 있다. 정원에 들어가는 경비는 이번 분기 실적에서 바로 빠진다. 이 정도면 대다수 회사에서 이 아이디어를 죽이기에 충분하다. 하지만 최고의 조직에서는 단기만 중요하지 않다. 최고가 더 중요하다. 이것이 장기적인 안목이다.

사람들은 이런 회사에 머물려는 경향이 있다. 당연히 계속 다닌다는 생각이 널리 퍼져 있기 때문이다. 회사가 직원의 개인적인 성장에 크게 투자한다. 석사 학위를 지원하거나 신입을 집중 교육 프로그램에 보내거나 어딘가로 1년 동안 보내준다. 회사가 개인의 성장에 그만큼 투자해 왔을 때, 계속 다니길 바라는 메시지를 놓치기란 어렵다.

이직률이 가장 낮은 회사들의 공통적인 특징은 많은 사람들의 재교육이다. 비서, 경리직, 우편실에서 시작했다는 관리자와 사무직이 넘쳐난다. 학교를 갓 졸업하고 새파랗게 젊을 때 회사에 합류했다고 한다. 진급에 필요한 새 기술은 회사가 제공한다. 막다른 골목에 이르는 직원은 없다.

다시 말하지만, 확실히 재교육은 새로운 직책을 채우는 가장 저렴한 방법이 아니다. 교육이 필요한 사람을 해고한 후 필요한 기술을 이미 확보한 사람을 고용하는 편이 단기적으로 더 저렴하다. 대다수 조직은 그렇게 한다. 최고의 조직은 그렇지 않다. 그들은 재교육이 영구적이라는 분위기 조성에 일조한다는 사실을, 그래서 이직률은 낮아지고 강한 공동체 의식이 자라난다는 사실을 안다. 비용보다 이익이 더 크다는 사실을 깨닫는다.

몇 년 전 서던 캘리포니아 에디슨에서, 자료 처리를 총괄했던 사람은 계량기 검침원에서 출발했다. EG&G에는 관리직을 시스템 분석가로 키우는 교육 프로그램이 있다. 노동 통계국은 철학 박사를 고용해 첫날부터 소프트웨어 개발자로 양성하는 재교육을 시작한다. 히타치 소프트웨어에서 수석 과학자는 주요 업무로 신입을 교육하는 책임이 주어진다. 퍼시픽 벨에서 새 시스템에 투입되는 새 인력은 주로 재교육을 마친 현장 배선 직원이나 교환원이다. 이 회사들은 일반적인 관례에서 벗어나 있다. 스스로도 다르다고 생각한다. 소속감과 에너지가 손에 잡힐 듯 뚜렷하다. 그렇지 못한 회사에 다니는 사람들이 불쌍해서 안타까움을 느낄 정도다.

20장

인적 자본

이 글을 읽는 여러분에게서 그리 멀지 않는 곳에는 아마 에어컨이나 난방기가 돌아가고 있을 것이다. 전기와 연소성 연료는 여러분에게 안락한 환경을 제공하고자 주변 환경을 조절한다. 그런데 그러려면 돈이 든다. 여러분 또는 여러분 회사는 매달 전기 요금이나 가스 요금이라는 이름으로 공공요금을 낸다. 이번 9월 전기 요금이 100달러였고 회사가 지불했으며, 또한 회사는 전기 요금 외에 아무런 돈 거래도 없다 치자. 수익도 없고 월급도 없고 아무것도 없다. 청구서는 전기 요금 달랑 하나다. 9월 말 조직의 손익계산서는 그림 20-1과 같다.

손익계산서에 따르면 9월은 적자다. 경비가 수익을 초과한다.

다음 달도 비슷하다. 회사는 수익도, 월급도 없다. 하지만 날씨가 따뜻해 10월 한 달은 창문을 열고 난방을 켜지 않았다. 그래서 전기 요금이 없다. 하지만 지출은 하나 있다. 100달러짜리 소형 컴퓨터를 구매했다. 수표를 끊을 때 '컴퓨터 장비'라 기입했다. 회계 프로그램에 있는 경비 분류 중 가장 적합했기 때문이다. 이제 10월 말 손익계산서는 그림 20-2와 같다.

```
            홍길동 회사
           손익계산서
             2012년 9월
                              2012. 9
   경상수익/경비
     경비
       공공요금            100.00
     총 경비              100.00
     순 경상수익          -100.00
   순수익                -100.00
```
그림 20-1 첫째 달 순익계산서

그림 20-2 둘째 달 손익계산서

지난달에는 수익 없이 100달러짜리 수표 한 장을 썼는데 적자가 났다. 이번 달에는 수익 없이 100달러짜리 수표 한 장을 썼는데 손해도 이익도 없다. 어째서 다를까? 지출 항목을 다르게 선택했다는 차이밖에 없다. 9월 공공요금 지출은 경비로 취급되었고 10월 컴퓨터 장비 지출은 전혀 다르게 취급됐다. 회계 소프트웨어는 컴퓨터 장비 지출을 일종의 자산으로, 은행 계좌에 넣어둔 돈처럼 취급했다. 즉, 장비 지출에 쓴 수표를 한 계좌에서 다른 계좌로 이체한 듯 취급했다. 손익에 전혀 영향을 미치지 않았다.

경비는 써버리는 돈이다. 매달 말이면 돈은 없어지고 (그 돈으로 사들인) 난방열도 없어진다. 반면에 투자는 한 자산을 사용해 다른 자산을 사들이는 행위다. 가치가 사라지지 않는다. 단지 형태만 바뀔 뿐이다. 지출을 경비가 아니라 투자로 취급할 때 지출은 자본화된다.

사람은 어떨까?

그렇다면 회사가 사람에 지출한 돈은 어떨까? 일반적인 회계 관례는 모든 월급을 경비로 취급한다. 절대 자본 투자로 취급하지 않는다. 때로는 맞는 계산법이지만 때로는 아니다. 직원들이 시장에 내다 팔 제품을 만든다면 별 상관없다. 그들의 노동을 경비로 취급하든 자본화하든 이익을 계산하려면 결국 제품 판매 금액에서 월급을 공제해야 한다. 난방을 소모하듯 노동을 소모한다는 관례를 잘못이라 말하기는 어렵다. 난방과 노동 모두 매달 말이면 사라지기 때문이다.

하지만 이번에는 같은 직원을 일주일 동안 교육 세미나에 보낸다고 가정하자. 그의 월급과 세미나 비용은 월말에도 '사라지지' 않는 뭔가에 쓰였다. 그가 배운 내용은 이후로 계속 남는다. 교육비를 현명하게 쓴다면 투자다. 그것도 어쩌면 아주 좋은 투자다. 하지만 회계 관례상으로는 모두 경비로 취급된다.

그러면 누가 신경 쓰나?

회계 담당자가 국세청이나 주주들에게 보고하는 내용은 어떻든 상관이 없다. 하지만 회사가 사람에게 투자하는 돈에 대해 관리자가 바라보는 관점이 중요하다. 인적 자본에는 실체가 있다. 이것을 버리는 돈으로 잘못 생각하면 조직이 투자한 가치를 보존하지 못하는 행동을 관리자가 무심코 저지르게 만들지도 모른다.

물론, '조직이 투자한 가치를 보존하지 못하는 행동'은 문제 있는 관리의 전형적인 표본이다. 중간 관리층과 경영진이 장기적인 성장을 희생해 단기적인 성과를 내는 (당장의 분기 수익을 높이는) 더 나은 방법을 내놓겠다고 서로 경쟁하며 싸운다. 보통은 이것을 "손익계산만을 문제 삼은 의식"이라 부르지만 우리는 또 다른 이름인 "종자용 옥수수 먹기"라 부른다.

인적 자본에 대한 투자 평가

회사가 여러분과 여러분 동료들에게 얼마나 투자했을까? 간단히 측정하려면, 한 사람이 회사를 떠날 때 발생할 상황을 상상해 보라. 예를 들어, 데이터베이스 전문가인 루이즈가 월말에 그만둔다고 가정하자. 조금 전까지 여러분은 팀원 5명이 회사 영업 관리 시스템 새 버전을 내년 여름까지 충분히 끝내리라 자신했다. 프로젝트는 원활히 진행되는 중이고 팀은 결속력도 강하고 아주 효율적이다. 적어도 루이즈가 폭탄선언을 하기 전까지 말이다. 지금은 자신이 없다. 큰일 났다. 인사부에 전화해 나쁜 소식을 전한다. "루이즈가 31일까지만 근무합니다." 그런 다음에 희망을 품고 물어본다. "다른 루이즈가 있을까요?"

안타깝게도 루이즈만큼 요구 사항, 기술, 해당 분야, 관련된 사람들을 이해하는 전문가는 현재 없다고 말한다. "랄프는 어떨까요?" 인사부 담당자가 제안한다. 여러분은 랄프가 누군지 모른다. 팀원들

아무도 랄프를 모른다. 하지만 그 사람밖에 없다니 동의한다. 결정 났다. 루이즈는 31일에 떠나고 랄프가 다음 날 들어온다.

어떤 의미에서 프로젝트 수행에는 전혀 차질이 없다. 31일에 5명이었고 1일에도 5명이다. 랄프의 월급이 루이즈와 같다면 회사는 지난달과 똑같은 경비로 노동력을 사서 정확히 한 달에 5명을 팀에 제공했다. 루이즈가 일할 때와 똑같은 조건이다. 만약 프로젝트가 지난 달 일정을 지켰다면 이번 달 일정도 지켜야 정상이다. 그렇다면 도대체 무슨 걱정이 있겠는가?

자, 이제 랄프가 첫날을 어떻게 보내는지 보자. 루이즈가 떠날 때 남겨 놓은 데이터베이스 업무가 있다. 첫날 랄프는 얼마나 해치울까? 물론 답은 0이다. 쥐꼬리만큼도 못한다. 종일 건강 보험 신청서를 채우고, 점심 주문 방법을 알아내고, 문구를 챙기고, 자기 자리를 정리하고, 네트워크에 PC를 연결하느라 바쁘다. 순 생산성은 0이다. 아니, 어쩌면 0도 안 된다. 랄프가 다른 팀원들 시간을 빼앗는다면(팀원들은 기본적인 질문에 답하느라 분명히 시간을 빼앗긴다) 팀 생산성에 대한 랄프의 총 기여율은 음수가 된다.

첫째 날은 그렇다고 치자. 둘째 날은 어떨까? 둘째 날은 조금 낫다. 랄프는 이제 본격적으로 업무에 몰두한다. 가장 먼저, 루이즈가 자신에게 남긴 메모를 읽는다. 루이즈가 그대로 다녔다면 할 필요가 없는 업무다. 이미 다 아니까(루이즈 역시 그만두지 않았다면 애초에 메모를 쓸 필요조차 없었다). 랄프의 생산성은 루이즈의 생산성에 훨씬 못 미친다. 어쩌면 여전히 음수다. 아직은 팀원들의 도움이 필요하고, 팀원들은 일할 시간을 쪼개 랄프를 돕기 때문이다.

마침내 새 팀원이 완벽히 정상 궤도에 들어섰다. 이제는 루이즈와

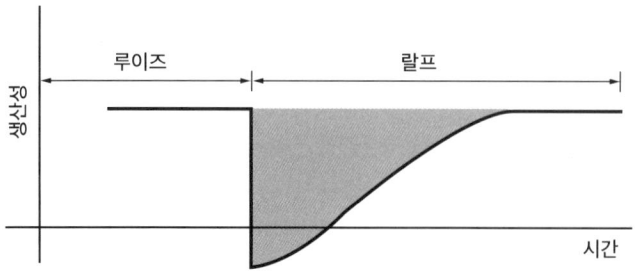

그림 20-3 담당자 변경으로 인한 생산성 손실

생산성이 거의 비슷하다. 지금까지 데이터베이스 담당자의 진짜 생산성을 정리하면 그림 20-3과 같다.

루이즈가 떠났을 때 생산성은 크게 저하된다. 한동안 음수로 떨어지고 그동안 팀원들이 동료의 손실을 허둥지둥 만회한다. 그러면서 결국은 원래 수준으로 돌아온다.

그래프에서 회색 부분은 루이즈의 사직으로 (업무가 처리되지 않아) 생긴 생산성 손실을 표시한다. 다르게 보면, 과거에 루이즈에게 투자해 얻었던 기술과 능력 수준으로 랄프를 끌어올리고자 회사가 랄프에게 하는 투자다.

생산적이지 못한 시간에 투자된 비용을 따져 회색 부분에 액수를 매길 수도 있다. 랄프가 정상 궤도로 오르기까지 6개월 걸리며 선형으로 나아진다면 회사는 대략 전체 시간의 절반, 즉 3개월을 투자한 셈이다. 금액으로는 석 달 동안 랄프가 받는 월급에 부가 경비를 합한 값이다.

경력자를 위한 준비 기간은 어느 정도일까?
생산성이 음수에서 전임자 수준으로 오르는 데 6개월이나 필요할까?

신규 응용 프로그래머 직책이라면 합리적인 추정일지도 모르겠다. 하지만 조금이라도 더 복잡한 일을 하는 팀에 합류하는 경우라면 6개월은 턱없이 부족하다. 우리 고객사들에게 새 직원이 전임자 수준까지 올라가는 데 걸리는 준비 기간을 수치로 매겨 달라 요청했더니 대다수가 6개월보다 훨씬 오래 걸린다고 답했다. 네트워크 프로토콜 분석기와 패킷 스니퍼를 만드는 고객사 하나는 새 직원이 정상 궤도로 올라서는 기간을 2년 이상으로 잡았다. 기반 기술을 잘 아는 사람만 뽑는 회사라 2년은 해당 분야를 익히는 기간과 팀에 적응하는 기간을 의미한다. 그러므로 새 직원 한 명에게 들어가는 총 투자금은 대략 20만 달러가 된다.

이제 한 차례 더 인원 감축이 있다고 가정하자. 회사는 이런 우수한 직원의 해고를 고려한다. 물론 당장은 월급과 부가 경비를 절약하겠지만 20만 달러라는 투자도 사라진다. 회사가 이런 사실을 고려한다면 그 귀중한 자원을 쉽게 내보내지는 못할 것이다.

월 스트리트에 아부하기

해고, 삭감, 인원 감축, 경영 합리화, 계약 취소라는 세월을 거치며 월 스트리트는 모든 감축에 어느 하나도 빠짐없이 박수갈채를 보냈다. 마치 그런 후퇴가 애초에 회사의 목적인 듯 말이다. 그렇지 않다고 감히 말씀드린다.

> 회사의 목적은 성장이지 감축이 아니다.

감축하는 회사들은 경영진들의 실수를 노골적으로 자백한다.

하지만 월스트리트는 여전히 박수갈채를 보낸다. 왜 그럴까? 우선 장부가 좋아 보인다. 직원 몇천 명이 사라지면 그들이 받던 월급은 한 푼도 빠짐없이 수익에 더해진다. 적어도 장부상으로는 그렇게 보인다. 이와 같은 분석에서 편리하게 간과하는 부분은 사람에 대한 투자다. 힘겹게 벌어들인 진짜 돈이 투자되었는데 이제 가치 없는 듯 창밖으로 버린다.

사람에 들어간 투자를 지출로 보는 월스트리트의 시각이 바뀔 가능성은 거의 없다. 하지만 이 게임에 가담한 회사는 장기적으로 악화된다. 반대도 참이다. 합리적으로 직원에 투자한 회사는 장기적으로 번성한다. 지식 노동자로 이뤄진 회사는 인적 자본에 대한 투자가 가장 중요하다는 사실을 깨달아야 한다. 우수한 회사는 이미 이런 사실을 알고 있다.

4부

생산성이 높은 팀으로 양성하기

지금까지 직장 생활을 하며 특별히 즐거웠던 경험을 떠올려 보라. 그렇게 즐거웠던 이유는 무엇일까? 간단히 답하면 "도전"이다. 좋은 경험에는 항상 상응하는 도전이 있다.

이제 그때 그 기간 동안에 즐거웠던 기억 하나를 구체적으로 떠올려 보라. 마음속에서 비디오처럼 그 장면을 돌려보라. 회의든, 자유 토론 시간이든, 밤샘 작업이든, 같이 밤새고 다음날 먹은 아침이든, 무엇이든 좋다. 여러분이 여느 사람들과 같다면 그 기억은 생생하고 놀랍도록 온전하다. 사람들 목소리가 들리고, 얼굴 표정이 보이고, 주변 환경이 기억난다. 마음속 비디오를 잠깐 멈춰 한 장면을 자세히 살펴보라. 도전이 어디 있는가? 아마 기억에 전혀 남아 있지 않으리라 확신한다. 만약 남아 있다 해도 흐릿하다.

소중한 기억 중에서 가장 뚜렷하게 남는 기억은 팀의 소통이다. 한 무리의 사람들이 의미 있는 전체로 뭉칠 때 일의 전반적인 성격이 변한다. 일에서 도전은 중요하지만 그 자체로서 또는 그 자체만으로는 중요하지 않다. 일에서 도전은, 사람들에게 함께 집중할 뭔가를 제공하기에 중요하다. 도전은 사람들을 묶어주는 수단이다. 최고의 팀에서는, 사람들이 가장 즐겁게 능력을 상한선까지 밀어붙이는 팀에서는, 팀 소통이 전부다. 이것이 모두가 끝까지 버티며 최선을 다해 거대한 난관을 헤쳐 가는 유일한 이유다.

팀이 함께 어우러지면 사람들이 더 잘 일하고 더 즐겁게 일한다. 4부에서는 성공적으로 단결된 팀이라는 개념과 이런 팀을 만드는 방법을 살펴본다.

21장

전체는 부분의 합보다 더 크다

비즈니스 세상에서 우리는 같은 업무에 할당된 사람들로 구성된 임의의 그룹을 '팀'이라 부르며, 팀이라는 단어를 다소 느슨하게 사용하는 경향이 있다. 하지만 사실 팀으로 보기 어려운 그룹이 많다. 그들에게는 공통된 성공의 정의나 뚜렷한 팀 정신이 없다. 뭔가 빠져 있다. 그것이 무엇이냐면, 우리가 '단결'이라 부르는 현상이다.

단결된 팀이란 개념

단결된 팀이란 서로 굉장히 잘 뭉쳐 전체가 부분의 합보다 큰 그룹이다. 이런 팀의 생산성은 똑같은 구성원들로 이뤄졌으나 단결되지 못한 팀의 생산성보다 더 크다. 마찬가지로 중요한 특징인데, 이런 팀이 업무에서 느끼는 즐거움은 해당 업무 자체의 즐거움보다 더 크다. 때로는 남들이 정말 지겹다 여기는 일을 맡겨도 팀은 신명 나게 해치운다.

일단 팀이 단결하기 시작하면 성공 가능성은 급격히 높아진다. 멈추기 어려울 정도로 성공을 향해 돌진한다. 이런 팀을 관리하는 일은 정말 즐겁다. 진로에서 장애물을 치워주고 구경꾼이 다치지 않도록 길을 터주면 충분하다. "여러분, 저기 옵니다. 뒤로 물러서 모자를 꽉 잡으세요." 전통적인 방식으로 관리할 필요가 없다. 동기를 부여할 필요도 없다. 그들에게는 추진력이 있다.

이런 효과가 생기는 이유는 그리 복잡하지 않다. 팀은 본질적으로 목표를 중심으로 형성된다(스포츠 팀을 떠올려 보라. 목표 없이 존재할 수 있는가?). 팀이 단결하기 전에는 팀원 각자가 다른 목표를 추구할지도 모른다. 하지만 단결하는 과정에서 그들은 모두 공통 목표를 바라보게 된다. 이 공동 목표는 팀에 의미가 있기에 한층 더 중요해진다. 심지어 목표 자체가 팀원들에게 임의적으로 보이는 경우에도, 팀은 엄청난 활력으로 목표를 좇는다.

병적인 낙관론을 동원한 관리

위 문단에서 표출하는 정서가 불편한 관리자도 있다. 그들 입장에서는 팀에 공동 목표를 주입하는 책략이 불쾌하다. 어째서 그렇게 공들인 사회 그룹을 만들어야 하는가? 프로라면 당연히 고용 조건에 따라 회사 목표를 받아들여야 하지 않나? 그것이 바로 프로 정신이다.

직원들이 조직의 목표를 자동으로 받아들인다는 믿음은 순진한 관리자의 낙관적인 기대일 뿐이다. 개인이 조직 목표에 동조하는 과정은 그리 단순하지 않다. 예를 들어, 회사에서는 데이터베이스 전문가로 알려진 친구가 자신을 오히려 아버지, 보이스카우트 지도자, 지역 학교 이사회 위원으로 묘사하고 싶어 해도 놀랍지 않다. 각 역할에서 그는 언제나 신중하게 가치를 판단한다. 만약 그가 출근해서 가치 판단을 중단한다면 오히려 그것이 더 놀랍다. 물론 그러지 않는다. 회사에서도 지속적으로 그는 자신의 에너지와 충성심을 요구하는 상황을 검토한다. 조직에서 일하는 사람은 조직의 목표를 언제나 꼼꼼히 검토한다. 그리고는 대다수 목표가 끔찍할 만큼 임의적이라 판단한다.

그런데 문제는, 상사인 당신이 (내년 4월까지 75만 달러 예산으로 프로젝트를 완료한다는) 회사 목표를 충분히 수긍하고 진심으로 받아들였다는 데 있다. 팀이 열의를 보이지 않으면 상사는 실망한다. 그들의 무덤덤한 태도에 배신감마저 느낀다. 하지만 잠시만 생각해 보라. 기업의 목표를 자신의 목표로 여기는 강렬한 감정이 단순히 프로 정신 때문만은 아닐지도 모른다는 사실을 생각해 봤는가? 혹시 상사와 그 위의 권력자들이 교묘한 책략으로 기업 목표를 당신 목표에 정확하게 맞추지 않았을까? 기업 목표를 달성하면 당신에게 더 많은 권력과 책임이 주어지지 않는가? "오늘은 시스붐바 프로젝트, 내일은 세상을 주겠습니다!" 조직 사다리 위쪽에서는 이런 천재적인 책략이 통한다. 각 관리자는 기업 목표를 받아들일 만한 강력한 개인적 동기가 생긴다. 그러나 진짜 일이 진행되는 조직 사다리 밑바닥에는 이런 천재적인 전략이 통하지 않는다. 여기서 우리는 "프로 정신"만 들먹인다. 사람들을 같은 방향으로 이끌려는 다른 어떤 노력도 기울이지 않는다. 어디 한번 잘 해보라.

희귀종 물고기 보호 재단이나 제일 성결 교회 같이 믿음을 공유하는 곳이라면 사람들은 조직 목표에 자연스럽게 동조한다. 그렇지 않은 곳이라면 꿈도 꾸지 말라. 이사회가 수익을 왕창 높이겠다는 목표로 설레발을 치더라도 조직 사다리 바닥에 있는 사람들은 별 감흥이 없다. 메가리식 사$^{Megalithic\ Inc.}$ 수익 10억 달러 상승! 흠, 분기 기록

달성! 그래서, 뭐 어쩌라고….

> 예전에 어느 소비자 금융 기업이 발주한 통신 프로젝트를 수행한 적이 있다. 가난한 사람들에게 엄청난 이자율로 돈을 빌려주는 회사였다. 당시 23개 주에서는 불법이었다. 이미 엄청났던 수익을 더 높이겠다는 목표는 일반 직원들이 쉽게 공감하기 어려웠지만 경영진의 기대는 달랐다. 어느 금요일 오후 늦게 대표단이 나를 찾아왔다. 사상 최고 2분기 기록은 우리 팀에 달렸다며, "팀이 더 집중하게" 이 사실을 공유해 달라고 요청했다. 살면서 이만큼 집중하는 팀은 보지 못했지만 그래도 다음날 아침 나는 충실하게 소식을 전달했다(토요일이었는데도 모두 출근할 정도로 팀은 열정적이었다). 소식을 전하자 풍선에서 바람이 빠지듯 팀에게서 에너지가 빠져나갔다. 수석 프로그래머가 한마디로 요약했다. "누가 2분기 실적 따위에 관심이 있답니까?" 30분 후에 모두 집으로 가버렸다.
>
> - 톰 드마르코

시스템 구축은 임의의 목표였지만 팀은 그것을 받아들였다. 그리고 목표를 중심으로 뭉쳤다. 하나로 단결된 순간부터 그들이 에너지를 쏟아 부은 진짜 대상은 팀 자체였다. 함께 성공하려고, 함께 목표에 도달하는 기쁨을 느끼려고, 그들은 열정을 쏟았다. 그들의 관심사를 회사의 이익으로 돌리자 성공이라는 목표는 시시하고 무의미해졌다.

나바론 요새

기업의 목표는 사람들에게 항상 자의적으로 보인다. 기업 자체가 사람들에게 자의적으로 다가온다. 하지만 목표가 자의적이라 해서 사람들이 그 목표를 받아들이지 않는다는 뜻은 아니다. 그렇다면 스포츠가 존재하지 않을 것이다. 스포츠에서 목표는 언제나 대단히 자의적이다. 조그만 흰 공이 아르헨티나 팀 골대로 들어가든, 이탈리아 팀 골대로 들어가든 세상은 전혀 신경 쓰지 않는다. 하지만 많은 사람들이 결과에 개입한다. 사람들의 개입은 자신이 속한 사회 그룹의 기능이다.

팀 주변 사람들도 은근슬쩍 팀의 성공과 실패에 관심을 보일 수 있다. 하지만 그들의 관심은 팀 당사자들의 관심에 비하면 사소하다. 단결된 팀에서 일하는 사람들은 지나치게 열정에 차올라, 연금 신탁 시스템 버전 3 인수 테스트에 통과하겠다고, 나바론 요새[1]라도 급습할 기세로 일한다. 때로는 그들의 목표가 전쟁과 도덕적으로 동급이 아니라는 사실을 상기시켜야 한다.

단결된 팀이 발산하는 에너지와 열정이 이처럼 유용해도 관리자들은 단결된 팀을 키우려 특별히 애쓰지 않는다. 팀이 중요한 이유 자체를 이해하지 못하는 탓이다. 목표를 이루겠다는 의지가 강한 관리자는 팀이 아니라 팀에 속한 사람들이 목표를 이룬다는 사실을 안다. 목표 달성에 필요한 모든 업무는 팀을 구성하는 개개인이 수행하기 때문이다. 즉, 거의 모든 업무는 혼자 일하는 개인들이 해낸다.

---

[1] (옮긴이) 나바론 요새는 영국 작가 알리스테어 맥클린이 쓴 소설이다. 2차 세계 대전 당시 영국군의 활약을 그린 소설이며, 영화로도 만들어져 1961년 최고 흥행을 기록했다.

우리 업무 대다수는 진정한 팀워크가 필요하지 않다. 하지만 그래도 팀은 중요하다. 모두를 같은 방향으로 끌어가는 장치기 때문이다.

팀의 목적은 목표 달성이 아니라 목표 일치다.

팀이 존재 목적을 달성할 때 사람들은 더욱 효율적으로 일한다. 나아갈 방향을 아니까 말이다.

단결된 팀의 특징

단결된 팀에서 발견되는 몇 가지 특징이 있다. 가장 중요한 특징 하나가, 프로젝트 기간 동안, 그리고 명확히 정의된 업무 기간 동안 볼 수 있는 낮은 이직률이다. 프로젝트 진행 도중에는 팀원들이 그만두지 않는다. 단결되기 전에 굉장히 중요했던 사안(돈, 직위, 승진 기회 등)이 단결된 후에는 더는 중요하지 않다. 월급 조금 더 준다는 시시한 제안에 팀을 떠난다는 생각은 꿈도 꾸지 않는다. 슬프게도 관리자들은 자신의 성공을 이처럼 강력히 보여주는 증거를 알아채지 못한다. 팀원들의 이직으로 프로젝트가 심각한 위기에 빠져도 팀에 관심을 기울이지 않는다. 이직률이 낮을 때는 아예 팀을 생각조차 하지 않는다.

단결된 팀이 보이는 또 다른 특징은 강한 정체성이다. 업계에서 자주 거론되는 팀들은 모두 이름이 다채롭다. 제너럴 일렉트릭의 '오우키 코더즈 Okie Coders', 듀퐁의 '갱 오브 포 Gang of Four', 신시네티 가스 앤 일렉트릭의 '케이오스 그룹 Chaos Group'이 좋은 예다. 팀원들은 같은 구호를 사용한다. 자기들만 이해하는 농담도 많다. 팀 공간이 명확하다. 점심을 같이 먹거나 퇴근 후 같은 장소에 모여 한잔한다.

우수한 팀에는 엘리트 의식이 있다. 팀원들은 자신이 아주 특별한 그룹에 속한다고 느낀다. 그저 그런 일반인과 다르다고 느낀다. 팀 밖에서 보면 살짝 재수 없는 특공대 분위기가 난다.

단결된 팀이 만든 제품은 공동 소유라는 느낌이 반드시 있다. 제품에 자기들 이름이 함께 들어간다는 사실에 기뻐한다. 팀원들은 동료 검토를 환영한다. 제품 완성이 다가오면 팀 공간은 제품 사진과 모형으로 가득 찬다.

단결된 팀의 마지막 특징은 작업에 느껴지는 명백한 즐거움이다. 단결된 팀은 건강함이 넘친다. 따스하며, 소통하기 쉽고, 자신감이 흐른다.

팀과 파벌

자기들끼리 똘똘 뭉치고 남보다 우월감을 느끼는 단결된 팀에 대해 읽으며 내심 불편한 사람도 있을 것이다. 무슨 생각을 하는지 다 안다. "잠깐만요, 그건 '팀'이 아니라 '파벌' 아닌가요? 팀은 좋아도 파벌은 반드시 피해야 하지 않나요?"

팀과 파벌의 차이는 미풍과 외풍의 차이다. 미풍과 외풍은 같은 뜻이다. 둘 다 '서늘한 공기 흐름'을 가리킨다. 서늘한 공기 흐름이 좋으면 미풍이다. 짜증스러우면 외풍이다. 함축적 의미는 다르지만 명시적 의미는 같다. 마찬가지로, 팀과 파벌은 명시적 의미가 같다. 하지만 함축적 의미는 정반대다. 잘 단결된 그룹의 끈끈한 유대가 즐거우면 팀이다. 위협이면 파벌이다.

파벌에 대한 두려움은 관리자가 불안하다는 증거다. 불안이 클수록 파벌에 대한 두려움도 커진다. 이유는 이렇다. 흔히 관리자는 진정한 팀 구성원이 아니다(여기에 대해서는 28장 '팀 형성을 위한 화학 반응'에서 좀 더 자세히 다룬다). 그래서 관리자를 따돌리려는 의리가 관리자를 끼워주려는 의리보다 더 강하다. 팀원들끼리 뭉치는 의리가 팀을 회사에 묶는 의리보다 더 강하다. 설상가상으로, 똘똘 뭉친 팀이 회사를 박차고 나가 모든 에너지와 열정을 경쟁사로 고스란히 가져갈지 모른다는 끔찍한 가능성도 있다. 이 모든 이유로, 불안한 관리자는 파벌에 위협을 느낀다. 차라리 하나같이 똑같고, 단결되지 않으며, 언제든 대체 가능한, 획일적인 인조인간들로 이뤄진 팀과 일하는 상황이 더 편하다 생각한다.

단결된 팀은 밥맛이고, 재수 없고, 배타적이고, 자기들끼리 논다. 하지만 어떤 교환 가능한 부속품의 조합보다 관리자의 진짜 목표를 멋지게 달성한다.

22장

더 블랙 팀

한 번이라도 단결된 팀에서 즐겁게 일해 본 사람은 단결된 팀의 가치를 잘 안다. 경험이 없다면 이 장에서 조금이라도 느껴보기 바란다. 다음은 1960년대 이름을 떨친 전설적인 팀 이야기다. 일부는 아마 과장이겠지만 그래도 좋은 이야기며 대부분은 사실이다.

전설의 시작

(컴퓨터 세상에서) 아주 옛날 옛적 뉴욕 주 북부에 거대한 파란색 컴퓨터를 만드는 회사가 있었다. 회사는 자사 컴퓨터에서 돌아가는 소프트웨어도 만들었다. 회사 고객은 나름 착한 사람들이었다. 그런데 물론 우리끼리 이야기지만, 고객들은 소프트웨어 버그에 아주 예민했다. 한동안 회사는 버그에 너그럽게 반응하도록 고객을 교육했다. 하지만 이 방법은 통하지 않았고, 대신 회사는 어쩔 수 없이 버그를 없애기로 결심했다.

가장 쉽고 명백한 방법은 프로그래머들이 출시 전에 모든 버그를 없애는 방법이었다. 하지만 무슨 이유인지 이 방법도 통하지 않았다. 프로그래머들은(적어도 당시 프로그래머들은) 자기 프로그램에서 좋은 면만 봤다. 아무리 노력해도 모든 버그를 잡아내지 못했으며, 결국 버그가 많은 상태로 소프트웨어를 끝냈다고 선언했다.

마지막 버그를 찾는 일은 어려웠지만 어떤 테스터는 다른 테스터보다 더 잘했다. 회사는 특히 재능 있는 테스터들로 팀을 구성한 후 중요한 소프트웨어를 고객들에게 보내기에 앞서 최종 테스트를 수행하는 책임을 맡겼다. 전설적인 블랙 팀은 이렇게 탄생했다.

초기 블랙 팀은 동료들보다 테스트를 더 잘한다고 증명된 사람들로 구성되었다. 그래서 좀 더 의욕적이었다. 게다가 그들은 남이 짠 코드를 테스트하므로 개발자들이 자기 프로그램을 테스트할 때 흔히 겪는 인지 부조화로부터 자유로웠다. 어쨌거나 팀을 만든 윗사람들은 제품 질이 대단하지는 않더라도 조금 나아지리라 생각했을 뿐 그 이상은 기대하지 않았다. 하지만 결과는 기대 이상이었다.

블랙 팀에서 가장 놀라운 점이라면, 처음에 팀이 얼마나 우수했느냐가 아니라 시간이 지나면서 팀이 얼마나 우수해졌느냐다. 마법이 일어났다. 팀에 개성이 생겨나기 시작했다. 팀원들 사이에서 발전한 철학이, 테스팅은 원래 적대적인 개념이며 결함은 당연히 존재하고 반드시 찾는다는 철학이, 팀에 개성을 부여했다. 그들은 개발자를 전혀 응원하지 않았다. 오히려 반대였다. 프로그램과 프로그래머를 단순한 일련의 테스트가 아니라 시련 속으로 내던지며 즐거워했다. 블랙 팀에 프로그램을 넘기는 순간은 잔혹한 밍(Ming the Merciless: 영화 플래시고든에 나오는 악당) 앞에 서는 느낌이 들었다.

불쌍한 인간들아, 무엇이 지금 당신을 구원할 수 있을까?

블랙 팀이 돌리는 테스트가 비열하고 끔찍하다는 말이 처음에는 그저 농담이었다. 그들이 코드가 실패하는 모습을 즐긴다는 말도 그저 농담이었다. 그러다 더는 농담이 아니게 되었다. 서서히 그들은 파괴자라는 이미지를 구축했다. 그들이 파괴한 대상은 단순히 코드가 아니었다. 개발자의 하루를 파괴해 버렸다. 그들은 버퍼에 과부하를 걸고, 빈 파일을 비교하고, 극악한 데이터를 입력하는 등 도저히 말도 안 되게 부당한 테스트로 오작동을 일으켰다. 다 큰 어른들은 자신의 프로그램이 악마의 미친 처사에 굴복하는 모습을 보며 눈물을 흘렸다. 프로그래머들이 비참할수록 그들은 즐거워했다.

이미 끔찍한 이미지에 한술 더 떠 팀원들은 검은색 옷을 입기 시작했다(그래서 블랙 팀이라 불린다). 프로그램이 실패했을 때 킥킥거리며 끔찍한 소리도 내질렀다. 어떤 팀원은 콧수염을 길게 길러 악명 높은 노예 상인인 사이먼 러그리처럼 동그랗게 꼬기도 했다. 함께 모이면 사상 최악으로 끔찍한 테스트 계획을 모의했다. 프로그래머들은 블랙 팀의 병적인 태도에 투덜거리기 시작했다.

두말할 필요 없이, 회사는 굉장히 기뻐했다. 블랙 팀이 발견한 버그는 고객이 발견하지 않을 버그였다. 팀은 성공이었다. 테스트 그룹으로서 성공이었고, 이 책에서 제시하는 중요한 주제인, 사회적 그룹으로서도 성공이었다. 팀원들이 너무 즐겁게 일해 외부 동료들이 대놓고 부러워할 정도였다. 검은 복장과 과장된 바보짓은 모두 재미있으라 하는 행동이었지만 사실 거기에는 훨씬 더 본질적인 무엇이 있었다. 팀 내부에서 일어나는 화학 반응이 목적 그 자체가 되었다.

보충 설명

시간이 흘러 팀원들은 한두 명씩 다른 업무로 옮겨갔다. 팀 기능이 회사에 중요했으므로 떠나는 팀원은 곧바로 충원되었다. 그러다 결국은 원래 팀원이 하나도 남지 않게 되었다. 하지만 여전히 블랙 팀은 존재한다. 원래 구성원이 다 사라졌어도 팀은 살아남았다. 팀이 발산하는 활력과 개성은 여전하다.

23장

팀 죽이기

이쯤에서 '회사에서 팀을 단결하게 만드는 방법'이라는 간단명료한 장이 필요하다. 이 장에서는 좋은 팀을 만드는 처방전 여섯 가지 정도를 제시한다. 처방은 단결된 팀을 보장할 정도로 확실하다. 이것이 원래 우리가 쓰려고 기획한 장이었다. 자신 있었다. 날카롭게 핵심을 찌르고 독자에게 실용적인 도구를 선사해 팀 단결을 돕는 일이 어려워 봤자 얼마나 어렵겠는가? 우리 기술과 경험을 총동원하면 되겠지. 뛰어난 통찰력과 논리로 문제를 해치우자. 기획 단계에서는 이렇게 생각했다….

　기획에서 실행으로 넘어가며 우리는 몇 차례 괴로운 현실에 부딪혔다. 첫 번째로, 이 장에 필요한 처방전 여섯 가지를 떠올리지 못했다. 하나도 생각나지 않았다. 기대치를 조금 낮출 각오는 했지만 이 정도는('팀을 단결시키는 법 0개'까지는) 아니었다. 우리가 구상한 장에 뭔가 오류가 있다는 생각이 들었다. 팀을 단결하게 만드는 방법이라는 아이디어가 왜 틀렸을까? 팀은 억지로 단결하게 만들 수 없기 때문이다. 단결하기를 바랄 뿐이다. 운에 맡길 뿐이다. 확률을 높일 수는 있지만 억지로는 불가능하다. 너무 민감해 인위적으로 통제가 불가능한 과정이다.

    기대치를 낮추면서 우리는 어휘도 바꾸었다. 팀 구축이라 표현하는 대신 팀 양성이라 표현하기 시작했다. 농업 이미지가 적절한 듯이 보였다. 농업은 완전한 통제가 불가능하다. 토양을 비옥하게 만들고, 씨앗을 뿌리고, 최신 이론에 따라 물을 주고는, 숨을 죽이고 기다린다. 수확이 있을 수도 없을 수도 있다. 모든 것이 문제없이 잘 되면 다행이다. 하지만 내년에는 처음부터 다시 시작한다. 팀 형성도 농사와 마찬가지다.

    브레인스토밍 모드로 되돌아가서 우리는 '팀 형성을 가능하게 만드는 여섯 가지'를 찾기 시작했다. 여전히 어려웠다. 마침내, 지푸라기라도 잡는 심정으로, 우리는 도치inversion라는 기교를 시도했다. 에드워드 드보노Edward deBono가 쓴 『Lateral Thinking』에 나오는 방법이다. 문제를 해결하려다 막다른 골목에 다다랐을 때 드보노는 목표에 도달할 방법을 찾지 말고 정확히 반대편에 도달할 방법을 찾아보라고 제안한다. 그러면 머릿속에서 창의성을 가리는 거미줄을 걷어내는 효과가 있다고 한다. 그래서 우리는 팀 형성을 도와주는 방법이 아니라 팀 형성을 방해하는 방법을 찾기 시작했다. 쉬웠다. 순식간에 우리는 팀 형성을 방해하고 프로젝트 사회학을 망치는 확실한 방법들을 생각해냈다. 이것이 우리가 팀 죽이기teamicide라 부르는 전략이다. 다음에서 팀 죽이기 기술을 간략히 소개한다.

- 방어적인 관리
- 관료주의
- 물리적인 격리

- 시간 파편화
- 제품 품질 타협
- 가짜 일정
- 파벌 관리

몇몇 기법은 아주 친근하다. 회사가 언제나 저지르는 실수다.

방어적인 관리

관리자가 위험에 대해 방어적인 태도를 취하는 행동은 당연하다. 고장이 자주 나는 부품을 쓴다면 여분을 준비한다. 고객이 변덕스럽다면 제품 명세를 사전에 확정하려 애쓴다. 계약 업체가 약속한 사항을 자주 '잊어버린다'면 회의 직후에 꼬박꼬박 회의록을 작성해 공유한다.

하지만 방어적인 태도가 100% 역효과를 발휘하는 영역 하나가 있다. 관리자가 팀원들의 무능력으로부터 자신을 방어하기란 불가능하다. 팀원들이 당면한 문제를 제대로 해내지 못하면 관리자도 실패할 것이다. 물론 업무에 맞지 않는 사람들이라면 새 팀을 구성해야만 한다. 하지만 팀과 일하기로 결정한 이상 신뢰가 최고의 전략이다. 팀을 믿지 않으면서 성공을 얻으려는 방어적인 태도는 일을 그르칠 뿐이다. 단기적으로는 걱정이 덜어질지 몰라도 장기적으로는 별 도움이 안 된다. 게다가 팀이 단결할 가능성도 망쳐버린다.

> 어느 날 나도 모르게 프로젝트 그룹한테 컨설턴트의 일장연설 9B번을 늘어놓았다. 새로 만드는 시스템 개념을 고객에게서 승인받

지 않았다며 그들을 훈계하던 참이었다. 모두 조금 당황한 분위기였다. 마침내 한 사람이 말했다. "고객에게 보여줘야 한다는 사실에는 우리 모두 동의합니다. 하지만 우리 상사가 자기 승인 없이는 아무것도 외부 사람들에게 보여주면 안 된다고 못 박았습니다." 계속해서 그녀는 상사가 너무 바빠 받은 편지함에 몇 달치 작업 결과물이 쌓여 있다고 설명했다. 그들에게 무슨 선택권이 있겠는가? 그저 어둠 속에서 힘들게 일을 추진하는 수밖에 없었다. 자신들이 만드는 결과물 대부분이 최종적으로 고객의 기준을 통과하지 못할지도 모른다는 사실을 아주 잘 알면서도 말이다.

- 티모시 리스터

이 상사는 자기 사람들을 믿지 못했다. 자기 직원들이 고객에게 잘못된 뭔가를 보여줄지 모른다고, 직원들이 실수해 자기 이미지가 나빠질까 걱정했다. 내 판단만 믿을 수 있다. 나 아닌 다른 사람들의 판단은 믿을 수 없다.

관리자라면 누구나 내 아래 사람들의 판단보다 내 판단이 우월하다고 느낀다. 경험도 내가 더 많고, 아마 눈높이도 내가 더 높다고 여길 것이다. 그러니 관리자가 될 수 있었다. 프로젝트에 관리자가 판단을 개입하지 않는 순간 사람들은 실수한다. 그러면 어떤가? 실수하게 두라. 그들의 결정을 (아주 가끔) 뒤집지 말라는 말이 아니다. 구체적으로 지시하지 말라는 말도 아니다. 하지만 실수가 허락되지 않는 분위기는 상사가 직원을 믿지 않는다는 아주 명확한 메시지를 전달한다. 팀 형성을 막는 데 가장 효과적인 방법이다.

대다수 관리자는 자신이 팀을 믿을 때와 믿지 않을 때를 잘 판단한다고 생각한다. 하지만 우리가 경험한 바로는 불신을 선택하는 관리자가 너무 많다. 그들은 팀원들이 올바로 일하는 경우에만 완전히 자율적으로 행동해도 좋다는 기본 전제를 따른다. 결국 자율은 없다는 뜻이다. 관리자가 생각하는 방식과 다르게 시도해도 괜찮은 자유만이 진정한 자유다. 이것은 넓은 의미에서도 참이다. (관리자나 정부가 보기에) 옳을 권리는 의미가 없다. 틀릴 권리가 진정한 자유다.

가장 뻔한 방어 관리 책략은 권위적인 ("우리 팀은 아주 멍청해 방법론 없이는 시스템을 못 만듭니다"라는) 방법론 강요와 기술적인 간섭이다. 둘 다 장기적으로 반드시 실패한다. 게다가 팀 죽이기에도 아주 효과적이다. 신뢰받지 못한다고 느끼는 사람들이 서로 단결해 협력하는 팀으로 거듭날 가능성은 희박하다.

관료주의

1970년대와 1980년대 수행한 연구에서 케이퍼스 존스는 시스템 개발 비용을 업무 유형에 따라 보고했다. 그 유형 중 하나가 '문서 작업'이다. 존스가 말하는 문서 작업은 별 생각 없이 하는 서류 처리다. 문서를 작성하느라 생각하는 시간은 분석, 설계, 테스트 계획 등 다른 활동으로 분류했다. 즉, 존스의 '문서 작업'은 순수하게 관료주의를 뜻한다. 존스는 문서 작업이 시스템 개발 업무에서 두 번째로 큰 업무라 결론짓는다. 문서 작업은 제품 생산 비용에서 30% 이상을 차지했다.

최근에 들어와 개발자를 점점 더 관료로 만드는 암울한 추세가 있다. 어쩌면 방어 관리가 급속히 확산되고 있다는 증거일지도 모른다. 하지만 이런 추세가 비록 전 세계적이나 모두 똑같지는 않다. 우리는 개발 그룹이 카프카 소설에 나오는 악마 관료처럼 행세하는 회사도 알지만 문서 작업 부담이 거의 없는 회사도 안다.

생각 없는 문서 작업은 낭비다. 업무에 지장이 되므로 반드시 짚고 넘어가야 한다. 하지만 여기서 우리가 하고 싶은 말은 조금 다르다. 관료주의는 팀 형성을 방해하는 요인이라 말하고 싶다. 팀은 목표를 중심으로 형성되며 팀 전체가 그 목표를 믿어야 한다. 목표는 임의로 만들어졌지만 적어도 존재해야 한다. 관리자가 그 목표를 믿는다는 증거도 필요하다. 팀원들에게 업무 시간 1/3을 문서 작업에 쏟으라고 말해야만 한다면 그저 목표가 중요하다는 내용만으로 충분하지 않다. 문서 작업만으로는 특공대 모드로 몰입하기 어렵다. 성공을 향해 필사적으로 노력하기도 어렵다.

물리적인 격리

가구 경찰이 지포-플리포^{Zippo-Flippo} 이동식 사무실 시스템을 주장할 때 가장 크게 거론하는 목표는 '융통성'이다. 하지만 '융통성' 있게 팀을 한곳으로 모으려 시도하면 그들은 불만을 터뜨린다. "겨우 네 사람을 나란히 앉히자고 이것저것 옮기고 깔끔한 카펫을 망칠 수는 없습니다. 그냥 문자로 못합니까?" 결국 함께 일하면 굳게 단결될 팀이 이 층 저 층으로, 아니면 이 건물 저 건물로 흩어져 일한다. 업무 자체와 관련한 소통은 별 문제없겠지만 팀원들 간에 일상적인 소통이 없어진다. 팀원들은 자주 보는 옆자리 딴 팀 동료와 더 친해진다. 팀 전용 공간이 없고, 즉각적이고 지속적인 지원도 없으며, 그룹 문화를 형성할 기회도 없다(블랙 팀이 각자 다른 곳에서 일했다면 검은색 옷을 입었을까? 자기네 농담을 이해하지 못하는 사람들, 자신들을 괴상하게 여기는 사람들과 계속 지내야 했다면 아마 팀은 소리 소문 없이 사라졌을 것이다).

서로 밀접하게 일할 사람들을 물리적으로 격리하는 조치는 말이 되지 않는다. 옆자리 동료는 소음과 방해의 원천이다. 같은 팀이라면 같은 시간에 조용해지므로 몰입으로 가는 방해가 줄어든다. 같은 장소에서 일하면 팀 형성에 반드시 필요한 일상적인 소통의 기회도 늘어난다.

시간 파편화

> 우리 고객 중에는 호주 정부 부서가 있다. 어느 날 상담 전화를 하던 중 직원들이 보통 프로젝트 4개 이상에 참여한다는 사실을 발견했다. 나는 국장에게 불평했다. 국장은 안타깝지만 어쩔 수 없다고 말했다. 사람들의 업무가 쪼개지는 이유는 그들이 맡은 주된 업무 이외에 다른 업무에서도 그들의 기술과 지식이 반드시 필요하기 때문이라며, 불가피하다고 말했다. 나는 말도 안 되는 소리라고 대답했다. 한 번에 한 프로젝트만 맡아야 한다는 정책을 만들고 공식적으로 명기한 후 널리 배포하라고 제안했다. 국장은 그렇게 할 용의가 있었다. 1년 후 다시 확인했을 때 일반 직원에게 할당된 프로젝트는 2개 이하였다.
>
>   - 톰 드마르코

파편화는 팀 형성에 나쁘다. 효율도 떨어뜨린다(이제 연관성이 조금씩 보이는가?) 사람들이 동시에 관여할 수 있는 소통 수에는 한계가

있다. 팀 4곳에 속하면 관여할 소통 수도 4배가 된다. 종일 기어를 바꾸느라 모든 시간을 보낸다.

단결된 팀 여러 개에 동시에 속할 수 있는 사람은 없다. 단결된 팀은 소통이 밀접하고 배타적이다. 업무가 쪼개질수록 팀은 단결하지 못한다. 가장 슬픈 사실은, 우리가 필요 이상으로 많은 파편화를 허용한다는 점이다. 대개는 싸워보지도 않고 포기한다. 한 번에 한 업무만 맡는다는 목표를 명시만 해도 파편화는 크게 줄어든다. 그만큼 팀이 단결할 가능성도 커진다.

제품 품질 타협

물론 제목은 우스꽝스럽다. 제품 품질 타협을 대놓고 거론하는 사람은 없다. 제품 비용 절감은 모두가 거론한다. 하지만 결국 같은 말이다. 일반적으로 개발 시간을 단축하는 조치는 품질 저하를 초래한다. 흔히 제품 최종 사용자는 이 거래(품질이 떨어지더라도 싼 제품을 일찍 내놓는 거래)에 기꺼이 동의한다. 하지만 이런 동의는 개발자들에게 크나큰 고통이다. 그들의 눈높이에 명백히 못 미치는 제품을 만들어야 하는 상황은 그들에게서 자긍심과 기쁨을 앗아간다.

제품 품질을 타협하면 가장 먼저 팀이 그동안 쌓아온 공감대가 사라진다. 조잡한 제품을 만드는 동료들은 서로 눈이 마주칠까 피한다. 그들을 기다리는 공동의 성취감은 없다. 그만해도 되기를 학수고대한다. 프로젝트가 끝나면 어떻게든 팀에서 발을 빼고 제 갈 길을 찾아 나선다.

가짜 일정

3장 '비엔나가 너를 기다리잖아'에서 우리는 무리한 일정이 의욕을 꺾는다고 주장했다. 물론 무리가 있지만 불가능하지는 않은 일정을 즐거운 도전으로 받아들이는 경우도 확실히 있다. 하지만 가짜 일정은 절대로 효과가 없다. 관리자가 "~까지 반드시 끝내야 합니다"라고 진지하게 읊조릴 때 팀원들은 콧방귀를 간신히 참는다. 다 겪어 보았다. 2절, 3절까지 다 안다.

옛날에는 가짜 일정이 먹혔을지도 모른다. 개발자들이 너무 순진무구해 관리자 말을 곧이곧대로 믿었을지도 모른다. 상사가 "분명히 반드시 1월까지 끝내야 합니다"라고 말하면 그대로 믿고 덤벼들었을지도 모른다. 아마도 말이다. 하지만 더는 그렇지 않다. 거짓부렁이라는 사실은 팀원들도 안다. 관리자가 아무런 근거 없이 어느 어느 날까지 반드시 제품을 출시해야 한다고 말하면 그들은 묻는다. "어째서요? 늦으면 세상이 멈추기라도 합니까? 회사가 망하나요? 땅이 꺼지나요? 서구 문명이 멸망합니까?"

가짜 일정 허풍의 전형적인 형태가 반드시 어느 어느 날까지 끝내야 한다는 관리자의 선언이다. 그 어느 어느 날은 불가능한 일정이고 모두가 그 사실을 안다. (반드시 끝내기는커녕) 반드시 못 끝낸다. 애초에 성공이 불가능한 방식으로 업무를 정의했다. 직원들에게 전달하는 메시지는 다음과 같다. "우리 상사는 팀원들을 배려하지도 존중하지도 않는, 파킨슨 법칙에 따라 움직이는 로봇이다. 우리 상사는 협박 없이는 우리가 손끝 하나 까딱 안 하며 놀 것이라 믿는다." 이런 프로젝트에서 단결된 팀은 꿈도 꾸지 말라.

파별 관리

우리 세미나에 참석했던 어떤 사람이 이렇게 말했다. "경영진이 팀에 유일하게 관심을 보일 때는 팀을 깨려고 마음먹은 시점입니다." 한 프로젝트에서 다른 프로젝트로 팀이 같이 옮겨가지 못한다는 분명한 정책이 있는지도 모르겠다. 마무리 단계에 들어선 프로젝트는, 인사 팀이 새 프로젝트에 인력을 효율적으로 투입하고자, 팀 규모를 조금씩 줄여가는 정책이 있는지도 모르겠다. 이런 조치는 팀을 확실하게 깨뜨린다. 그런데 많은 조직이 의도적으로 팀을 해체하지 않지만 딱히 팀을 유지하려 애쓰지도 않는다.

팀 활동에서 느끼는 기쁨과 팀 소통에서 얻어지는 에너지는 우리 사회의 신념이다. 어쩌다 비즈니스 조직이 팀에 대해 이처럼 무심한 태도를 보이게, 아니 심지어 반감을 드러내게 되었을까? 22장 '더 블랙 팀'에서 말했듯이, 한 가지 이유는 불안감이다. 또 다른 이유는 경영진이 팀에 대해 현저하게 낮은 인식 수준을 보이는 탓이다. 앞서 언급했듯이, 팀 단결 현상은 조직 계층 가장 아래에서만 가능하다. '관리 팀'에 대해 많이 말하지만 실제로 그런 개념은 없다(관리자 급에서 단결된 팀은 절대로 불가능하다). 관리자가 팀의 일원이 될 때는 두 가지 역할을 동시에 수행하기 때문에 가능하다. 한편으로는 관리자고, 다른 한편으로는 팀 구성원이다. 다른 팀원들이 파트 타임 동료로서 관리자를 받아들였기 때문이다. 조직 계층에서 높이 올라갈수록 단결된 팀이라는 개념은 점점 멀어져 망각하게 된다.

안타까운 현실을 한 번 더 말한다

대다수 조직은 의식적으로 팀을 죽이겠다고 나서지 않는다. 단지 그렇게 행동할 뿐이다.

24장

팀 죽이기 다시 생각하기

(이 책 1판을 집필할 때) 앞 장에서 팀 죽이기 방법 7가지를 묘사하며 우리는 팀 죽이기라는 주제를 처음부터 끝까지 모두 다뤘다고 생각했다. 하지만 우리가 놓친 중요한 2가지가 더 있었다. 원래 소개한 7가지와 마찬가지로 우리 업계에 널리 퍼진 방법이다. 하나는 너무 만연해 심지어 그것으로 먹고사는 작은 업계가 생겨났을 정도다.

빌어먹을 포스터와 명판
다음에 비행기를 탈 기회가 생기면 기내 잡지나 쇼핑 카탈로그 중 전면 광고를 훑어보라. (사람들이 회사 벽에 업무 관련 자료를 붙이지 못하도록) 회사 벽에 붙여 영감을 주는 포스터와 표어가 담긴 액자를 파는 화려한 페이지를 발견하거든 그냥 지나치지 말라. 하나하나 꼼꼼히 읽으라. 문구를 마음으로 되새기며 달콤한 문장을 음미하라. 다 읽을 무렵 화가 나지 않는다면 여러분은 형편없는 관리자 밑에서 너무 오래 일한 것이다.

대다수 팀 죽이기 기술은 일을 폄하하거나 일하는 사람을 폄하하는 방법으로 효과를 달성한다. 팀은 일이 중요하다는 믿음, 그 일은 잘할 만한 가치가 있다는 믿음을 공유할 때 활력이 생긴다. 여기서 '잘'이라는 단어는 필수다. 팀은 거만한 장인처럼 스스로 기준을 정하고 지킨다. 업무 질이 조직에 중요하다는 사실을 모두가 알지만 그래도 팀은 더 높은 기준을 채택해 스스로를 차별화한다. 이런 차별화 요소가 없다면 팀은 그냥 사람들의 모임에 불과하다. 절대로 진짜 팀이 아니다.

이처럼 복잡한 조합에다 이제 "품질이 1순위입니다."라고 충고하는 150달러짜리 액자에 든 포스터를 추가하겠다. 아, 생각도 못했다. 아니, (이 멋진 포스터를 보기 전까지는) 품질이 스물아홉 번째나 뭐 그쯤이라 생각했다. 아니, 회사 우선순위 목록에서 귀 청소랑 쓰레기 버리기 다음에 나온다고 생각했다. 아, 이제 알겠다. 감사하다.

(표어가 찍힌 커피 머그잔, 명판, 핀, 열쇠 고리, 상패 등) 이른바 동기 부여 장식물은 허식이 실속을 이긴 증거다. 모두가 품질, 리더십, 창의성, 팀워크, 충성심, 기타 온갖 조직적 미덕을 극찬한다. 하지만 어찌나 단순하게 극찬하는지 오히려 다음과 같은 정반대 메시지를 전달한다. "우리 경영진은 성실한 노력과 관리 자질이 아니라 포스터로 이런 미덕을 높일 수 있다고 믿습니다." 모두가 포스터의 존재는 성실한 노력과 자질의 부재를 확실히 보여주는 증거라는 사실을 금방 알아챈다.

이처럼 중요한 사안이 동기 부여 포스터의 주제로 등장한다는 사실은 이미 모욕이다. 게다가 포스터를 사다 안기는 행동은 더 큰 모욕이다. 어느 회사는 이런 포스터도 선보였다. 포스터는 땀 흘리며 노 젓는 사람들을 부드러운 연초점으로 찍었다. 안개 낀 아침에 완벽한 조화로 노 젓는 모습이다. 그 아래 다음 문구가 있다.

팀/워/크

평범한 사람들이 비범한 목표를 달성하게 만드는 원동력

여기서 "평범한" 사람들이 바로 여러분과 여러분 팀원들이다. 평범한 사람(너무 심각하게 받아들이진 말라). 적어도 저 회사는 태도에 일관성이 있다. 그들의 리더십 포스터에는 이런 문구가 있다. "리더의 속력이 무리의 속력을 결정한다." 무리. 그렇다. 역시 여러분과 여러분 팀원들을 뜻한다.

동기 부여 장식물은 너무 위선적이라 대다수 사람들은 닭살 돋아 한다. 건강한 조직에 해를 끼친다. 동기 부여 장식물이 무해한 유일한 곳이라면 사람들이 완전히 잡동사니 장식물을 무시하는 곳, 그러니까 너무 너무 오랫동안 해를 끼쳐 사람들이 더는 피해를 아예 느끼지도 못하는 곳이다.

초과 근무: 예상 못한 부작용

이 책 이전 판을 읽었다면 초과 근무에 대한 우리의 생각을 이미 알고 있을 것이다. 우리가 경험한 바로는, 초과 근무의 긍정적인 효과는 크게 과장되었으며 부정적인 효과는 거의 고려되지 않는다. 오류, 소진, 이직률 급상승, 초과 근무를 상쇄하는 미달 근무 등 부정적인 효과는 상당하다. 이 절에서는 초과 근무의 또 다른 부정적인 효과를 소개한다. 초과 근무를 방치하면 건강한 팀이 죽는다는 파급 효과다.

잘 단결된 팀이 일하는 프로젝트를 상상해 보자. 팀원들은 솔직히 놀라운 속도로 우수하게 업무를 수행한다. 여러분도 놀라고 여러분 상사도 놀랄 정도다. 여러분은 이것이 팀 단결이 일으키는 긍정적인 효과라는 사실을, 팀 생산성이 개인 생산성의 합보다 크다는 사실을 잘 이해한다. 하지만 여전히 충분하지 않다. 윗사람들이 제품을 약속한 날짜는 6월이다. 현재 속도로는 6월까지 끝내지 못한다.

초과 근무 조금이면 해결될 문제로 보인다. 안 그런가? 기어를 한 단 높이고, (높은 생산성 그대로) 매주 몇 시간 더 일하고, 토요일 몇 번만 더 일하면 되겠다. 아, 한 가지 문제가 있다. 팀원 중 한 명이, 앨런이라 부르자, 다른 사람들처럼 시간을 조정하기 어렵다. 앨런은 홀아비라 어린 아들을 돌봐야 한다. 매일 오후 5시 15분에 아이를 데리러 어린이집에 가야 한다. 짐작하겠지만, 토요일과 일요일은 아들과 보내는 유일한 시간이라 방해하지 못한다.

"이봐, 괜찮아." 여러분은 생각한다. "우리가 앨런 몫만큼 일하면 되지. 모두 이해할 거야." 모두 이해한다. 처음에는….

하지만 몇 달이 지나면서 팀원들은 부담을 느끼기 시작한다. 토요일이 없어지고 일요일도 거의 사라진다. 생각보다 오랜 기간을 매주 60시간 넘게 일하고, 배우자와 아이들은 불평한다. 빨래가 쌓인다. 청구서는 기한을 넘긴다. 휴가 계획을 취소한다. 그 와중에도 앨런은 여전히 주당 40시간만 일한다. 마침내 누군가 다들 속으로만 삭히던 불평을 터트린다. "더는 앨런 몫까지 못하겠습니다."

무슨 일이 일어났을까? 단결의 좋은 효과로 활기 넘치던 팀이 모든 팀원에게 공정하게 적용하기 어려운 초과 근무 정책으로 인해 박살났다. 아무리 좋은 팀이라도 팀원들은 절대로 똑같지 않다. 특히 사생활에서 시간을 '빌리는' 능력은 더더욱 똑같을 수 없다. 4, 5, 6명으로 이뤄진 팀이라면 초과 근무가 몇 명에게는 괜찮을지 몰라도 몇 명에게는 반드시 불가능하다. 초과 근무가 며칠 저녁이나 몇 주 주말 정도라면 대수롭지 않게 넘어가기도 한다. 하지만 초과 근무가 몇 달로 늘어나 흔쾌히 참여한 팀원들마저 버거워한다면 팀 단결은 반드시 깨진다. 고통을 분담하지 않는 사람들은 조금씩 따돌림을 당한다. 그렇게 팀 마법은 사라진다.

게다가 장기적인 초과 근무는 생산성을 떨어뜨리는 기법이다. 추가로 쏟은 시간은 언제나 부정적인 부작용으로 상쇄되어 버린다. 팀 분열이라는 부작용을 고려하지 않아도 그렇다. 여기에 팀원들이 초과 근무를 똑같이 못하는 상황이 팀을 무너뜨린다는 사실까지 감안하면 초과 근무를 반대하는 주장은 설득력이 있다.

대다수 관리자는 초과 근무가 별 효과 없다는 사실을, 초과 근무가 많은 프로젝트는 관리자로서 실력과 자질에 불명예라는 사실을 안다. 그런데도 그들은 결국 초과 근무를 격려하거나 허용하고 만다. 어째서일까? 컨설턴트이자 작가인 제리 와인버그가 나름 답을 제안했다. 와인버그에 따르면, 우리가 초과 근무하는 이유는 일을 제시간에 끝내기 위해서가 아니라 아니나 다를까 일이 제시간에 끝나지 않았을 때 비난을 모면하기 위해서라고 한다.[1]

---

[1] 사적인 대화, 포트 콜린스, 콜로라도, 1990년.

25장

경쟁

팀이나 그룹 내 경쟁은 복잡한 문제다. 관리자 사이에서 의견이 분분한 개념이다. 회사는 서로 경쟁하기 위해 존재한다는 말을 들어봤으며, 한 걸음 더 나아가, 약간의 사내 경쟁은 대외 경쟁력을 유지하는 건강한 방법이라는 주장도 들어봤을 것이다. 반면 어떤 관리자는 팀원들이 서로 적대시하는 분위기면 뭔가 잘못되었다고 결론을 내린다. 적어도, 극단적인 경쟁은 확실히 팀 단결을 방해한다. 예를 들어, 팀원들에게 최고 한 사람만 내년에 남을 것이라 말하면 확실히 팀은 함께 일하지 못한다.

비유를 활용해 보자

관리자와 마찬가지로 부모도 때로 내부 경쟁이라는 문제로 골치를 앓는다. 아이들이 서로 경쟁한다. 훗날 거칠고 험난한 인생에 도움이 되니까 집에서 경쟁심을 키워줘도 나쁘지 않다고 안심한다.

하지만 형제간에 경쟁이 무조건 좋지는 않다. 예를 들어, 아주 경쟁적인 형제는 커서 사이가 멀어지는 경향이 있다. 반면 어려서 덜 경쟁적이던 형제는 커서 따뜻한 우정을 이어갈 가능성이 높다. 커서 '서로 말도 섞지 않는' 형제나, 안타깝게 극단적인 경우로, 어른이 되어 형제가 모두 남남으로 살아가는 가족을 아마 주변에서 봤을 것이다.

이제는 부모가 형제 경쟁을 부추기는 방식이나 저지하는 방식에 대한 의견이 대체로 일치한다. 부모로부터 감정적으로 뭔가 부족하다 느끼면, 예를 들어 시간이나 존중이나 관심이나 애정이 부족하다고 느끼면, 아이들은 서로 경쟁할 가능성이 높다.

그렇다면 관리자가 팀에 쏟는 시간과 존중과 관심과 애정이 부족하기에 팀원들이 내부적으로 서로 경쟁할 수도 있을까? 굉장히 단순한 사고지만 약간의 중요한 진실이 숨어 있다고 생각한다.

무슨 상관이 있나? 코칭이 중요하다

같이 일해야 하는 사람들이 심하게 경쟁할 경우에 발생하는 장기적인 피해는 무엇일까? 가장 먼저, 건강한 팀에서 흔히 발견되는, 쉽고 효과적인 동료 코칭이 사라진다.

관리자 입장에서는 보고를 받는 자신이 코치가 되어야 한다고 느낄지도 모르겠다. 확실히 예전에는 그랬다. 과거에는 첨단 기술 분야 관리자가 팀원들이 익힐 기술에 대해 증명된 전문가인 경우가 많았다. 하지만 오늘날 전형적인 지식 노동자 팀은 다양한 기술이 공존하며 관리자는 일부 기술에만 전문가다. 상사는 보통 일부 팀원들만 코칭한다. 그러면 나머지는? 우리는 팀원들이 서로 코칭해가며 일한다는 사실을 점점 더 확신한다.

잘 단결된 팀이 일하는 모습을 살펴보면 동료 코칭이라는 기본적인 일상 활동이 항상 자연스럽게 일어난다. 팀원들은 쌍쌍이 앉아 지식을 전달한다. 이 과정에서 항상 한 사람은 가르치고 한 사람은 배운다. 역할은 때에 따라 바뀐다. TCP/IP는 A가 B를, 큐 구현은 B가 A를 가르친다. 동료 코칭이 잘 돌아가면 참가자들은 이를 의식하지 못한다. 코칭이라 여기지도 않는다. 그냥 같이 일하는 것일 뿐이다.

코칭이라 부르든 아니든, 코칭은 성공적인 팀 소통에 중요한 요인이다. 참가자들에게 업무적인 조율만이 아니라 개인적인 성장도 제공한다. 기분도 좋다. 옛날에 받았던 의미 있는 코칭을 거의 종교적인 경험으로 회상한다. 과거에 나를 코칭해 주었던 사람들에게 큰 빚을 졌다고 느낀다. 다른 사람을 코칭하면서 즐겁게 그 빚을 갚는다.

사람들이 안전하다고 느끼지 못하면 코칭이라는 활동은 일어나지 않는다. 경쟁적인 분위기에서는 미치지 않은 이상 자신이 코칭받는 모습을 남들에게 보이지 않는다. 그 주제를 내가 코치보다 더 모른다는 사실을 모두에게 공표하는 셈이기 때문이다. 마찬가지로 미치지 않은 이상 남을 코칭하지도 않는다. 내가 코칭한 사람이 나를 제치고 앞서 나갈지도 모르니 말이다.

팀 죽이기 다시 생각하기

내부 경쟁은 코칭을 어렵거나 불가능하게 만든다. 건강한 팀에 코칭은 반드시 필요한 활동이므로, 팀 경쟁을 부추기는 관리자의 행동은 팀 죽이기로 간주해야 한다. 다음은 팀 죽이기라는 부작용을 일으키기 쉬운 관리자의 몇 가지 행동 예다.

- 연봉 또는 인사 고과
- 목표 관리MBO, Management by Objectives
- 뛰어난 성과라며 특정 팀원 칭찬하기
- 성과에 따른 포상, 상, 보너스
- 모든 형태의 성과 평가

그런데 잠깐만! 이것들은 평소 관리자가 주로, 아니 대부분 수행하는 업무 아닌가? 그렇다. 슬프게도 맞다. 그리고 팀 죽이기에 딱 좋은 방법이기도 하다.

1982년 『Out of the Crisis』라는 책에서 W. 에드워즈 데밍은 (이제 많은 사람이 따르는) '14가지 주장'을 내놓았다. 14가지 가운데 마치 나중에 떠올린 생각처럼 12B가 숨겨져 있다.

> 관리 분야와 공학 분야 사람들에게서 장인으로서 자긍심을 느낄 권리를 앗아가는 장벽을 없애라. 즉, [다른 것들도 있지만] 인사 고과와 목표 관리를 폐지하라는 뜻이다.[1]

자신을 데밍파로 분류하는 사람들조차 이 주장에는 선뜻 동조하지 못한다. 화들짝 놀라며 묻는다. 그럼 그 대신 도대체 무엇을 하란 말인가?

데밍은 MBO나 MBO와 비슷한 정책이 관리자의 책임 회피라 주장한

---

1 W. E. Deming, 『Out of the Crisis』(Cambridge, Mass.: MIT Center for Advanced Engineering Study, 1982년), p. 24.

다. 관리자가 생산성을 높이려고 단순한 외적 자극을 이용함으로써 투자, 개인별 동기 부여, 신중한 팀 구성, 이직 방지, 업무 절차의 지속인 분석과 재조정 등 힘든 노력은 회피한다는 뜻이다.

여기서 우리의 주장은 범위가 약간 더 좁다. 팀원들을 차별적으로 보상하는 행동은 경쟁을 유발할 가능성이 높다. 관리자는 이 효과를 줄이거나 악영향에 대응하는 조치를 취해야 한다.

비유 뒤섞기

잠시 후에 이어진다….

간단하게 지은이들의 놀라운 고백을 들려주겠다.

이 책에서 지금까지 우리는 잘 단결된 기술 팀을 스포츠 팀에 비유했다. 이제는 고백해야겠다. 우리는 이 비유에 점점 더 환멸을 느낀다.

우리는 스포츠 팀 비유가 경쟁에 대해 시사하는 바가 굉장히 걱정스럽다. 미식축구 팀과 축구 팀과 야구 팀은 리그 안에서 팀으로 경쟁하지만 동시에 팀 내 경쟁도 크게 부추긴다. 예를 들어, '벤치에 앉아 있는' 선수들이 1군 선수들에게 경쟁심을 조금도 느끼지 않는다면 거짓말이다. 아, 물론 팀을 응원하겠지만 1군 선수들이 너무 멋져 보이기를 바라지는 않을 것이다.

> 고등학교 시절 나는 학교 농구팀에서 키가 가장 작은 선수였다. 나는 내가 투입되기 전에 반칙으로 퇴장당한 선수를 아직도 기억한다. 그의 이름은 더그 팀머맨이었다. 굉장히 뛰어난 선수였다.

> 팀머맨이 반칙하는 경우는 거의 없었다. 내가 너무 좋아하는 친구였지만 그래도….
>
> - 톰 드마르코

팀원의 실패에도 불구하고 성공한 스포츠 팀을 우리는 안다. 팀이 처참하게 패배하는 와중에도 멋지게 성공하는 팀원도 우리는 안다. 스포츠 팀에서는 개인의 성공이나 실패가 팀 전체의 성공이나 실패와 분리되어 있다. 이처럼 불완전한 상황이 숨어 있던 경쟁심을 부추긴다.

대조적으로, 합창단은 개인의 성공이나 실패가 그룹의 성공이나 실패와 직결되는 완벽한 사례다(합창단 전체가 음정이 빗나갔는데 개인에게 그가 맡은 파트를 완벽히 노래했다고 칭찬하는 경우는 절대 없다).

그래서 비록 늦었지만, 우리가 말하는 잘 단결된 팀은 합창단이라는 비유가 더 적합하다는 사실을 알린다. 물론 이런 그룹을 '팀'이라 부르는 사람들은 우리만이 아니다.

'팀'이라 부르든, '합창단'이라 부르든, '조화로운 그룹'이라 부르든, 이름은 중요하지 않다. 전체가 성공해야만 개개인이 성공한다는 사실을 구성원 모두가 이해하게 돕는 행동이 중요하다.

26장

스파게티 저녁

자신이 새 프로젝트에 막 투입된 기술직원이라고 가정하자. 관리자와 대다수 팀원의 이름만 아는 정도다. 이게 전부다. 다음 주 월요일부터 새 프로젝트가 시작된다. 수요일에 새 프로젝트 관리자로부터 전화 한 통을 받는다. 같이 일할 사람들이 모이기로 했다고 한다. "목요일 저녁에 우리 집으로 팀원들과 함께 저녁 먹으러 오지 않겠습니까?" 다른 일정도 없고 새 그룹도 만나고 싶어 가겠다고 대답한다.

도착했더니 모두가 거실에서 맥주를 마시며 무용담을 늘어놓는다. 당신도 끼어들어 무용담을 몇 개 더한다. 초대받아 참석한 고객사 담당자도 자기 상사 이야기를 살짝 털어놓는다. 모두가 맥주 한 병씩 더 마신다. 식사가 궁금하다. 음식 냄새도 안 나고 주방에는 요리하는 사람도 없다. 마침내 새 상사가 요리할 시간이 없었다고 털어놓으며 모두 근처 슈퍼마켓으로 가서 재료를 사와 요리를 만들자고 제안한다. "같이 하면 스파게티 정도는 충분히 만들지 않겠어요?"

팀 효과가 일어나기 시작한다

자, 슈퍼마켓으로 출발한다. 도착해서는 무리 지어 통로를 돌아다닌다. 책임자는 없다. 새 상사는 저녁 메뉴에 대해 아무 생각도 없어 보인다. 그저 잡담하고 웃으며 미국 국세청$^{IRS: International\ Revenue\ Service}$에 대한 이야기를 한다. 아무런 방향이 없는 와중에도 카트에는 뭔가 담긴다. 한 명이 이미 샐러드 재료를 모두 챙겼다. 누군가 조개 소스를 만들자고 제안했고, 아무도 반대하는 사람이 없자, 두 사람이 자세하게 의논하기 시작한다. 당신은 자신의 전매특허인 마늘빵을 만들기로 결정한다. 누군가 키안티 한 병도 골랐다. 마침내 장바구니에 담긴 물품이 저녁거리로 충분하다고 모두가 동의한다.

집으로 돌아와 모두가 장 본 물건을 내려놓는다. 새 상사는 맥주 한 병을 더 따고는 새 소프트웨어 도구에 대해 말한다. 조금씩 사람들은 부엌으로 모여들어 저녁을 준비하기 시작한다. 상사는 전혀 지시하지 않지만 누군가 양파가 필요하다고 하자 양파를 썰어준다. 당신은 마늘과 올리브 오일을 볶기 시작한다. 소스가 끓고 스파게티가 익는다. 차츰 저녁이 준비되어 간다. 모두 배부르게 먹은 후 같이 정리한다.

여기서 무슨 일이 벌어졌는가?

지금까지 프로젝트에 투입된 시간과 비용은 전혀 없는데도 프로젝트는 그룹으로서 이미 첫 번째 성공을 거두었다. 성공은 성공을 낳으며 생산적인 조화는 더 생산적인 조화를 낳는다. 함께 성공한 첫 경험으로 인해 그룹이 의미 있는 팀으로 단결될 가능성은 커졌다.

이렇게 적고 보니 스파게티 저녁은 관리자의 교묘한 술책으로 보인다. 하지만 아마 아닐 것이다. 그리고 당신이 거기 있었다면 그렇게 느끼지 않았을 것이다. 그 관리자에게 그날 저녁 계획이 무엇이었는지 물어보면 그녀는 진심으로 "저녁 식사"라고 대답할 것이다. 타고난 관리자는 팀에게 무엇이 좋은지 무의식적으로 안다. 프로젝트를 진행하는 동안 이런 느낌으로 의사 결정을 내린다. 프로젝트는 함께 성취한 작고 쉬운 성공들로 이루어진다. 프로젝트에서 관리자의 역할은 거의 눈에 띄지 않는다. 성공은 아주 자연스럽게 일어난다.

스파게티 저녁과 비슷한 종류의 일화를 우리는 오랫동안 다양한 형태로 그리고 다양한 관리자 이야기로 들어왔다. 공통점은 이렇다. 좋은 관리자는 팀이 함께 성공할 쉽고 잦은 기회를 제공한다. 기회는 작은 실험 프로젝트, 시연회, 시뮬레이션 등 팀이 함께 성공하는 습관을 빨리 들이는 작업이면 무엇이든 좋다. 최고의 성공은 관리자의 역할이 드러나지 않는 성공, 팀이 사이좋게 협력해 얻는 성공이다. 최고의 상사는 팀이 '관리된다'고 느끼지 않으면서 반복해 작은 성공을 얻게 관리하는 사람이다. 이런 관리자를 지켜보는 동료 관리자들은 그저 운이 좋다 여긴다. 일이 술술 풀린다고 생각한다. 의욕에 찬 사람들이 모이고, 프로젝트가 빠르게 진행되고, 모두가 끝까지 열정적이다. 관리자가 힘들 일이 전혀 없다. 너무 쉽게 풀려 아무도 관리자들이 관리한다고 믿지 않는다.

27장

마음을 열기

단결된 팀 형성은 상당히 확률적인 문제다. 항상 해내는 사람은 없다. 억지로 만들지도 못한다. 특히 절실히 필요할 때는 더 안 된다. 때로는 팀원들 성향이 서로 맞지 않는다. 아니면 종종, 혼자 일해 왔고 앞으로도 쭉 혼자 일해야 마땅한 사람들로 팀이 이뤄진다.

롭 톰셋Rob Thomsett은 자신의 책 『People and Project Management』에서 팀 형성을 방해하는 병적 증세 몇 가지를 분석한다. 아주 재미있다. 하지만 그중에서 치료할 수 있는 병은 거의 없다. 유일한 해결책이라면, 팀 단결에 방해되는 구성원을 프로젝트에서 아예 빼버리는 방법이다. 추상적으로는 괜찮은 해결책이라 여겨진다. 하지만 구체적인 상황에서는 어리석은 해결책일 가능성이 높다. 팀 단결에 방해된다고 빼버리려는 사람이, 다른 많은 측면에서 뛰어난 인재일지도 모르기 때문이다. 단결된 팀 없이 일을 진행해 성공하려면 정말 엄청난 노력이 필요하다.

할 말은 다 했는데, 우리는 부인하기 어려운 사실 하나를 알고 있다. 어떤 관리자는 맡은 팀을 아주 잘 단결하게 만든다. 대부분 성공한다. 이 장에서는 이런 팀 중심 관리자의 특성 하나를 살펴본다.

건강해서 하루 쉬겠다는 전화

사람들은 가끔 아파서 출근 못한다고 전화한다. 여러분도 몇 차례 그랬을지 모른다. 하지만 건강해서 출근 못한다는 전화는 생각해 봤는가?

이렇게 말이다. 상사에게 전화를 걸어 말한다. "여보세요. 여기서 일하는 내내 아팠습니다. 하지만 오늘은 건강해서 하루 쉬겠습니다."[1]

"어디가 아프지 않은 다음에야 저 회사에 왜 다녀"라고 사람들이 말할 때 여기서 아픔은 신체적인 아픔을 뜻하지 않는다. 저런 곳에서 일하려면 정신적인 생존 규칙, 심리적인 자아의 행복과 안녕을 보호하는 규칙을 무시해야 한다는 뜻이다. 그중에서도 가장 중요한 규칙은 자존감이다. 자존감을 해치는 직장은 그 자체로 '병적'이다.

건강해서 하루 쉬겠다는 사람은 자존감을 높이는 업무에 뛰어들 준비가 된 사람이다. 그 사람에게 그런 업무를 할당하면 해당 분야에 대한 능력을 인정한다는 뜻이다. 또 해당 분야에 대한 자율성과 책임을 부여한다는 뜻이기도 하다. 건강한 팀을 관리하는 관리자는, 일단 자율성을 주고 나면, 그 자율성을 최대한 존중한다. 팀원의 실패가 관리자의 실패로 보인다는 사실을 알지만 그것은 업무의 일부라 여긴다. 가끔 팀원이 실패해 주춤할 가능성도 충분히 고려한다. 팀원이 실패했을 때, 관리자는 대신 자신이 직접 업무를 맡았다면 절

---

[1] T. Robbins, 『Even Cowgirls Get the Blues』(New York, Bantam Books, 1977년), p. 280.

대 하지 않았을 실수일지 수상쩍어 한다. 그렇지만 뭐 어떤가? 올바른 사람에게 올바른 직무를 맡기고자 최선을 다할 뿐이다. 일단 맡겼으면 무조건 믿어준다.

이렇게 마음을 여는 태도는 방어 관리의 정반대다. 관리자는 자신이 믿고 맡긴 사람들에게서 자신을 방어하기 위해 궁리하지 않는다. 내 밑에서 일하는 직원들은 모두 내가 믿고 맡긴 사람들이다. 자율성을 믿기 어려운 사람은 아예 밑에 두지 않는다.

> 내 첫 상사 중 한 명은 다트머스 시분할 프로젝트에서 제너럴 일렉트릭 개발 팀을 맡았던 제리 위너다. 나중에 위너는 작은 첨단 기술 회사를 차렸다. 내가 합류했을 즈음 회사는 회사 사상 최대 계약을 맺을 참이었다. 회사 변호사가 제리에게 계약서를 전해준 다음 읽고 마지막 장에 서명하라고 말할 때 모든 직원이 모여 지켜봤다. "저는 계약서를 읽지 않습니다." 제리는 이렇게 말하며 서명을 위해 마지막 장을 펼쳤다. "아, 잠깐만요!" 변호사가 말했다. "제가 한 번만 더 훑어보겠습니다."
>
> - 톰 드마르코

여기서 교훈은 계약서를 읽지 않고 서명해야 한다는 무모함이 아니다(물론 내 이익을 지키라고 돈 주고 변호사를 고용한 경우라면 굳이 안 읽어도 괜찮겠다). 어차피 변호사를 잘못 고용하면 큰 곤경에 빠지기는 마찬가지다. 아무리 능력 있는 관리자라도 계약서를 판단하는 일에는 자신 없을 가능성이 높다. 계약서 읽기는 그저 똑똑해서 될 일이 아니다. 제리는 무척 애써서 최고의 변호사를 고용했다. 그

동안 변호사가 처리한 다른 일도 봤다. 그때 그 자리는 방어적인 태세를 취할 장소가 아니었다. 상사가 주변 사람들의 능력을 알고 믿는다는 사실을 모두에게 명백히 보여줄 때였다.

상사가 자신의 명예를 직원 손에 맡긴다는 느낌은 우쭐하면서도 살짝 두려운 경험이다. 모두가 최선을 다하게 된다. 팀이 형성될 의미 있는 계기가 주어진다. 사람들은 그저 일만 하지 않는다. 자신에게 주어진 신뢰에 보답하고자 노력한다. 바로 이것이 팀이 형성될 최고의 기회를 제공하기 위한 마음을 여는 관리다.

자리를 비우는 계책

상사가 자기 팀원들로부터 자신을 보호하는 가장 흔한 수단은 대놓고 하는 물리적인 감독이다. 사무실을 돌아다니며 빈둥거리는 사람이나 실수할 가능성을 찾아낸다. 그들은 파킨슨 법칙을 따라 움직이는 순찰관이다. 물론 아무도(관리자도 직원도) 그렇게 생각하지 않는다. 깊숙이 침투한 기업 문화이기 때문이다. 물리적인 감독 이외에 다른 방식으로 관리할 가능성은 상상하기 어렵다.

> 최근 컨설팅 업무에서 캘리포니아에 있는 어느 회사를 위해 고객 정보 시스템을 구축하는 프로젝트에 참여했다. 명세가 나왔고 우리는 막 내부 설계를 시작할 참이었다. 상사가 모두를 불러 놓고 멀리 떨어진 롱비치 사무실로 가는 길이 그려진 지도를 한 장씩 나눠줬다. 그리고는 거기에 우리가 방해받지 않고 사용할 수 있는 자유 회의실이 있다고 말했다. 그는 사무실에 남아 정말 필요한 전화 외에 모든 전화를 받아 주겠다고 말했다. "다 끝내면 돌아

오십시오." 그가 우리에게 했던 말이다. 2주 후에 우리는 끝내주는 설계를 가지고 돌아왔다. 2주 동안 그는 사무실에 얼굴을 보이기는커녕 전화도 한 통 없었다.

- 티모시 리스터

우수한 사람들을 모아 놓았다면 관리자로서 방해되지 않게 멀찍이 물러나는 방법 외에 팀의 성공 가능성을 더 극적으로 높일 방법은 거의 없다. 쉽게 분리되는 업무가 있다면 완벽한 기회다. 그런 업무는 실질적인 관리가 필요하지 않다. 내보내라. 멀리 있는 사무실을 찾거나, 회의실을 대여하거나, 누군가의 여름 별장을 빌리거나, 호텔에 밀어 넣으라. 스키 리조트나 해변 비수기 요금을 적극 활용하라. 학회를 보낸 후 며칠 더 머물며 일하라고 하라(모두 우리가 적어도 한 번씩은 들어 본 방법이다).

여러분의 상사나 동료 관리자는 싫어할지도 모른다. 너무 대담한 계획이기 때문이다. 그들은 묻는다. 팀원들이 빈둥거리지 않는다고 어떻게 장담하나? 11시에 점심 먹으러 나가 오후 내내 술 마시며 놀지 않는다고 어떻게 확신하나? 그들이 가지고 돌아오는 결과물로 안다. 그들의 열매로 그들을 안다. 깊이 생각해 완성한 결과물을 가지고 돌아오면 일했다는 뜻이다. 그렇지 않으면 놀았다는 뜻이다. 지식 노동자들에게 시각적인 감시는 아무 소용이 없다. 시각적인 감시는 죄수에게나 필요하다.

팀을 사무실 밖으로 내보내면 여러모로 유익하다. 우선, 가장 비싼 자원이 그들의 시간을 낭비하는 방해와 훼방에서 벗어난다. 물론 언젠가 여러분이 생산적인 사무실을, 9시에서 5시 사이에 일할 만한 환경으로 만들지도 모른다. 하지만 이것은 장기적인 비전이다. 당장은 어떤 핑계를 대서라도 사람들을 내보내라. 효율성이 높아진다. 또한 자리를 비우는 계책과 완벽하게 자율적인 기간은 그룹이 추진력 있는 팀으로 단결될 가능성을 높인다.

규칙이 있고, 우리는 그 규칙을 깬다

우리 직업은 다른 분야에 없는 비밀 실험 프로젝트Skunkworks Project라는 개발 모드로 유명하다. 비밀 실험 프로젝트란 위에서는 모르게 비밀리에 진행하는 프로젝트를 뜻한다. 가장 아랫사람들이 제품의 당위성을 너무 깊이 신뢰한 나머지 프로젝트를 죽이겠다는 경영진의 결정을 거부하고 진행하는 프로젝트다. DECDigital Equipment Corporation의 PDP 11이 이렇게 세상에 나왔으며, DEC의 가장 성공적인 제품 중 하나가 되었다. 이런 프로젝트 일화는 많다. 비밀 실험 프로젝트는 불복종의 다른 표현일 뿐이라는 사실이 흥미롭다. 경영진이 안 된다고 하는데도 팀은 어떻게든 프로젝트를 진행한다.

우리 고객 중 하나가 시장성이 부족하다고 판단해 프로젝트를 취소하려 했다. 냉정한 사람들이 이겨 결국 제품을 만들었고, 제품은 큰 성공을 거두었다. 프로젝트를 죽이지 못했던 관리자는(지금은 그 회사 사장이 되었는데) '올해의 불복종 상'이라 새겨진 메달을 주문했다. 그는 불복종 상을 받으려면 이만한 성공을 거두어야 한다는 연설과 더불어 팀에 메달을 수여했다. 불복종이 실패로 이어지면 상도 없다는 뜻이다.

모든 직급의 사람들은 합리적인 불복종이 괜찮은지 아닌지 안다. 사람들은 마음을 여는 상사를 보호하려 애쓴다. 상사가 때로 형편없는 결정을 내리더라도 상사 체면을 세워주겠다고 다짐한다. 방어적인 관리자는 혼자 힘으로 헤쳐 나가야 한다.

입술 있는 닭

1970년대 중반 시스템 컨설턴트이자 조직 컨설턴트인 래리 칸스턴틴은 건강한 기업 사회학을 구축하려는 고객 회사들에 조언했다. 칸스턴틴이 제안한 방법 중 하나가 팀 선택 시 가장 아랫사람들 의견을 반영하는 창구를 두는 것이었다. 구체적인 구현 방법을 살펴보면, 회사는 새 프로젝트를 중앙 키오스크에 게시한다. 사람들은 자기들끼리 팀을 결성한 후 프로젝트에 입찰한다. 동료들과 꼭 같이 일하고 싶다면 이력서를 모아 올리고 함께 홍보한다. 자신들이 얼마나 적합한지, 서로의 능력을 얼마나 잘 보완하는지, 어떻게 다른 업무에 지장을 주지 않고 프로젝트를 맡을지 자신들에 유리한 방식으로 강조한다. 회사는 각 작업마다 가장 잘 맞는 팀을 골랐다.

이 방식은 사람들에게 두 가지 측면에서 독특한 자유를 주었다. 하나는 자신이 일할 프로젝트를 선택하는 자유였고, 다른 하나는 자신과 일할 사람을 선택하는 자유였다. 놀랍게도 첫 번째 자유는 그리 중요하지 않다는 사실이 밝혀졌다. 처음에 경영진은 사람들이 멋진 프로젝트에만 입찰할까 우려했지만 실제로 그런 일은 일어나지 않았다. 심지어 가장 따분한 프로젝트에도 사람들은 입찰했다. 사람들은 함께 일하고 싶은 동료와 일할 기회를 더 중요하게 여겼다.

16장 '곡예사 고용하기'에서 제안했던 채용 오디션 역시 효과가 동일하다. 오디션에 참여하는 프로젝트 팀원들은 단순한 청중이 아니다. 그들에게는 채용 결정에 참여할 권리가 주어진다. 기술적인 판단에 더해 지원자가 팀에 얼마나 잘 어울릴지 팀 관점도 제시한다. "저 친구라면 같이 일할 수 있겠습니다." "능력은 있어 보이지만 팀과 잘 어울리지 못할 듯싶습니다."

몇 년 전 우리는 아주 잘 단결된 팀의 일원이었다. 많은 특성, 특히 유머 감각을 공유하기 시작한 팀이었다. 심지어 우리는 유머에 대해 같은 이론을 공유했다. 어떤 것들은 본질적으로 웃기다는 이론이었다. 예를 들어, 닭은 재밌지만 말은 아니다. 입술은 엄청 웃기고, 팔꿈치와 무릎은 재미있고, 어깨는 그냥 어깨다. 어느 날 우리는 지원자 한 명의 오디션에 참석했다. 그 친구가 발표하고 떠난 후 동료 한 명이 논평했다. "그 친구의 지식은 나무랄 데 없습니다. 하지만 그 친구가 입술 있는 닭이 웃기다는 사실을 이해할까요?" 우리는 그 친구를 채용하지 않았다.

여기서 책임자가 누구인가?

최고의 상사는 어느 정도 모험을 한다. 자신의 사람들을 믿어준다. 좋은 관리자는 관리하지 않는다는 의미가 아니다. 방향도 제시하지 않고 판단도 하지 않는다는 의미가 아니다. 그들은 항상 관리하고, 항상 판단하며, 항상 방향을 제시한다. 단, 그들은 자신의 자연적인 권위를 행사하는 방법으로만 관리한다는 뜻이다. 숙련된 장인과 견습공은 자연적인 권위라는 끈으로 연결된다. 숙련된 장인은 일하는 방식을 알지만 견습공은 모른다. 이런 종류의 권위에 복종하더라도 누구를 내려다 보거나 의욕을 꺾거나 단결을 막지 않는다. 자연적인 권위의 정반대가 불안한 복종 요구다. 불안한 복종 요구는 "나, 관리자를 다른 계급으로 알거라. 나는 사고하는 계급이다. 내 아래 모든 사람은 내 결정을 따라야 하느니라"라고 말한다.

최고의 조직에서는 모든 방면에서 자연적인 권위가 존중된다. 관리자는 전반적인 방향을 설정하고 협상하고 채용하는 업무 측면에 더 뛰어나므로 이런 업무에 권위가 있다. 각 직원은 자신이 맡은 분야에 전문성을 보이므로 해당 업무에 자연적인 권위가 있다. 이렇게 마음을 열어놓은 분위기에서 팀은 단결될 가능성이 가장 높아진다.

28장

팀 형성을 위한 화학 반응

언제나 운 좋게 팀이 잘 뭉치기로 유명한 조직들이 있다. 물론 운이 아니다. 화학 반응이다. 그들에게는 조직과 관련해 뭔가 있다. 능력과 신뢰와 상호 존중과 건강한 사회학이 최적으로 조합되어 단결된 팀이 자랄 완벽한 토양을 제공한다. 이 요소들에서 얻는 이익은 단지 팀 형성뿐만이 아니다. 모든 작업에 긍정적인 영향을 미친다. 이들은 그냥 건강한 조직이다.

  우리 경험에서 나온 사례로 설명하는 대신 여러분이 직접 사례를 떠올려 보라. 건강함이 넘치는 조직에서 일한 적 있는가? 사람들이 편하고 즐겁게 일하며 동료들과 소통을 즐긴다. 방어적인 자세는 없다. 주변 사람들의 노력을 무시하고 혼자 성공하려 애쓰는 사람도 없다. 제품은 함께 만든다. 모두가 품질에 자부심을 느낀다(현재 여러분이 처한 상황에서 이와 같은 건강한 불빛이 희미하게나마 보여야 한다. 그렇지 않다면 건강해서 하루 쉬겠다고 전화하고 이력서를 돌릴 때다).

  이런 건강한 회사에서 관리자는 무엇을 할까? 언뜻 보면 아무 일도 하지 않는다. 바쁘지 않다. 별로 지시도 하지 않는다. 그들이 맡은 업무가 무엇이든 확실히 그들은 아무 일도 하지 않는다.

화학 반응이 최고인 조직에서는 관리자들이 건강한 화학 반응을 조성하고 유지하는 데 에너지를 쏟는다. 건강함이 넘치는 부서와 조직은 관리자가 그렇게 만들었기 때문에 건강하다. 그들의 방법에는 총체적인 통일성이 있어 하나하나 쪼개 분석하기 어렵다(모든 구성 요소가 어떻게 전체를 이루는지가 각 구성 요소가 무엇인지보다 더 중요하다). 그래도 여전히 분석을 시도할 만한 가치가 있다.

다음은 건강한 조직이 화학 반응을 조성하기 위한 전략을 분석해 얻은 구성 요소 목록이다. 물론 단순한 목록이라는 사실을 인정한다.

- 품질을 숭배하는 문화를 만든다.
- 만족스럽게 끝낼 기회를 많이 제공한다.
- 엘리트라는 자부심을 느끼게 만든다.
- 다름을 허락하고 장려한다.
- 성공적인 팀을 보존하고 보호한다.
- 전술이 아니라 전략적인 방향을 제시한다.

더 있다. 위에서는 팀 형성에 특히 영향을 크게 미치는 요소만 열거했다. 이어지는 단락에서 각 요소에 대해 우리 의견을 제시한다.

품질 숭배 문화

아직 불완전한 제품에 내리는 "이 정도면 충분합니다"라는 판결은 팀 단결에 종말을 알리는 조종弔鐘이다. 이류 제품을 출시하고 얻을 공동의 만족감을 목표로 팀이 의욕적으로 뭉치기는 어렵다. "우리가 인정하는 수준까지"라는 정반대 태도는 팀에 진짜 기회를 제공한다. 품질을 숭배하는 문화는 팀 형성에 있어 가장 강력한 촉매제다.

품질 숭배 문화는 팀을 나머지 세상과 차별화한다. 알다시피, 나머지 세상은 품질 따윈 신경 쓰지 않는다. 물론 입으로만 그럴듯하게 말한다. 하지만 품질 때문에 한 푼이라도 비용이 더 든다면 돈 내는 사람들은 금방 본심을 드러낸다.

캐드리 테크놀로지 창립자 중 한 명인 우리 친구 루 마주첼리는 서류 절단기를 사고 싶었다. 영업사원 한 명을 불러 제품을 시연했는데 아주 엉망이었다. 제품은 거대하고 시끄러웠다(심지어 종이를 절단하지 않을 때도 소음이 대단했다). 우리 친구는 독일산 절단기가 좋다는 소문을 들었다며 영업사원에게 어떤지 물어봤다. 영업사원은 경멸하는 어조로 말했다. "가격은 50%나 더 비싸고 추가 기능은 하나도 없습니다." 영업사원은 다음과 같이 대꾸했다. "돈도 더 내는데 얻는 것이라곤 더 좋은 품질뿐입니다."

시장, 소비자, 고객, 경영진이 고품질을 지지하고 나설 가능성은 없다. 뛰어난 품질은 단기적인 관점에서 경제적으로 말이 되지 않는다. 품질 숭배 문화를 따르는 팀은 언제나 시장이 요구하는 수준보다 더 우수한 제품을 내놓는다. 그러나 이것은 단기적인 경제학으로부터 보호를 받을 때만 가능하다. 장기적으로 고품질은 언제나 이익이다. 품질에 취한 팀은 품질을 보호하려고 언제나 한 걸음 더 나간다.

품질 숭배 문화는 진주조개에서 모래알과 같다. 팀이 뭉치는 핵이 된다.

결혼했을 때 사랑한다 말했다

혹시 모를 수도 있겠지만, 인간에게는 때때로 자신이 가고 있는 방향이 맞는다는 확인이 필요하다. 인간으로 이뤄진 팀 역시 마찬가지다. 이런 확인을 심리학자들은 종결이라 부른다. 종결은 모든 조각이 '딱' 맞아떨어지는 만족스런 느낌이다.

조직 역시 종결이 필요하다. 조직에게 종결은 주어진 업무의 성공적인 종료이며, 추가로, 업무를 진행하는 동안 (이정표를 달성하거나 중요한 중간 출시물을 완성하는 등) 목표한 방향으로 가고 있다는 주기적인 확인이다. 기업이 얼마나 많이 확인해야 하는지는 돈이 얼마나 걸렸는지에 달렸다. 때로는 4년에 걸친 프로젝트 마지막에만 종결을 확인해도 조직 입장에서 충분한 경우도 있다.

그런데 팀이 종결할 필요성은 조직이 종결할 필요성보다 훨씬 더 크다. 만족스러운 '딱' 느낌 없이 4년 동안 진행되는 프로젝트는 모두에게 "이게 끝나기 전에 내가 먼저 죽겠다"라는 느낌을 안긴다. 특히 팀이 단결되기 시작할 시기에는 잦은 종결이 중요하다. 팀은 함께 성공하고 함께 성공을 즐기는 습관이 들어야 한다. 이런 습관을 바탕으로 팀은 추진력을 키운다.

화학 반응을 조성하려는 관리자는 업무를 아주 신경 써서 나눈다. 업무마다 완료를 확인할 실질적인 방법이 있다. 때로는 경영진 버전과 사용자 버전 2개로 충분한 제품을 20개 버전으로 나누어 출시한다. 내부 버전은 고객에게 보여주지 않는다. 팀 내에서 확인과 만족을 목적으로 만들 뿐이다. 각 버전은 종결의 기회다. 종결의 순간이 다가오면 팀은 들뜬다. 종결이 가까워지면 전력 질주한다. 성공에서 오는 성취감을 만끽한다. 다음 단계로 돌진할 에너지를 퍼뜨린다.

팀원들 사이가 더 가까워진다.

엘리트 팀

1970년대 초반 우리 고객 회사 한 곳의 부사장이 부서 모든 직원에게 출장 경비와 관련한 메모를 돌렸다. 출장 경비와 관련한 메모는 한 번쯤 받아봤겠지만 이번 메모는 달랐다. 메모 내용은 다음과 같았다. "최근에 저는 출장으로 비행기를 탈 때 일부 직원이 이코노미 클래스를 이용한다는 사실을 알게 되었습니다. 우리 회사는 이코노미 클래스 회사가 아닙니다. 우리 회사는 일등석 회사입니다. 이제부터 출장으로 비행기를 탈 때는 일등석을 이용하십시오." 물론 돈이 드는 메모였다. 경비는 현실 그 자체였고 경비로 얻는 이익은 고취된 엘리트 의식이 전부였다. 이것을 타당한 거래로 생각한 조직이 적어도 하나는 있었다. 현실에서 가능하냐고? 제록스에서 일어난 일이다.

팝콘이 '프로답지 못하다'라고 생각하는 사람은 팀의 엘리트 의식이 조직에 위협적이라고 생각한다. 조직에서 어떤 식으로든 팀이 튀면 관리자가 제대로 관리하지 못한 탓이라 여긴다. 기업의 통일된 기준을 고수하는 팀은 관리자의 통제력을 보여주는 상징이다. 그렇지만 관리를 받는 사람들 입장에서는 이 상징이 치명적이다. 관리자가 안심할수록 팀에서는 활력이 사라진다.

사람들이 조화롭게 살아가려면 자신이 고유하다는 느낌이 필요하다. 그리고 팀이 단결되려면 조화를 이뤄야 한다. 회사가 고유성을 억압하더라도 사람들은 어떻게든 발산한다. 회사가 통제하지 못하는 측면으로 발산할 뿐이다. 예를 들어, 관리하기 어렵거나 동기를 부여하기 어렵거나 남들과 어울리지 못하는 자신의 성격이 나름 자랑스러운 직원은 지나친 통제에 등을 돌린 반항이다. 억압하지 않고 그냥 두었더라면 다루기 덜 힘든 다른 방식으로, 팀 효율성에 해가 되지 않는 방식으로 자신을 표현했을 가능성이 크다.

남들과 달리 품질을 염려하고, 남들과 달리 생산적이고, 남들과 달리 촉박한 일정을 맞춰내는 팀이 뭐가 문제인가? 전혀 잘못되지 않았다고 생각하면서도 이처럼 명목상 받아들일 만한 형태의 고유성조차 많은 관리자들에게는 불편하다. 그들은 팀이 거만하고 관리하기 어렵다고 불평한다. 팀의 엘리트 의식이 두려운 이유는 관리하기 어려워서가 아니라 자기 과시욕이 망가진다고 생각해서다. 팀은 성공하려 최선을 다하는데 관리자는 자신이 약골로 보일까 걱정한다.

팀원들을 바꿀 수 있다면, 조금 통제하기 어렵지만 더 생산적이고 더 목표 지향적으로 바꿀 수 있다면, 하겠는가? 이 질문에 대한 답이 위대한 관리자와 그저 그런 이류 관리자를 구분한다. 이류 관리자는 너무 불안해 관리자의 과시욕을 포기하지 못한다. 위대한 관리자는 결코 자신의 의도대로 사람들을 통제하지 못한다는 사실을 안다. 성공적인 관리의 본질은 모두 같은 방향으로 나아가게 만드는 것, 관리자조차 그들의 행군을 막지 못할 정도로 열정이 넘치게 만드는 것이다.

팀이 단결되면 사람들이 더 생산적이고 더 목표 지향적이 된다. 그리고 팀이 단결될 때 관리자는 일부 통제를, 적어도 통제한다는 환상을, 포기한다. 팀은 자신들이 엘리트라 생각하고 팀원들 전부가 이 느낌을 공유한다. 팀의 차별성은 아주 근본적일 필요가 없다. 예를 들어, 어느 미식축구 선수권 최고의 방어 팀은 모든 팀원들이 '무명'이라는 사실이 유일한 특성이었다. 그것으로 충분했다. 그들은 이 사실에 자부심을 느꼈고 이를 구심점으로 하나로 뭉쳤다. 엘리트 특성이 무엇이든 그것은 팀 정체성의 기본이 된다. 정체성은 단결된 팀에 반드시 필요한 요소다.

여기서 팀은 어떤 면에서든 고유하기만 하면 된다는 사실이 중요하다. 모든 면에서 고유할 필요는 없다. 조직 복장 표준을 따르는 팀 사례도 많다. 특공대 팀과 대다수 스포츠 팀은 유니폼을 입는다. 어떤 면에서든 고유성을 느끼는 한 팀은 단결될 수 있다.

엘리트 팀에 위협을 느끼는 관리자는 흔히 엘리트 팀이 외부인에게 미치는 악영향을 거론한다. 팀이 자신들을 "승자"라 부르기 시작했다고 나머지 사람들이 자동으로 "패자"가 된다는 뜻일까? 극단적으로 성공한 팀은 외부에 위압감을 줄 수도 있다. 하지만 이것은 팀의 효과라기보다 성공의 효과다. 만약 이것이 유일한 문제라면 여러분은 책을 써야 한다.

사람들을 깨지 말라

팀이 뭉치면 깨지 말라. 적어도 다른 프로젝트에 함께 참여할 선택의 기회를 주라. 각자 다른 길을 갈지도 모르지만 적어도 직접 선택하게 하라. 팀이 다음 프로젝트로 함께 옮기면 그들은 강력한 추진력으로 새로운 프로젝트를 시작하게 된다.

팀 행동 양식이라는 네트워크 모델

관리자로서 감정이 상할지도 모르지만, 흔히 많은 관리자들은 자신이 관리하는 팀의 일부가 아니다. 팀은 동료, 즉 동등하게 일하는 사람들로 이뤄진 집단이다. 관리자는 대부분 팀 밖에 있는 사람이다. 때로 위에서 지시를 내리며 관리적인 장애물과 절차적인 장애물을 치워주는 사람이다. 정의상 관리자는 동료가 아니므로 동료 그룹에 속할 수 없다.

자신의 리더십을 자랑스럽게 여기는 관리자에게 이런 생각은 불편하다. 관리자는 리더십을 제시해야 하지 않나? 신중한 전략 선택과 눈 깜짝할 사이를 다루는 시간 관리로 팀에 승리를 안겨주는 쿼터백이 관리자의 역할이 아닌가? 멋지게 들리지만 그 정도 리더십이 필요한 팀이라면 팀으로서 실격이다. 최고의 팀에서는 각자가 자신이 강한 분야를 이끌며 때에 따라 리더십을 제시한다. 영원한 리더는 없다. 만약 그렇다면 그 사람은 더 이상 동료가 아니므로 팀 관계는 깨지기 시작한다.

팀 구조는 계층이 아니라 네트워크다. (우리 업계가 숭배하는 단어인) 리더십이라는 개념에 쏟아지는 존경과 숭배에도 불구하고 팀에서는 리더십이 설 자리가 없다.

중국 식당에서 메뉴 고르기

팀을 설명하면서 우리는 우리 업계 팀을 스포츠 팀으로 손쉽게 비유하는 바람에 치러야 할 비용이 생겼다. 팀이라는 단어 자체는 땀 흘리며 풋볼이나 하키 퍽을 쫓아다니는 건강한 젊은이들 이미지를 떠올리게 만든다. 스포츠와 무관하게 팀을 생각하기 어렵다. 하지만 스포츠 비유는 안타까운 앙금을 남긴다.

주말 TV에서 우리가 흔히 보는 스포츠 팀은 공통점이 많은 구성원들로 이뤄진다. 예를 들어, 농구 팀은 모두가 크고, 젊고, 강하며, 성별이 같다. 스포츠라는 분야가 본질적으로 비슷한 특성을 요구하기 때문이다. 개발 프로젝트 팀은 그 정도의 유사성을 요구하지 않는다. 하지만 팀의 전반적인 개념이 스포츠 예제에서 영향을 받는 탓에 우리는 흔히 팀에 유사성을 기대하며 부지불식간에 유사성을 초래한다.

약간의 이질성은 팀 단결에 큰 도움이 된다. 새로 꾸린 팀에 장애가 있는 개발자를 투입하면 팀이 뭉칠 가능성이 높아진다. 재교육 후 처음으로 프로젝트에 투입되는 전직 사무직원이나 인턴 학생도 같은 효과를 낳는다. 이질적인 요소가 무엇이든 팀에는 상징적인 중요성을 띤다. 똑같지 않아도 좋다는, 획일적인 인조인간이라는 기업 모형에 맞아 떨어지지 않아도 좋다는 신호다.

지나치게 동질적인 팀의 가장 슬픈 예제는 모두 남성으로 이뤄진 팀이다. 팀에서 여성도 남성만큼 일을 잘 한다. 남녀가 섞인 팀에서 일해 본 사람이라면 모두 남성인 환경에서 일하고 싶다는 생각은 사라진다. 남성 팀은 우리 할아버지 세대가 무수히 겪었던 정말 슬픈 유물이다.

하나로 모으자

항상 팀을 뭉치게 만들기는 어렵다. 하지만 일단 팀이 성공적으로 뭉치면, 노력한 보상이 충분히 주어진다. 일이 재미있다. 활력이 넘친다. 마감일과 이정표를 가볍게 해치우고 더 달라 요청한다. 사람들이 스스로를 좋아한다. 팀과 팀이 존재하게 허락한 환경에도 충성심을 느낀다.

5부

비옥한 토양

프로젝트와 팀은 더 큰 조직이라는 맥락 안에서 존재한다. 우리는 이 맥락을 기업 문화라 부른다. 어떤 문화는 건강한 업무 환경을 제공하지만 어떤 문화는 업무 자체가 불가능하게 만든다. 조직 수준에서 유발되는 요인은 대개 여러분의 통제 범위를 벗어나지만 그래도 고려할 만한 가치는 있다. 최악의 경우에도 위에서 무엇을 강요하는지 알아야 한다. 최선의 경우에는 언젠가 여러분이 프로젝트가 원활히 돌아가는 조직 문화를 만들 위치에 오를지도 모르니까 이를 신경 써야 한다.

29장

자체 치유 시스템

직원 한 명이 인사과 사무실로 뛰어 들어와 사직서를 내던진다. 다음날 아침, 그 직원과 상사가 찾아와 모두 오해였다며 멋쩍게 설명한다. 사직서를 물릴 수 있을까? 인사 담당 직원은 당혹한 나머지 반쯤 진행된 사직서 수리 절차를 응시한다. 누군지 몰라도 사직서 수리 절차를 설계한 사람은 취소할 가능성을 전혀 고려하지 않았다. 하지만 어떻게 처리해야 좋을지는 분명하다. 자, 파일을 몽땅 버리고 없었던 일로 친다. 그리고 퇴직금 신청을 취소하고, 해리 씨 책상으로 쫓아가 해리 씨가 보기 전에 보험 취소 서류를 없애버린다.

막 시스템이 스스로 교정했다. 원래 설계에는 반드시 필요한 기능이 누락됐다. 시스템을 사용하는 사람들이 즉석에서 고쳤다. 늘 일어나는 일이다.

확정적 시스템과 비확정적 시스템

이전까지 모두 사람이 하던 업무를 자동화하면 시스템은 완전히 확정적이 된다. 새 시스템은 설계자가 명시적으로 계획한 응답만 내놓는다. 그래서 자체 교정 능력이 없다. 필요한 응답은 설계할 때 하나도 빠짐없이 고려해야 한다. 교정이 필요하면 시스템이 운영 중인 상태로는 불가능하다. 보수하는 사람이 시스템을 분리해 새로운 응답을 추가한 후 다시 조립해야 한다.

어떤 면에서는 오히려 지저분하고 통제 불가능한 자체 교정 능력을 없애버린다는 점이 자동화의 긍정적인 이익이다. 처음부터 시스템을 '똑바로' 계획하면 운영 중에 자잘하게 계속 고칠 필요가 없다. 하지만 잘 아시다시피 그러려면 비용이 많이 든다. 자동화 전문가들은 발생할 가능성이 너무나 희박한 상황들, 이전 인간 시스템이라면 실제로 발생하기 전까지 고려조차 하지 않던 상황들을 생각하느라 많은 시간을 보낸다. 새 시스템이 따라야 할 비즈니스 정책에 임기응변적인 요소가 많다면 자동화는 실수다. 확정적 시스템은 자산이 되지 못하고 항상 유지 보수와 관리가 필요해진다.

비확정적 시스템이 흔히 우아하고 원만하게 (때로는 한 푼도 들지 않고) 스스로를 교정할 수 있는 이유는, 시스템을 구성하는 사람들이 근본적인 목표를 잘 이해하기 때문이다. 새로운 상황이 닥치면 사람들은 어떻게 처리해야 좋을지 바로 안다. 언젠가는 컴퓨터에게 '목표를 달성하기 위해 밟아야 할 행동 단계'가 아니라 '시스템 목표' 자체를 가르칠 수 있을지도 모른다. 그렇지만 아직은 불가능하다. 여기서 시스템을 확정적으로 만들면 시스템은 스스로 교정하는 능력을 잃어버린다는 사실이 핵심이다.

현재 자신이 몸담거나 관리하는 조직은 어떤 면에서 시스템이다. 어떤 목표를 달성하기 위해 존재하며, 서로 교류하는 프로세스와 사람들의 혼합물이다. 이 시스템을 좀 더 확정적으로 만들자는 주장이 요즘 유행이다. 여기서 우리는 절대 방법론이라는 주제를 논하지 않을 수 없다.

절대 방법론에 숨겨진 의미

대다수 조직에서 정말이지 안타까운 사실은, 조직의 우수성은 직원들의 우수성에 직결된다는 점이다. 이런 자연적인 한계를 극복할 수 있다면 얼마나 좋을까? 그저 그런 직원과 무능력한 직원으로도 우수한 조직을 만들 수 있다면 얼마나 좋을까? 식은 죽 먹기다! 이것 하나만 있으면 된다. 바로 (팡파르를 울리라) 절대 방법론이다.

절대 방법론은 고도의 사고가 요구되는 작업을 수행하는 일련의 방식에 대한 일반적인 시스템 이론이다. 형태는, 언제 어디서 누가 일하든, 업무 각 단계를 정확하고 상세하게 지시하는 두꺼운 책이다. 절대 방법론을 작성한 사람들은 똑똑하다. 절대 방법론을 따르는 사람들은 멍청하다. 머리를 쓸 필요가 없다. 1쪽을 펼치고는 (오즈의 마법사에 나오는) 작고 귀여운 난쟁이들처럼 업무 시작에서 성공적인 완료까지 노란 벽돌 길을 따라가면 된다. 절대 방법론이 모든 결정을 내려 준다. 사람은 아무 결정도 내리지 않는다. 조직은 완전히 확정적이 된다.

여느 시스템과 마찬가지로, 인간으로 이뤄진 팀 역시 확정적이 되면 자체 교정 능력을 잃어버린다. 그 결과 사람들은 자신이 보기에도 말이 전혀 안 되는 방향으로 나간다. 일이 될 리 없다. 몇 년 전 우리는 실패한 프로젝트 하나에 대해 사후 분석을 수행했다. 프로젝트 참가자 각각에게 프로젝트에서 관찰한 내용을 기록해 달라고 요청했다. 기록은 사생활이 유지되는 집에서 혼자 하며 우리 컨설턴트 두 사람 이외에는 아무에게도 공개하지 않겠다고 보장했다. 다음은 프로젝트 참가자 한 명이 관찰한 내용이다.

> 3월이 되었을 무렵 우리는 거의 두 달 동안 [상부에서 시킨 기법 중 하나를 적용하는] 이 일을 했다. 도대체 무슨 도움이 되는지 이해하지 못했지만 조지는 도움이 된다고 계속 장담했다. 조지는 우리가 절대 방법론을 신뢰해야 한다며, 결국에는 다 잘될 것이라 말했다.

물론 잘되지 않았다. 프로젝트 참가자들은 프로젝트 영역을 가장 잘 아는 사람들이다. 주어진 방향이 그들에게 말이 되지 않는다면 아예 말이 되지 않는다는 뜻이다.

절대 방법론과 그냥 방법론 사이에는 큰 차이가 있다. 그냥 방법론은 업무를 완수하는 기본적인 접근 방식이다. 두꺼운 책이 아니라 실제로 그 업무를 수행하는 사람들 머릿속에 있다. 이런 방법론은 두 부분으로 구성된다. 하나는 (해당 업무에 맞는) 맞춤 계획, 다른 하나는 계획 실행에 필요한 기술이다. 이런 방법론은 반대할 이유가 없다. 이런 방법론 없이는 업무를 시작조차 못한다. 하지만 절대 방법론은 아주 다르다.

절대 방법론은 중앙에서 사고를 제어하려는 시도다.[1] 모든 중요한 결정은 절대 방법론 작성자가 내린다. 실제 업무를 맡은 사람들이 아니다. 절대 방법론을 지지하는 사람들은 기대되는 이익을 장황

---

[1] 소프트웨어 분야에서 절대 방법론은 갑자기 나쁜 단어가 되었고 사람들이 이 단어를 대신해 프로세스라는 단어를 거론하기 시작했다(차이를 아는 사람은 연락 주기 바란다).

하게 늘어놓는다. 겉으로 내세우는 이유는 표준화, 문서 통일성, 관리 통제, 최신 기술 등이다. 하지만 절대 방법론을 지지하는 이런 이유 뒤에 숨겨진 진짜 이유가 있다. 숨겨진 이유는 단순하고 무식하다. 사람들은 스스로 사고할 만큼 충분히 똑똑하지 못하다는 주장이다.

절대 방법론의 광기

물론 사람들이 스스로 생각해 일할 만큼 똑똑하지 못하다면 프로젝트는 실패한다. 어떤 절대 방법론도 소용없다. 하지만 절대 방법론은 업무를 수행할 능력이 충분한 사람들에게도 극심한 피해를 끼친다. 사람들에게 정해진 틀에 맞게 일하라고 강요하는 탓이다. 그러면 반드시 다음과 같은 효과가 나타난다.

- 산더미 같은 서류 업무
- 방법 부족
- 책임 부재
- 전반적인 사기 저하

이어지는 문단에서 위에서 소개한 효과를 하나씩 살펴보자.

서류 업무: 절대 방법론은 원래 거대하며 점점 거대해진다(새로운 상황이 닥칠 때마다 필요한 '기능'을 더하려면 커질 수밖에 없다). 절대 방법론 지침서가 선반 한 줄을 몽땅 차지하는 모습도 드물지 않다. 더 나쁘게는, 사람들이 일보다 서류 작성에 시간을 더 쏟는다. 절대

방법론의 병적인 문서 집착은 "지난 프로젝트는 1톤에 이르는 엄청난 문서를 작성했는데도 실패했으니 이번 프로젝트는 두 배로 작성합시다"라는 방어적인 피해망상에서 기인한다. 우리 업계는 더 많은 서류가 문제를 해결해준다는 아이디어를 지난 10여 년 동안 보듬어 왔다. 어쩌면 이제는 반대의 이단적 아이디어에 눈 돌릴 때다.

과도한 문서는 해결책이 아니라 문제 그 자체다.

방법: 절대 방법론의 중심에는 표준화된 방법이라는 개념이 있다. 업무를 처리하는 좋은 방법이 수천 가지라면 하나를 골라 표준화하려는 시도는 타당하다. 하지만 아직 초창기인 우리 분야는 업무를 수행하는 방법이 그리 많지 않다. 정말 괜찮은 대안이 있다면 모두 알고 익혀야 한다. 하나를 골라 표준화해 버리면 다른 방법들을 배제하게 된다. 지식이 너무 소중해 아껴 쓰겠다는 태도와 같다.

책임: 절대 방법론을 따르다 문제가 생기면 잘못은 사람이 아니라 절대 방법론에 있다(절대 방법론이 결정을 내리지 않았나?). 이런 환경에서는 사실상 누구에게도 책임이 없다. 사람들은 책임을 원한다. 하지만 사람들은 결국 스스로 성공을 통제할 자유가 주어지는 경우에만 책임을 받아들인다.

사기: 절대 방법론을 강요하겠다는 결정은 모두에게 명백한 메시지를 던진다. "위에서 우리를 무능력하다고 여긴다." 이보다 더 사기를 떨어뜨리는 요인은 없다.

악의적인 준수라는 문제

절대 방법론을 만드는 사람들은 사람들이 방법론을 무시해 버릴까 봐 괴로워한다. 많은 조직에서 실제로 그렇다. 반대 가능성은 더 끔찍하다. 사람들이 절대 방법론을 무시하지 않는다. 시키는 대로 정확히 따른다. 결국 시간을 낭비하고, 돌아가지 않는 제품이 나오고, 무의미한 문서가 쌓인다는 사실을 알면서도 말이다. 이것이 우리 동료 켄 오어가 "악의적인 준수"라고 부르는 행동이다. 절대 방법론이 운영자 매뉴얼을 열여덟 부분으로 나눠 작성하라고 시킨다. 운영자 중재가 불가능한 인공위성이나 엔진에 깊숙하게 내장되는 시스템임에도 개발자들은 그대로 따른다. 절대 방법론이 각 데이터 요소마다 데이터베이스 위치 양식을 채우라고 지시한다. 시스템에 데이터베이스가 없는데도 개발자들이 양식을 채운다.

파업하는 시간이 일하는 시간에 맞먹는 호주에서는 준법 투쟁이라는 멋진 형태의 파업이 있다. 일을 중단하는 대신 사람들은 두터운 규정서를 펼친 후 공표한다. "우리가 요구하는 바를 들어줄 때까지 우리는 정확하게 규정에 따라 일하겠습니다." 항공 통제사들이 이렇게 했을 때 7분에 겨우 비행기 1대가 착륙했다. 의사들이 이렇게 한다면 맹장 수술은 아마 1주일 걸릴 것이다. 절대 방법론을 강요하면 더 많은 분야에서 준법 투쟁의 가능성도 함께 열린다. 사람들이 정확하게 방법론에 따라 시키는 그대로 일하면 업무는 거의 마비될 것이다.

아기와 목욕물

절대 방법론으로 얻어진다고 주장하는 이익 대다수는 사실 방법 수렴으로 얻어지는 이익이다. 같은 일을 하는 사람들이 같은 방법을 같은 방식으로 사용하면 확실히 이익이 있다. 유지 보수 담당자는 새 제품을 좀 더 빨리 익힌다. 개발자는 새 프로젝트에 좀 더 빨리 적응해 좀 더 빨리 일한다. 프로젝트가 달라지더라도 측정 방식이 일정하면 어떤 실수를 더 쉽게 발견한다. 방법 수렴은 좋다. 하지만 절대 방법론이 방법을 수렴하는 유일한 방책은 아니다.

절대 방법론자들은 법규를 내세워 방법을 수렴할 것을 강요한다. 그러니 반발이 불가피하다. 강요하는 측에서 심하게 밀어붙이는 탓도 있고, 지식 노동자들이 매우 독립적인 탓도 있다. 흔히 지식 노동자들은 개척되지 않은 땅을 찾아 나서는 카우보이 정신이 강하다. 방법을 수렴하는 더 좋은 길을 소개한다.

교육: 사람들은 어떻게 하는지 잘 아는 일을 한다. 사람들에게 공통적인 핵심 방법을 알려주면 그들은 그것을 사용한다.
도구: 모델링, 설계, 구현, 테스트를 도와주는 몇몇 자동화된 도구는 어떤 법규보다 방법 수렴에 더 효과적이다.
동료 검토: (품질 평가 위원회, 동료 간 검토, 공식 검토, 기술 박람회 등) 동료 검토 활동이 활발한 조직은 자연스럽게 수렴하는 경향이 있다.

이렇게 수렴하기 좋은 분위기를 먼저 조성한 후에 표준을 공시하라. 사실상의 표준이 되기 전에 표준이라 선언해 봤자 소용이 없다. 이것이 듀폰 사 표준화 이론의 핵심이다. 우리가 컨설팅하는 동안 회사의 표준 매뉴얼은 표준을 "반복되는 작업을 수행하는 검증된 방법"이라 정의했다. 계속해서 매뉴얼은 "검증된"이란 "듀폰 사내에서 널리 그리고 성공적으로 시연된"이라는 의미라고 설명했다. 상식적인 말로 들리지만 우리 업계에서 널리 퍼진 관례는 이런 상식과는 반대로, 새로운 방법을 찾아내 조직에서 한 번도 시도하지 않은 채 표준으로 강요하는 것이다.

첨단 기술 다시 생각하기

절대 방법론에 대한 조직의 집착은 최첨단 환상의 또 다른 예다. 정말 중요한 것은 기술이라는 믿음에서 나오는 집착이다. 아무리 좋은 절대 방법론이라도, 모든 업무에 딱 맞는 방법을 지시하는 방법론이라도, 기술적인 개선은 사소할 수 있다. 지시가 없다고 사람들이 모든 결정을 잘못 내리지는 않을 테니까. 기술적인 이익이 있다 해도 그것은 팀의 사회학을 크게 희생해서 얻는 이익이다.

반대의 접근 방식은 새로운 시도를 모두 파일럿 프로젝트로 수행하는 방법이다. 업무를 수행하는 표준 방법이 있다면 그 방법만 빼고 다른 방법을 시도한다. 표준은 적어도 일부를 비표준적인 방식으로 수행하려는 노력을 포함해야 한다(예를 들어, 후지쯔 일부 부서에는 이것을 비공식적인 규칙으로 삼는다).

1932년 봄 호손 웨스턴 일렉트릭Hawthorne Western Electric에서 효율성 전문가들이 다양한 환경 변수가 생산성에 미치는 영향을 파악하고자 일련의 실험을 수행했다. 조명을 밝히자 생산성이 높아졌다. 조명을 낮추자 생산성이 더 높아졌다. 전문가들은 조명을 꺼버리면 생산성이 하늘을 찌르겠다고 추측했다. 사실 조명 변화가 생산성에 미치는 영향은 없었다. 뭔가 변경되는 자체가 중요했다. 사람들은 색

다름에 매료되었고, 관심받는다는 사실을 좋아했으며, 참신함에 흥미를 느꼈다. 이것이 호손 효과다. 간단히 설명하자면, 사람들은 새로운 뭔가를 시도할 때 생산성이 높아진다.

생산성 향상과 관련한 자료를 주의 깊게 살펴보면 모든 생산성 향상은 호손 효과 탓이라는 사실이 분명해진다. 늘 그렇듯 X의 멋진 장점을 홍보하는 논문은 X를 처음 도입했을 때 얻어진 생산성 향상을 자랑한다. 10년 후에도 '향상'을 분석해 여전히 그만큼 효과적인지 분석하는 연구는 거의 없다. 아마 그렇지 않을 것이다. 약간의 냉소를 더해 우리는 대다수 생산성 향상이 호손 효과 때문이라는 이론을 지지한다.

호손 효과를 이용하려면 비표준 접근 방식을 규칙으로 삼아야 한다. 표준이 무엇이든 간결하고 비강압적이어야 한다. 사람들에게 강요하는 표준은 모두 합쳐 열 쪽을 넘기면 안 된다(헛된 꿈이 아니다. 절대 방법론 엄수를 포기한 많은 조직이 열 쪽짜리 표준 매뉴얼을 사용한다). 이처럼 느슨한 지침서에도 예외를 인정할 준비를 갖춰야 한다. 그래야 유명한 비즈니스 현자인 척하는 마오쩌둥毛澤東의 견해에 맞는 개발 환경이 조성된다.

백화제방백가쟁명(百花齊放百家爭鳴)[2]

마오쩌둥은 진심이 아니었지만 우리는 진심이다.

---

2 중국 문화대혁명 시기 정치 구호로 '누구든 자기 의견을 피력해야 한다'는 의미다.

30장

위험과 함께 춤을

우리가 쓴 책 『Waltzing With Bears: Managing Risk on Software Projects』(『소프트웨어 프로젝트에서의 리스크 관리』, 김준식 옮김, 인사이트 펴냄)는 정반대인 행동 유형 두 가지를 논한다. 하나는 위험 관리 없는 위험 감수이고, 다른 하나는 야심적인 성취를 원천 봉쇄해 버리는 위험 회피다. 요즘 우리는 양측 모두에서 실수를 저지르는 조직이 점점 더 많아지고 있다는 사실을 발견한다. 바보 같은 위험에 태연히 뛰어드는 동시에 변환 가치의 지표일지 모르는 바로 그 위험을 회피한다.

(우리의 근본 문제가 본질적으로 기술적이라기보다 사회적이라는) 피플웨어 가정이 위험 영역보다 더 강하게 적용되는 분야는 없다. 위험 관리의 역학은 이미 널리 알려져 있다. 위험 관리를 제대로 하지 않는다면 조직의 정치와 문화가 원인일 가능성이 높다.

위험에서 달아나지 않기

우선 주지하건대 프로젝트에서 위험은 좋은 것이다. 가치 있는 프로젝트라는 뜻이기 때문이다. 가치 있고 위험 없는 프로젝트는 이미 옛날에 다 해치웠다. 오늘날 가치 있는 프로젝트는 위험으로 가득하다.

반즈 앤 노블이 여러분에게 누크 전자책 리더 소프트웨어 개발 프로젝트를 맡겼다고 가정하자. 직면한 상황은 이렇다. 주요 경쟁사인 아마존이 이미 시장을 점령했다. 여러분은 아주 늦게 시작한다. 누크는 아마존 기기와 기반 기술이 같다. 즉, 특별히 나은 점이 없다. 이제 막 출판사와 디지털 권리 계약을 맺기 시작했다. 아마존이 이미 판매 중인 책 수를 따라 잡을 가능성은 희박하다. 어떻게 하겠는가?

실제로 그 입장에 처했던 무지몽매한 영혼들은 거대한 위험을 무릅쓰기로 결정했다. 그들은 경쟁사가 생각지도 못한 뭔가를 제공하기로 결정했다. 바로 전자 출판물의 도서관 대출이었다. 하지만 이렇게 만들려면 무엇이 필요한지 생각해 보라. 출판사뿐 아니라 도서관, 작가와도 협상해야 한다. 대출 네트워크가 돌아갈 프로토콜을 구현해야 한다. 대출 기간이 끝났을 때 리더기에서 책이 만료되는 기능을 구현해야 한다. 위험, 위험, 위험이 넘치고 넘친다. 이런 미지의 바다를 탐험하는 위험에 더해 시장 반응이 시큰둥할지도 모른다는 위험까지 있다. 대출 기능을 얼마나 반길지 누가 알까?

이 경우 위험은 보상을 받았다. 누크는 놀라운 차별성과 함께 출시되었고 시장은 반겼다.

누크 프로젝트의 위험 목록이 어땠을지 상상해 보라. 프로젝트 진행 도중에도 뭔가 잘못될 여지는 아주 많다. 이 모든 위험을 관리하는 일이 여러분의 주요 업무가 되었을 것이다. 만약 지금 여러분이 머릿속에 당장 떠오르는 대로 잽싸게 위험 목록을 작성한다면 중요한 한 가지를 반드시 빼먹으리라 장담한다.

아마 우리가 결코 관리하지 않을 위험 한 가지

흔히 우리가 빼먹기 쉬운 위험은 우리 자신의 실패라는 위험이다. 만약 여러분과 여러분이 신뢰하는 팀이 밤낮이 다르고 수천 킬로미터 떨어진 곳에 있는 듣도 보도 못한 계약업체와 일해야 한다면 여러분은 당연히 그들의 미이행 가능성을 위험 일순위로 놓을 것이다. 당연하다. 그렇다면 여러분과 여러분 팀이 목표를 완수하지 못할 위험은 어떤가? 물론 걱정한다. 걱정하느라 한밤중에 잠도 설친다. 그래도 여러분이 여러분 팀의 미이행을 위험 목록에 올리지 않는 이유는 패배주의로 보일지도 모르기 때문이다. 어쨌거나 위에서 여러분과 여러분 팀을 믿고 맡긴 프로젝트 아닌가? 프로젝트는 여러분들에게 주어진 책임이다.

겨우 이 위험 하나를 관리하지 않는 행동이 위험한 이유를 이해하려면 위험 관리의 진짜 이유를 고려해야 한다. 위험 관리 목적은 위험을 없애기 위해서가 아니다. 위험이 발생했을 때 그것을 합리적으로 완화하기 위해서다. 위험을 완화하려면 미리 잘 계획하고 준비해야 한다.

악명 높은 덴버 국제공항 수하물 처리 시스템이 좋은 예다. 당국자들은 시스템의 정시 출시가 너무 중요해 미이행(지연)을 위험으로 고려하지 않았다. 결코 발생을 허용할 리 없으니 위험이 아니었다. 위에서 내린 지시에 따라 위험은 무시되었다.

그들이 위험을 관리했더라면 새 시스템이 준비되지 않을 경우를 대비해 짐을 옮길 수동 또는 반자동 예비 계획을 세워야 했었다. 그러나 그들은 그렇게 하지 않았다. 그래서 시스템이 늦어졌을 때 공항 개장을 늦춰야만 했다. 1년 이상 돌아가지 않는 두 번째 공항을 유지하는 자본 비용은 결국 수십억 달러에 달했다.

개장일까지 시스템을 끝내지 못한다는 위험이 드러났을 즈음에는 완화 계획을 세우기에도 너무 늦었다. 완화 계획을 세워두었더라면 공항은 일꾼과 트럭이 짐을 옮기는 옛날식으로 임시 개장했을 테고 소프트웨어 시스템 지연은 사소한 실망에 그쳤을 것이다. 그리고 여러분은 DIA 수하물 처리 시스템 일화를 전혀 모를 것이다. 프로젝트에 참여한 사람들을 제외하고 말이다.

발생 확률이 극히 낮은 위험이라 관리하지 않겠다면 괜찮다. 하지만 결과가 "너무 끔찍해 생각하기 싫다"는 이유로 관리하지 않는다면 말이 되지 않는다.

미이행 위험을 관리하지 않는 이유

결과가 도전으로 여겨지면 흔히 '할 수 있다'라는 사고가 위험 관리를 대체한다. 사람들은 도전에 응한다. 도전을 반긴다. 역경에 맞서 자신을 증명하고자 최선을 다한다. 실패를 계획하고 준비하느라 시간을 보내고 싶어 하지 않는다. 시간이 핵심이다. 특히 빠듯한 일정에 뭔가를 끝내야만 하는 도전에 맞섰을 때는 말이다. 일정이 중요할수록, 완화 계획에 쏟을 시간이 적어지고, 사람들도 안 하고 싶어 한다.

이런 상황이 무조건 나쁘지는 않다. 관리자와 팀이 위험 관리를 하지 않을 작정이라면 다른 누군가 해야만 한다. 이와 같은 상황에서 최고의 프로젝트 관리자는 이렇게 말한다. "이 도전을, 이 무시무시한 출시일을 기꺼이 받아들이겠습니다. 최선을 다하겠습니다. 하지만 최선을 다해도 실패할 위험을 관리할 시간이 없으니 누군가 위험을 관리해 주십시오. 출시가 늦어지는 사태에 대비한 구체적인 계획이 없다면 우리는 이것을 도전이라 생각하기 어렵습니다. 그저 멍청하고 필사적인 도박일 뿐입니다."

중간 관리층과 경영진은 자신들이 원하는 결과를 도전으로 포장하는 일에 능숙하다. 그들은 도전을 팀의 우수성을 증명할 기회로 제기한다. 하지만 많은 경우 그들의 진짜 목적은 팀을 들들 볶아 우수성을 증명하는 데 있지 않다. 그들은 그저 프로젝트를 저렴하게 끝내고 싶을 뿐이다. 얄궂게도 프로젝트가 주는 이익이 한계 편익에 가까울수록 저렴한 출시가 중요해진다. 형편없는 이익을 숨긴 저렴한 출시는 당연히 사기를 북돋우지 못한다. 그래서 경영진은 이렇게 말한다. "이 프로젝트는 너무 중요해 1월 1일까지 반드시 끝내야 합니다." 실상은 "이 프로젝트는 너무 안 중요해 1월 1일 이후로는 더 이상 지원하지 못합니다."라는 뜻이다.

이것은 가짜 도전이다. 하지만 팀과 팀 리더는 그렇게 이해하지 않을지도 모른다. 공격적인 출시일을 받아들인 다음 이를 맞추려 최선을 다한다. 바쁘니 위험 관리라는 겉치레는 버린다.

거짓 도전 프로젝트에는 항상 같은 특징이 있다. (조직이 위험을 싫어하므로 진짜 기술 위험을 무릅쓰지 않기에) 한계 편익만 있으며, 흔히 거대한 일정 위험은 관리되지 않는다. 양쪽 세상의 최악에 온 여러분을 환영한다.

31장

회의, 독백, 대화

어떤 조직은 회의에 너무나 중독되어 업무가 뒷전으로 밀린다. 회의에는 목표가 거의 없고 종결 상태가 불분명하다. 또 다른 극단에는 조직이 회의로 빚어지는 시간 낭비를 너무나 두려워한 나머지 '회'로 시작하는 단어조차 사용하지 않는다. 양쪽 모두 문제가 있다. 중간이 유일한 안전지대다.

신경 경화증

조직이 늙어갈수록 회의 시간은 길어진다. 그러다 결국은 (마지막 단계에는) 회의만 한다. 적어도 그렇게 보인다. 물론 회의가 많아지는 이유가 있다. 대개는 좋은 이유다. 하지만 효율성이 엄청나게 떨어져 먼 곳에서 경쟁사가 기뻐하는 소리가 들릴 지경이다. 이해관계자 수가 늘어나면서 회의 참여자 수도 늘어난다. 게다가 회의는 자신을 돋보일 기회다. 큰 회사에서 조직 사다리를 타고 오르려는 사람에게 놓칠 수 없는 기회다. 신중히 듣기만 하는 사람은 돋보이지 않는다. 따라서 눈에 띄려고 회의에 참석한 사람은 당연히 말을 많이 한다. 최악의 회의는 아무도 듣지 않고 모두가 말하거나 말하려고 기다리는 수다쟁이 집회다. 말할 사람이 많으므로 회의는 겉보기에 끝없이 늘어진다.

회의로 낭비되는 시간을 모두가 개탄하면서도 많은 관리자들은 회의를 필요악으로 여긴다. 조직이 달성하려는 목표의 기념비적인 복잡도를 감안하면 반드시 필요하다는 논리다. 기념비적으로 복잡하니 모두에게 의견을 내놓을 자격이 주어진다. 그러므로 일단 기념비적인 목표가 회의 명분으로 자리 잡고 나면 누구도 다른 가능성을 제기하지 않는다. 회의가 그저 경쟁적인 수다에 불과할지도 모른다는 가능성 말이다.

'기술적으로 강화된' 회의

여기에 기술이 더해진다. 우리 전임자들은 불만을 터뜨릴 창구조차 없이 나쁜 회의를 견뎌내야 했지만 우리에게는 노트북이 있다. 회의가 지루해지면 우리는 노트북을 연다. 앗, 아니다. 아예 회의를 시작할 때부터 노트북을 연다. 그래야 해리가 말하러 일어설 때 모두들 딴생각에 빠진다는 사실을 알아차리지 못한다.

이제 지루한 회의 시간은 받은 편지함에 쌓인 이메일 무더기를 처리하거나, 페이스북 페이지 몇 개를 재빨리 훑어보거나, 회의실 저편에 똑같은 덫에 걸려 앉아 있는 불쌍한 동료에게 문자를 보낼 기회다. 뭐, 가끔 일도 좀 한다.

자, 이제까지는 발전된 기술이 여러분에게 제공하는 이익을 설명했다. 이제 같은 맥락의 질문을 던진다. 발전된 기술이 회의에 제공하는 이익은 무엇일까? 회의를 개선했다. 맞나? 더 효과적이고 더 효율적으로 만들었다. 농담은 그만하자. 아, 어쩌다 회의 중에 관리자가 이렇게 말할 가능성은 있다. "노트북 열어 놓은 분은 지금 우리가 논의하는 [적어도 제가 떠드는] 시장 규모가 올해 어느 정도인지, 그리고 향후 성장률이 어떨지 인터넷에서 검색해 알려주십시오." 가능은 하다. 자주는 아니다. 회의에서 오가는 정보 중 진짜 회의 안건과 밀접한 정보는 소수에 불과하다. 대부분은 무관한 정보다.

문제는, 오늘날 회의에서 사람들이 자주 사용하는 기술이 회의의 효율성을 높여주지 못한다는 데 있다. 단지 무의미한 상황에 처한 참석자들에게 탈출구를 제공할 뿐이다. 기술은 회의의 끔찍함을 더해줄 뿐이다. 오늘날 회의는 한 세대 전보다 더 나빠졌다. 한 세대 전이라면 사람들이 참지 못하고 저항했을 것이다.

오늘날 당연히 여기는 행동은 한 세대 전이라면 해고감이다.

서서 하는 회의

다소 새로운 변형이 서서 하는 회의다. 보통 (탁자나 의자가 없는) 빈 공간에서 모든 참가자가 서서 회의를 진행한다. 아무도 편하지 않으니 오래 지껄이는 경향이 줄어든다는 이론에서 나온 회의 형태다. 일리 있는 이야기다. 하지만 우리의 냉소적인 시각으로 보자면, 서서 하는 회의의 가장 큰 장점은 노트북 둘 자리가 없다는 사실이다. 즉, 아무도 노트북을 열지 못하므로 회의가 짧아진다. 긍정적이다.

심지어 서서 하는 짧은 회의도 목적과 초점이 없으면 조직의 효율을 떨어뜨린다. 그렇다면 회의의 목적과 초점은 무엇이 되어야 할까? 그것은 회의의 종류에 따라 달라진다.

기본적인 회의 특징

실무를 처리하려 모이는 회의를 실무 회의라 부른다(즉, 나머지는 실무와 무관한 회의라는 뜻이다. 다음 절에서 좀 더 자세히 다룬다). 흔히 실무 회의는 결정을 내리기 위해 열린다. 누가 참석해야 할까? 간단하다. 회의에서 내리려는 결정에 동의해야 하는 사람들이 참석한다. 그 외에는 아무도 참석할 필요가 없다. 아무도 기습을 당하지 않으려면 반드시 회의 목적에 부합하는 안건을 정해 이 안건만을 논의해야 한다. 즉, 회의에 참석하지 않더라도 손해 보지 않는다. 회의 목적과 무관한 안건은 다루지 않는다는 약속을 확신하기 때문이다. 어느 누구도 방어 목적으로 참석해야 할 필요가 없다.

　실무 회의는 멋진 특징이 있다. 끝나는 시점이 분명하다. 결정을 내리면 더는 만날 필요가 없다. 하지만 결정이 내려지기 전까지는 계속 만나야 한다.

　거꾸로도 마찬가지다. "이런 결정이 내려지면 회의는 끝입니다"라고 확실히 말할 수 있다면 그것은 실무 회의다. 말할 수 없으면 실무 회의가 아니다.

　다음번 참석할 회의에 이 테스트를 적용해보면 십중팔구 실무 회의가 아니라는 결론이 나올 것이다. 회의가 어떻게 흘러가든 회의가 끝나지 않기 때문이다. 회의를 끝내는 종결자는 시계다. 오전 10시면 회의가 끝난다.

의식

시계로 끝나는 회의는 의식이다. 결정을 위한 회의가 아니다. 그저 정보 공유성 회의다. 정보 공유성 회의에는 흔히 절차가 있다. 상사가 재빨리 소개와 공지 사항을 전달한 후 상사와 부하 직원 각각이 일대일로 대화한다. 어느 순간이든 대화에 참여하는 사람은 딱 2명이다. 나머지는 명목상으로 듣는다. 명목상으로는 그렇다. 만약 그들이 노트북을 열어 두었다면 그들의 정신은 딴 데 가 있다.

의식은 일련의 대화이고 대화는 좋다. 하지만 문제는, 대화가 오가는 동안 나머지 사람들이 모두 같은 방에 꼼짝없이 갇힌다는 데 있다. 회의를 대화로 대체해야 한다고 믿는 사람들은 나머지 사람들은 일하게 보내주고 일대일 대화를 따로 하는 방식이 좋다고 생각한다.

가끔은 조직에서 의식이 꼭 필요할 때가 있다. 업적을 축하하거나, 전략적인 방향 전환을 공지하거나, 막 끝난 프로젝트를 평가할 때 의식이 필요하다. 이런 타당한 의식은 모두 조금 특별하다. 특별하니 타당하다. 여기서 의심할 범인은 정기적인 의식이다. 예로는 주간(또는 일일) 상황 보고 회의가 있다. 10명에서 20명에 달하는 사람들을 한방에 가둬 놓고 한 명씩 차례로 상사와 대화하는 회의 말이다.

너무 많은 사람

실무 회의에는 이해 관계자만 참석한다. 참가자 수는 적을수록 좋다. 의식 회의 참석에는 제한이 없다. 책임자가 오라는 사람은 누구나 참석한다. 많을수록 좋다. 참석자가 많을수록 회의 소집자가 중요한 인물처럼 보이므로 책임자는 규모를 키울 이유가 있다.

여기다가 '열린 조직'이라는 환상이 상황을 더 나쁘게 만든다.

새 고객사는 밖에서 보기에는 젊은 기술 벤처기업이었다. 어쩌면

> 미래의 애플이 될지도 모를 회사처럼 보였다. 하지만 안에서는 매우 달랐다. 나를 소개하는 회의에는 모든 관리자가 한 명도 빠짐없이 참석했다. 나는 모두가 나 때문에 참석했다고 생각해 굉장히 우쭐했다. 하지만 다음 며칠 동안 열리는 회의마다 똑같았다. 모든 관리자가 한 명도 빠짐없이 참석했다. 회의에서 자주 발생하는 사건 중 하나가 (명목상 회의 주제가 무엇이든) 이 프로젝트에서 저 프로젝트로 직원들을 옮기는 일이었다. 자기 팀원들을 빼앗길지도 모른다는 두려움에 아무도 회의를 놓치지 않았다. 회사는 자신들이 열린 조직이라서 모두가 자리를 넘치게 참석한다고 자랑스럽게 설명했다. 진짜 이유는 방어적인 참석이었다.
>
> - 톰 드마르코

다음은 간단한 산수지만 언급할 가치가 있다. 회의에 들어가는 비용은 참석자 수에 비례한다. 우리 고객 중 한 명인 애플 관리자는 회의를 시작할 때 적어도 한 명을 꼭 내보냈다. 그녀는 내보낼 사람에게 간단히 발언할 기회를 주었다. 또한 그녀는 내보내는 사람이 회의에 불필요해서가 아니라 그 사람이 하는 일이 회의 참석보다 더 중요해서라는 사실을 모두가 분명히 인식하게 만들었다. 한 사람을 내보낸다고 대단한 절약이 얻어지지는 않겠지만, 내보내는 행동 자체가 보내는 메시지는 명백했다.

열린 공간 사교

전문 학회나 의회에 참석한 경험이 있다면 아마 여러분 역시 다른 사람들 모두와 같은 결론을 얻었을 것이다. 세션과 프레젠테이션은 들러리에 불과하다. 진짜 가치는 막간에, 발표 전후에 사람들이 오가는 곳에, 커피 휴식 시간에, 점심 먹으러 늘어선 줄에, 다른 참석자들과 저녁 먹고 한잔하는 시간에 있다. 이런 생각으로 어느 천재적인 사람이 '열린 공간open space'이라는 개념을 내놓았다. 열린 공간 학회란 본질적으로 처음부터 끝까지 커피 휴식 시간과 점심시간이다. 실제로 이보다 좀 더 복잡하지만 무슨 말인지 알 것이다. 공식적인 세션이 없다. 사교만 한다.

회의를 계획할 때도 비슷한 아이디어가 유용하다. 열린 공간 회의를 주로 여는 회사에 갓 입사한 신입은 아마 다음에 소개하는 경험을 할지도 모른다. 금요일 오전 9시에 직원회의가 있다는 소식을 상사가 전한다. 8시 30분에 출근해, 커피 한 잔을 뽑은 후, 방금 만난 새로운 사람들 옆에 앉아 대화를 따라잡는다. 누군가 대화에 끼어들고 소개가 이뤄진다. 그녀는 당신에게 할당된 업무를 알고서 해당 분야에서 얻은 자신의 경험을 말해준다.

이제 상사가 들어오고 당신은 자신이 참석했다는 사실을 알리러 상사에게 걸어간다. 그는 당신에게 할당된 하드웨어와 동일한 하드웨어를 사용하는 옆 프로젝트 직원에게 당신을 소개한다. 당신은 그 직원과 이메일 주소를 교환하고 당일 점심을 같이 먹으며 의논하기로 약속한다. 당신은 아주 흥미 있어 하는 주제에 관한 대화를 듣고서는 그쪽으로 다가간다. 대화하는 사람들이 당신을 끼워주지 않을까 걱정했지만 그렇지 않다. 그들은 당신을 끼워주고 소개한 후 대화를 이어간다.

이제 9시가 훌쩍 넘었으나 회의는 아직 시작되지 않는다. 커피를 더 가지러 뷔페 테이블로 갔다가 지원 팀 사람과 대화한다. 마침내 9

시 20분이 되었고 상사가 박수를 치며 주목을 외친다. "아주 좋았습니다. 모두 참석해주셔서 감사합니다. 다음 주에도 같은 시간, 같은 장소에서 만나겠습니다." 그리고는 상사는 떠난다.

　당신의 첫 번째 열린 공간 회의가 끝났다. 진짜 회의는 없다. 그저 큰 막간만 있다.

회의에 중독된 조직을 위한 처방전

여러분의 위쪽 세상은 바꾸지 못한다. 하지만 여러분의 세상과 여러분 옆과 아래에서 일하는 사람들의 삶은 바꿀 수 있다. 변화는 설명하기 쉽지만 시행하기는 어렵다. 대다수 의식을 위한 회의를 없애고 일대일 대화에 시간을 투자하라. 실무 회의 참석자 수를 제한하고 '무엇이 회의를 끝내는가?' 테스트를 모든 회의에 적용하라. 의식 대신 열린 공간 사교를 장려해 사람들에게 격식 없는 환경에서 교류할 기회를 주라. 무엇보다도 의식 회의로 자신의 중요성을 확인받으려는 욕구를 줄이는 노력이 가장 중요하다.

32장

관리자의 궁극적인 죄는…

관리자의 궁극적인 죄는 사람들의 시간을 낭비하는 행위다. 피하기 쉬운 죄로 보이지만 그렇지 않다. 관리자는 관리자로서 할 일이 있으며 그 일이 팀원들의 시간을 보존하고 현명하게 쓰고 싶은 관리자의 의도에 반하기도 한다.

예를 들면
회의하자고 팀원들을 소집해 놓고 (상사로부터 중요한 전화를 받느라) 늦는 바람에 모두가 손 놓고 관리자를 기다린다. 또는 회의하던 도중에 고객과 중요한 대화를 나누느라 잠시 자리를 비운 동안 회의가 초점을 잃어버린다. 아니면 회의를 소집했는데 (의식 회의의 특성처럼, 관리자 이외의) 모두에게 시간을 낭비하는 자리가 되어버린다.

n명이 참석하는 공식적인 회의를 소집하는 경우 일반적인 가정은 '어떤 결론에 도달하려면 n명 모두가 서로 소통해야 하므로 한자리에 모인다'이다. 그런데 핵심 인물 한 명이 참석자들과 한 명씩 순서대로 소통하면 사람들을 한자리에 모아 두는 이유가 사라진다. 모두

억지로 앉아 있게 하지 말고 한 명씩 따로 불러 상대하는 편이 차라리 낫다.

앞서 우리는 상사도 할 일이 있다고, 어쩌면 그래서 직원들의 시간을 희생하게 된다고 말했다. 그런데 그것은 괜찮지 않나? 상황을 통제하기 위해 상사가 마땅히 해야 하는 일 아닌가? 복잡한 업무를 관리하고 조율하기 위해 합법적으로 드는 비용 아닌가? 맞기도 하고 아니기도 하다. 상황을 보고하는 회의는 꼭 하지 않아도 된다. 덜 소모적인 방법이 많다. 여기서 관리자가 구하는 바는 정보가 아니라 확신이다. 회의라는 의식은 확신을 준다. 누가 상사이고, 누가 회의의 주도권을 행사하며, 참석은 당연하고, 위계질서가 있다는 사실을 모두에게 보여준다.

지위 확인을 위한 상황 보고 회의

진짜 실무 회의는 모든 사람이 어떤 문제를 함께 의논할 확실한 이유가 있을 때 소집된다. 회의 목적은 합의에 도달하는 데 있다. 이런 회의는 대개 의미상 임시 행사다. 여기서 임시란 규칙적으로 소집될 가능성이 낮다는 뜻이다. 그러므로 규칙적인 모임은 합의라는 명확한 목적이 아니라 의식적인 목적으로 소집되는 회의일 가능성이 높다. 주간 업무 보고 회의가 좋은 예다. 목적은 상황^{status} 보고지만 진짜 의도는 지위^{status} 확인이다. 업무 상태^{status}가 아니라 상사의 지위^{status}를 확인하는 자리다.

상사가 특히 자신감이 없다면 의식 회의의 부담은 한없이 커지기도 한다. 예를 들어, 우리가 아는 어떤 조직은 매일 2시간에 걸쳐 업무 보고 회의를 열었다. 외근 중인 사람도 호출되어 스피커폰을 사용해 반드시 회의에 참석했다. 불참은 위협으로 간주되었고 큰 벌로 이어졌다.

초기 인력 과잉

회의 외에도 사람들의 시간을 낭비하는 요인은 많다. 프로젝트 초반에 인력을 너무 일찍 투입해도 사람들의 시간을 낭비한다. 앞서와 마찬가지로, 피하기 쉬운 죄악이라 생각할지도 모른다. 새로운 인력이 얼마나 빨리 필요한지 파악한 후 정확히 여기 맞춰 사람을 투입하면 되지 않을까? 아주 일리 있는 말이지만 대개는 정치적으로 불가능하다.

프로젝트는 계획과 설계로 시작한다. 소수 인력으로 수행해야 가장 좋은 활동이다. 설계가 중요할 때는(즉, 간단하고 정형화된 프로젝트가 아니라면 언제나) 전체 프로젝트 기간의 절반까지 요구한다. 따라서 이상적인 인력 투입 곡선은 그림 32-1과 같다.

2년짜리 프로젝트에서 인력 대다수는 프로젝트가 6개월에서 1년 남은 시점에야 필요하다. 그래서 어떻다는 말인가? 인력 수급 계획이 다소 특이하지만, 그래야 한다면 그렇게 하면 되지 않나?

그림 32-1 이상하게 보이지만 이상적이다.

그런데 프로젝트 완료 기한이 시급하면 (즉, 사실상 모든 프로젝트에서) 문제가 드러난다. 예를 들어, 만약 고객과 경영진이 프로젝트 기한을 1년이라 선포했다면 (그림 32-2에서 보듯) 그 제약으로 인해 프로젝트 후반부가 뭉텅 잘려나간다.

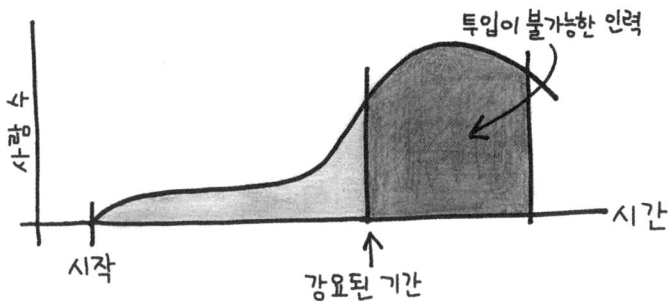

그림 32-2 재촉 받는 프로젝트(인력 수급 중단)

그러다 보니 자연히 프로젝트 후반에 넣을 인력을 잘라다 초반에 가져다 붙이려는 성향이 생긴다. 짜잔! (그림 32-3에서 보듯) 초반에 인력을 과다하게 투입한 낯익은 프로젝트가 된다.

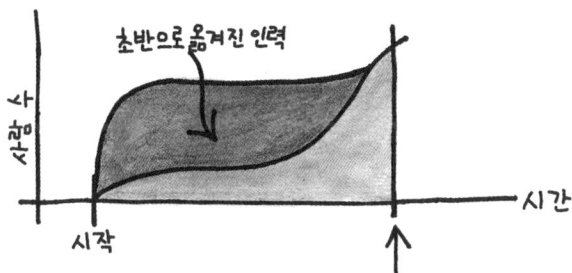

그림 32-3 마감일을 맞추기 위해 초기에 인력을 과다하게 투입

물론, 후반에 투입될 인력을 초반으로 옮기는 행동이 낭비로 이어질 뿐이라는 사실을 안다면 하지 않을 것이다. 그렇지 않나? 음, 때로는 알면서도 한다. 인력을 어떻게 투입하든 이처럼 급박한 일정에 맞춰 끝낼 가능성은 사실상 없다고 생각한다. 어차피 늦을 참이라면 초반에 경영진이 기꺼이 지원하겠다는 인력을 받아들이지 않을 경우 체면이 더 구겨질지, 덜 구겨질지 고민하는 편이 낫다. 초기 인력 투입이 낭비로 밝혀지더라도 첫 6개월을 소수 인력으로 진행하는 편보다 온갖 사람을 끌어들여 일하는 편이 관리자의 정치적인 입지가 더 안전할지도 모른다. 프로젝트 수행 과정에서 초반 인력 부족은 (위에서 보면 확실히 실망스러우므로) 쪼잔한 관리자라는 이미지를 줄지도 모른다.

이런 정치적인 이유로 프로젝트 초기에 인력이 과다하게 투입되는 사례가 얼마나 흔할까? 아, 그리 많지는 않다. 아마 많아야 90% 정도다.

"가볍고 날렵하게$^{lean\ and\ mean}$"를 늘 이야기하지만 관리자가 소수 인력으로 핵심 분석과 설계 활동을 수행하면 정치적으로 안전하지 못한 상황에 처하게 되고 이를 피하려고 프로젝트 초기에 인력을 과다 투입하는데 이런 문화가 개발 조직 사이에 널리 퍼져 있다는 사실이 안타깝다.

파편화 다시 생각하기

프로젝트 초기의 과잉 인력 투입이나 불필요한 회의로 시간을 낭비하면 사람들은 이를 알아차린다. 좌절감을 느끼며 그 이유도 안다. 이런 낭비가 많아지면 관리자에게도 대놓고 불평한다. 즉, 이것들은 심각한 문제지만 적어도 드러나는 문제라는 뜻이다. 하지만 사람들이 시간을 낭비하지만 눈에 띄지 않으며 이에 따라 고쳐지지도 않는 문제가 하나 있다. 바로 23장 '팀 죽이기'에서 언급했던 시간 파편화 문제다. 지식 노동자의 시간을 온갖 다양한 업무로 쪼개버리면 한 사람이 여러 그룹에 동시에 속할 수밖에 없으며 어느 그룹도 진짜 팀으로 단결하지 못한다.

파편화된 시간은 거의 100% 팀 죽이기로 이어지지만 드러나지 않는 또 다른 효과가 있다. 바로 개인의 시간이 확실히 낭비된다는 점이다. (새로운 개발, 기존 제품 유지 보수, 영업 팀 지원, 때로 최종 사용자 지원까지) 여러 업무가 주어진 사람은 한 업무에서 다른 업무로 전환하느라 많은 시간을 보낸다. 이렇게 낭비되는 시간은 거의 눈에 띄지 않는다. 설계를 하다 전화가 와서 20분 동안 회사 초창기 제품 중 하나의 데이터베이스 설정 방법을 가르친 후 설계로 되돌아온다. 옆에서 스톱워치를 들고 잰다면 직원이 낭비한 시간은 하나도 없어 보인다. 낭비는 설계 업무의 느린 재시작 속에 숨겨져 드러나지 않는다. 몰입이 중단된 결과다.

파편화는 두 업무가 질적으로 다른 업무 행위를 요구할 때 특히 피해가 막심하다. 다시 말해, (많은 몰입 시간, 비교적 조용한 환경, 소수와 질 높은 교류를 요구하는) 설계 업무와 (즉각 중단하기, 항상 시간 내기, 빠른 주의 변경이 필요한) 전화 지원 업무를 섞으면 둘 중 좀 더 집중적인 사고가 요구되는 업무는 사실상 진행이 불가능하다. 늘 다시 시작하느라 낭비되는 시간은 직원의 좌절로만 표현될 뿐이다. 관리자는 전혀 모르고 넘어간다. 이 문제에 시달리는 사람들은 대개 자신을 비난하고 말기 때문이다.

투자를 소중히 여기자

> 무슨 이유인지 지난 20~30년간 동안 컨설팅 업무로 유럽 여행이 점차 많아졌다. 보스턴에서 런던까지 낮 비행기를 타기 시작했는데, 늘 시차 부적응 상태인 내 몸에 무리가 덜했기 때문이다. 불행하게도 보스턴에서 대다수 다른 유럽 도시는 밤 비행기뿐이었다. 어느 항공사 직원이 참을성 있게 설명해주기 전까지 나는 계속 불평했다. 알고 보니, 항공사는 동-서 낮 비행기를 서-동 낮 비행기와 연결하려 747 같이 어마어마하게 투자한 비행기를 추가 시간을 들여 활주로에 앉혀 놓을 의사가 없었다. 747은 엄청난 돈을 의미하기 때문이다.
>
> - 톰 드마르코

업무에 투입된 인적 자본 역시 엄청난 돈을 의미한다. 회사가 지식 노동자 몇천 명을 고용했다면 현대적인 대형 여객기 한 대에 투자한 돈과 맞먹는다. 이처럼 크게 투자한 시간을 낭비하는 일은 돈을 쓰레기통에 쏟아붓는 일과 같다.

33장

이(악한)메일

받은 편지함이 꽉 찼다. 아주 멋지다. 그런데 무엇으로 꽉 찼는가?

옛날 옛적

이메일이 나오기 전에는 멀리 있는 사람들과 편지로 일정을 조율했다. 편지는 불러주고, 받아쓰고, 타자하고, 교정하고, 다시 타자하고, 부치느라 오늘날 가치로 환산하면 수백 달러가 들었다. 게다가 편지가 도착하기까지 사흘에서 일주일이 걸렸다. 상대가 회신하는 비용 수백 달러에 답장을 받기까지 사흘에서 일주일이 더 걸렸다. 오늘날 우리는 똑같은 양방향 통신을 수백분의 1 비용으로 수천분의 1 시간 내에 한다. 하지만 그래서 더 좋아졌을까? 그렇게 절약한 시간과 비용을 잘 챙겼나? 아니면 수백 배 더 많은 조율에 재투자했을까?

답은 이미 안다. 오늘날 우리는 예전보다 몇 배나 더 많은 조율을 한다.

다이앤이라는 캐나다인 고객이 있었다. 우연한 기회에 그녀는 회사에서 집까지 2시간이 걸린다는 이야기를 했다. 나는 딱하게 여

> 졌지만 그녀는 별일 아니라고 말했다. "여기는 캐나다입니다. 그래서 기차선로를 따라 우수한 무선 서비스가 제공됩니다. 그리고 저에게는 블랙베리가 있습니다. 그래서 출퇴근길에 저는 이메일을 주고받습니다."
>
> - 톰 드마르코

멋지다. 하루 4시간 이메일이라니! 그녀가 업무 시간에 절대 이메일을 쓰지 않는다 해도 벌써 4시간이다. 하지만 낮 시간에 이메일을 쓰지 않을 리 없다.

우리는 산더미 같은 조율 이메일에 너무 익숙해져 이를 당연한 현상으로 여기게 되어버렸다. 자, 이제 중요한 질문을 던질 때다. 이것이 좋은 현상일까?

가족 상담사는 인간관계에서 한 사람이 과하면 다른 사람은 처지게 된다고 말한다. 형제 중 한 사람이 재빨리 일어나 식탁을 치우고 설거지를 시작하면 남은 형제들은 슬쩍 빠져나가 다른 재미난 일을 한다. 여러분의 조직은 어떤가? 여러분이 팀원들을 과하게 조율하면 그들은 자신의 업무 조율을 게을리 할 가능성이 높아진다. 하지만 자체 조율과 동료 간 상호 조율은 품위 있는 팀워크의 전형적인 특징이다. 농구나 하키에서 재빠르게 일어나는 멋진 속공을 지켜보라. 그리고 이제 코치가 사이드라인에서 신호를 주는 경우만 선수들이 속공할 수 있다고 상상해 보라.

유능한 코치는 자신의 역할이 게임 동작 하나하나를 조율하는 일이 아니라 선수들이 스스로 조율하는 방법을 터득하게 돕는 일이라는 사실을 안다. 지식 노동자를 관리하는 관리자도 마찬가지라고 생각한다. 우리 생각에 동의한다면, 대다수 조율 이메일은 해결책이 아니라 문제다.

회사 스팸

수십 년 동안 악의적인 스팸에 시달린 후 대다수 조직은 쓰레기 스팸을 걸러내는 방법을 파악했다. 이제 직원들이 받는 외부 이메일은 스팸이 아니다. 사내 네트워크 지원 그룹이 용맹하게 싸워 쟁취한 성과다. 하지만 그들은 스팸 문제를 완전히 없애지는 못했다. 받은 편지함에 쌓이는 대다수 스팸은 동료들이 보내는 이메일이기 때문이다. 물론 동료들이 보내는 이메일을 스팸으로 보는 시각에 익숙하지 않겠지만 대다수는 스팸이 맞다. 수신자는 한 명에 참조가 대여섯 명인 이메일은 명백한 스팸 후보다. 수신자로 지목된 사람은 읽을 필요가 있겠지만 나머지는 어떤가? 내게 뭔가 필요한 행동이 있으므로 받는 이메일인가, 아니면 그저 참고만 하라고 받는 이메일인가?

기업 스팸을 점검하기 위해서는 보안-조직 사고를 적용하는 방법이 가장 쉽다. 보안이 중요하다면 정보는 반드시 알아야 할 사람에게만 전달된다. 오늘 폭격당한 받은 편지함에서 이메일 하나하나에 질문을 던져 보라. "내가 반드시 알아야 하는 내용인가?" 이 테스트를 통과할 이메일은 몇 통일까? 통과하지 못하는 이메일은 사내 세금과 같다. 내 시간과 다른 사람 시간을 잡아먹을 뿐이다. 그러니 딱히 하는 일 없이 하루가 어떻게 가버렸는지 늘 의문스럽다.

도대체 'FYI'의 의미는 무엇일까?

"내가 반드시 알아야 하는 내용인가?" 테스트에 통과하지 않지만 여러분이 의무적으로 읽는 이메일은 '보통 참고하십시오For Your Information'라는 명목으로 보내진다. 하지만 반드시 알아야 하는 내용이 아니라면 무슨 가치가 있을까?

여러분을 참조CC 목록에 추가한 사람은 무슨 생각으로 그랬을까? 많은 가능성이 있지만 대다수는 다소 창피한 이유다.

- "이 이메일을 돌리지 않으면 내가 일하고 있다는 사실을 누가 알겠습니까?"
- "자기들이 모르는 일이 일어나면 사람들이 불평하니까 안 보낼 수 없습니다."
- "우리는 열린 조직입니다. 모두가 모든 정보를 봐야 합니다."
- "모두가 이 이메일을 봤으면 합니다. 저는 글을 굉장히 잘 쓰거든요."

이 모두가 조직 기능 장애의 징후다. 사람들이 여러분을 참조 목록에 넣지 않고 감히 아무것도 보내지 못한다면 그것은 개인적인 기능 장애의 징후다. 도대체 여러분이 어떤 술수를 쓰기에 그들이 모든 이메일을 하나도 빠짐없이 여러분에게 보낼까?

열린 조직인가, 아니면 공동체인가?

'열린 조직'이라는 문구는 따뜻하고 감동적인 느낌이 물씬 풍긴다. 사람들이 자기 일을 자랑스럽게 여기며 남들에게 그렇게 보인다는 사실에 기뻐하는 느낌이다. 우리 모두 그런 사람들과 일하고 싶다. 하지만 현실을 직시하자. 필요할 때 정보를 가져가게 허락해 준다면 좋다. 정보를 억지로 떠안기면 싫다. 그것도 온갖 정보를 몽땅 떠안기면 더 싫다. 우리 관점은 이렇다.

> 인생은 짧다. 뭔가를 하기 위해 모든 것을 알아야 한다면 일을 별로 많이 해내지 못한다.

수동적인 동의를 폐지하자

조직에서 모두가 끝없이 밀려오는 이메일을 읽느라 앞으로 나아가지 못하는 이유 중 하나는 무언의 규칙 때문이다. 규칙은 이렇다.

> 침묵은 동의다.

누군가 여러분에게 바보짓을 하자고 제안하는 이메일을 보냈는데 반대하지 않으면 위 규칙에 따라 여러분은 동의한 셈이 된다. 만약 여러분이 매일 무의미한 이메일을 읽느라 수많은 시간을 보낸다면 CC에 이름이 있으니 여러분이 당연히 동의한 것으로 여기고 있다는 점을 우려해야 할지도 모른다.

이 고역으로부터 여러분과 나머지 모두가 해방되려면 이런 수동적인 동의 규칙을 폐지해야 한다. 여러분의 조직 속사정을 모르는 우리로서는 구체적인 방식을 조언하기란 어렵다. 하지만 시도할 가치는 있다. 폐지에 성공하면, 즉 명시적인 동의만을 동의로 간주하게 된다면, 조직은 엄청나게 낭비되는 시간을 절약할 수 있다.

스팸이 없는 자체 조율 조직 구축

여러분이 회사 전체를 바꾸기는 어려울지도 모른다. 하지만 여러분과 함께 일하는 사람들 또는 여러분 밑에서 일하는 사람들의 업무 방식에는 중요한 영향을 미칠 수 있다. 우선, 기업 스팸은 환영하지 않는다고 명시하라. 우리 고객 중 한 명은 참조 목록에 자기 이름만 있거나 수신자 수가 너무 많으면 (정중한 충고와 더불어) 수신을 거부하는 필터도 만들었다. 자신이 조직 최고 자리에 있으니 의도하지 않게 윗사람을 모욕할 걱정은 없었다. 교훈은 금방 모두에게 명확히 전달되었다. 그들은 더는 그에게 기업 스팸을 보내지 않았을 뿐 아니라 서로에게도 보내지 않게 되었다.

"내가 반드시 알아야 하는 내용인가?" 테스트는 받은 이메일만이 아니라 보내는 이메일에도 적용하라. 동료나 아랫사람에게 조율 이메일을 보내기 전에 그 사람이 스스로 조율하게 만들려면 어떤 단계가 필요할지 생각해 보라. 당연히 쉬운 일이 아니다. 누구에게 무엇을 하라고 시키기는 쉽다. 그 사람에게 스스로 조율하는 능력을 키워주는 일이 훨씬 더 복잡하다. 하지만 장기적으로 남는 장사다. 사람들에게 어떻게 스스로 조율하는 능력을 키워줄지 오랫동안 힘들게 고민해야 한다면 기억하라. 여러분이 월급을 더 받는 이유가 그것 때문이라는 사실을.

34장

변화를 일으키기

> "사람들은 변화를 정말 싫어합니다. …
> 이유는 사람들이 변화를 정말 싫어하기 때문입니다. …
> 제가 하려는 말 이해하겠습니까?
> 사람들은 변화를 정말로 싫어합니다. 정말로, 정말로 싫어합니다."
> - 스티브 맥메나민
> 더 애틀랜틱 시스템즈 길드 대표

1996년 런던 학회에서 IT 관리자들을 앞에 놓고 스티브가 한 말이다. 관리자들은 맥메나민의 견해가 불편한 나머지 처음에는 무조건 거부했다. "보십시오. 우리는 사람들이 일하고 노는 방식을 바꾸는 시스템을 만듭니다. 더 나은 방식으로 바꾸게 열심히 일합니다. 새로운 방식이 더 좋은 이유도 알려줍니다. 때로는 정밀한 기하학 논리도 활용합니다. 이성적인 사람이라면 어째서 개선을 거부하겠습니까?" 항의하는 사람들에게 스티브는 반박했다. "이해하지 못하시는군요. 죄송한 말이지만 사람들은 변화를 정말로 진심으로 싫어합니다. 그것이 문제입니다. 장단점에 따라 특정 변화를 거부하는 대신 모든 변화를 거부합니다. 이유는 사람들이 변화를 정말 싫어하기 때문입니다." 맥메나민이 제시한 예는 대단히 인상적이었다. 관리자들은 조금씩 납득하기 시작했고 나중에는 위기 상담가를 불러들여야 했다.

우리는 변화에 대해 이야기해야만 한다. 변화는 우리 일이다. 여러분은 단순한 시스템 구축가가 아니라 변화의 주체다. 새로운 시스템을 내놓을 때마다 우리는 사람들이 일하는 방식을 바꾸게 강요한다. 그들의 일을 완전히 다시 정의하기도 한다. 우리는 사람들에게 변화를 요구하며, 우리가 그러는 와중에, 우리 조직도 우리에게 변화를 요구한다. 새로이 쏟아지는 기술과 구축 사이클-시간 압력은 우리가 우리 제품을 만드는 방식을 바꾸게 강요한다.

그리고 이제 또 다른 유명한 컨설턴트의 조언을 들어보자

> 앞장서 새로운 질서를 세우는 작업이 가장 처리하기 힘들고, 성공이 아주 의심스럽고, 가장 관리하기 위험하다는 사실을 숙지해야 합니다. 앞장선 사람에 대해 과거 질서로 이익 받던 사람들은 모두 적으로 돌아서고 새로운 질서로 이익 받을 사람들은 모두 미온적인 방어자로 남기 때문입니다.
>
> - 니콜로 마키아벨리(1513)[1]

흔히 사람들은 마키아벨리를 냉소주의자라고 생각하지만 마키아벨리 자신은 스스로를 현실주의자라고 믿는다. 그에게 인류를 비하할 의도는 없었다. 단지 그는 자신의 눈에 비치는 진실을 솔직히 말했을 뿐이다. 마키아벨리는 당시 도시 국가인 피렌체 통치권을 물려받은 젊은 로렌초 데 메디치에게 주는 지침서로 『군주론』을 썼다(데 메디치 가문은 자기네 성과 정부 건물을 연결하고자 아르노 강을 가로지르는 밀폐형 도보교를 건설했다. 암살당할 가능성을 최대한 줄

---

[1] N. Machiavelli, The Prince, trans. H. C. Mansfield, Jr.(Chicago: University of Chicago Press, 1985년), p. 23.(『군주론』, 강정인·김경희 옮김, 까치글방 펴냄)

이기 위해서였다. 피렌체를 방문하면 찾아보라. 아직도 있다). 『군주론』은 젊은 왕자에게 현실을 알려주려는 목적으로 집필됐다. 멋지든 멋지지 않든 말이다.

"앞장선 사람에 대해 과거 질서로 이익 받던 사람들은 모두 적으로 돌아서고 새로운 질서로 이익 받을 사람들은 모두 미온적인 방어자로 남기 때문입니다." 변화에 저항하는 공식은 균형이 맞지 않는다는 사실에 주목하라. 낡은 방식에 익숙한 사람들은 (초보자라는 불편한 입장으로 몰리니) 모두 적으로 돌아설 위험이 있는 반면 새로운 방식으로 이익 받을 사람들은 적극적으로 지지하지 않는다. 어째서일까? 어째서 변화가 자신에게 이로운 사람들도 선뜻 나서서 지지하지 않을까? 사람들은 변화를 싫어하기 때문이다. 변화를 추구해 성공하리라는 보장이 없다. 불확실성이 잠재적인 이익보다 더 두렵다.

몇 년 전 나는 매년 봄 플로리다에서 열리는 국립 소프트웨어 방법론 컨퍼런스 National Software Method Conference 의장으로 활동했다. 첫해 나는 개막식 발언을 한 후 모든 참가자들에게 설문지를 나눠줬다. 그들이 소프트웨어 개발에 사용하는 방법과 도구에 대해 온갖 질문을 던지는 설문이었다. 내가 던진 질문 하나가 "조직에서 진지하게 도입되었으나 널리 퍼지지 못한 방법이나 도구는 무엇입니까?"였다. 설문지를 모두 걷어 학회 마지막 무렵 참석자들에게 결과를 보고할 생각이었다. 실패한 방법과 도구 목록을 만들다가 나는 아주 명쾌하고 간단한 사실을 발견하고 중단했다. 모든 방법과 도구가 (적어도 어디선가는) 실패했다. 진짜 모순은 내가 결과를 보고할 때였다. 나는 실패 항목을 하나씩 짚어가며 이런 방법과 도구를 규칙적으로 사용하는 회사가 있는지 물었다. 모든 항목에 긍정적인 답변을 얻었다. 모든 방법과 도구가 성공하는 동시에 모든 방법과 도구가 실패한다는 말이다. 어떻게 된 일일까?

- 티모시 리스터

아주 좋은 아이디어가 있다, 바로 시작하겠다

변화를 시도하면 사람들은 다양하게 반응한다. 한때 메니저 파운데이션Menninger Foundation 원장이었던 제리 존슨은 여기에 패턴이 있다고 제안하며 이 패턴을 "변화-저항 연속체"라 불렀다. 모양은 그림 34-1과 같다.

사람들이 변화에 보이는 반응은 이 연속체 중 어딘가에 속한다.

연속체를 보며 자신에게 물어보라. "누가 내 잠재적인 적이며 누가 내 잠재적인 후원자일까?" 명백히 목숨 걸고 반대하는 사람들은 위험하다. 그들은 어떤 수를 써서라도 이전 상태로 돌아가려 할 테니까. '무조건 충성파'가 좋은 사람들이고 나머지는 모두 투덜이라

1. 무조건 충성파(질문 없음)
2. 믿지만 질문파
   a. 회의론자("보여주시오")
   b. 수동적 관찰자("나에게 무슨 이익인데?")
   c. 반대자(변화가 두려움)
   d. 반대자(권력 상실이 두려움)
3. 목숨 걸고 반대파(약화시키고 파괴함)

저항 증가

그림 34-1 변화-저항 연속체

고, '무조건 충성파'가 아군이고 나머지는 모두 적군이라고 생각할지도 모른다.

존슨은 이것이 완전히 잘못된 시각이라 말한다. 예를 들어, 우리는 '무조건 충성파'로 인해 발생하는 위험을 알아야 한다. 그들은 별로 힘이 없으며 잘나가는 쪽에 무조건 찬성한다. 최신 유행을 쫓는 사람들이다. "회계 패키지 설치를 당장 멈춰야 합니다. 자바 디카프를 사용하는 인트라넷 기반 시스템이 훨씬 좋습니다. 잠시만요! 디카프를 멈추십시오. 방금 컴퓨팅 디스 나노세컨드 웹 사이트에서 더블 자바 라떼 광고를 봤습니다." 그들은 찬성할 때만큼 재빠르게 지지를 철회하고 새로운 진영으로 뛰어든다.

존슨은 '믿지만 질문파'가 어떤 변화에서든 유일하게 의미 있는 잠재적 아군이라고 단언한다. 두 극단, '무조건 찬성파'와 '목숨 걸고 반대파'가 진짜 적이다. '믿지만 질문파'를 어떻게 다룰지에 변화의 성공이 달려 있다. 참, 그런데 논리가 통하리라 꿈도 꾸지 말라. 이 모호한 잠재적 아군들은 제안하는 새로운 변화가 현재 상황보다 훨씬 더 좋다는 논리적 설득만으로 결코 넘어오지 않는다. 사람들에게 변화를 제시할 때마다 다음 주문을 반복해 외우라.

주문: 변화에 대한 근본적인 반응은 논리적이 아니라 감정적이다.

시스템 개발자로서 우리는 차분하고 냉정하고 이성적인 사고의 세상에 산다. 컴파일은 성공하든 아니든 둘 중 하나다. 컴파일러가 우리에게 화내거나 기뻐하지 않는다. 어쩌면 우리가 분쟁을 해결하는 주요 장치로서 논리를 적용하는 이유가 여기에 있다.

아이들에게도 차분하게 설명한다. "자전거 사고 싶은 줄 알아. 하지만 문화적으로 선물을 주고받는 생일이나 크리스마스 아니면 안 돼. 용돈을 충분히 모은다면 직접 사도 좋아." 그러고는 별로 논리적이지 못한 아이의 반응에 답답해한다. "하지만 난 자전거가 갖고 싶어요! 지금 당장 갖고 싶어요!"

변화를 논리적으로 주장할 때 사용하는 한 가지 전술이 (좋은) 새 세상과 (나쁜) 현재 상황을 비교하는 방법이다. 하지만 생각해 보라. 현재 세상을 만드는 일에 참여한 사람은 누구인가? 현재 일하는 방식에 가장 익숙한 사람은 누구인가? 현재 상태를 비하하는 발언에 이들이 기분 나빠하지 않을까? 당연하다! 『Managing Transitions』에서 윌리엄 브리지즈William Bridges는 절대 기존 방식을 비하하지 말라고 제안한다. 대신 변화를 일으킨 토대로서 기존 방식을 기념하라고 제안한다. 예를 들어, 다음과 같다.

> 여러분, CGS 근접 거리 유도 시스템은 14년 동안 운영되었습니다. 지금까지 대략 100만 번에 걸친 이륙과 착륙을 완벽하게 처리했다고 추정합니다. 그러나 하드웨어 플랫폼이 기술적으로 낡았고 우리가 활용할 수 있는 새로운 원격 감지 기술이 있습니다. 이제 우리에게는 완전한 시스템을 다시 설계하고 구축할 기회가 있습니다. 새 시스템이 성공하려면 그동안 CGS를 성공적으로 운영했던 여러분과 여러분의 전문 지식이 필요합니다.

어떤 개선이든 변화를 수반한다는 사실을 다시 한 번 말한다.

> 변화하지 않으면 절대 개선할 수 없다.
>
> - 톰 드마르코

더 나은 변화 모델

변화에 대해 대다수 사람들이 생각하는 방식은 그림 34-2와 같다.

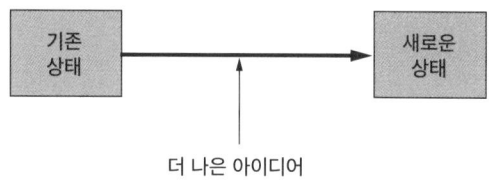

그림 34-2 변화가 일어나는 방식에 대한 순진한 모델

이 (순진한) 관점에서 ('더 나은 방법'의 단순한 비전인) 아이디어는 기존 상태를 새로운 상태로 바꿔준다. "하비가 불현듯 영감을 떠올리기 전까지 우리는 낡은 방식을 썼습니다. 이제는 사업을 위해 새롭고 더 나은 방식으로 바꿨습니다." 솔직히 말하면, 그렇게 간단할 수 없다. 그렇게 간단할 리 없다. 그림 34-3은 가족 치료 전문가인 고 버지니아 사티어 Virginia Satir가 변화를 바라보는 방식이다. 순진한 변화 모델과 비교해 보라.

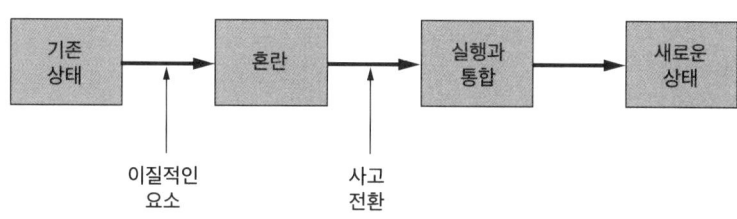

그림 34-3 사티어 변화 모델

그림 34-3에서 보듯 변화는 최소 4단계를 포함한다. 더 많으면 많았지 적지 않다. 두 중간 단계를 거치지 않은 상태에서 의미 있는 변화란 불가능하다.

사티어 모델에 따르면 변화는 이질적인 요소의 도입에서 출발한다. 바로 이것이 변화에 대한 촉매가 된다. 촉매 없이는 변화의 필요성을 인식하지 못한다. 이질적인 요소는 외부 압력일 수도 있고 현재 세상이 변했다는 인식일 수도 있다.

외부 압력: 측정 컨설턴트가 사무실로 찾아와 알린다. 회사 생산성이 업계 모든 회사와 비교했을 때 하위 25%에 든다고 한다. 음….

또는

세상이 변한다: 회사 대표 제품의 분기 실적이 회사 역사상 처음으로 감소했다. 이런.

변화를 시도할 때 처음으로 부딪히는 상태는 혼란이다. 겪어봤을 것이다. 이것은 새로운 도구, 새로운 절차, 새로운 기술의 도입으로 이전보다 나빠진다고 확신할 때 생긴다. 사람들은 이렇게 말한다. "이 새로운 OO만 버리면 우리는 일정을 맞출지도 몰라요. …" 새로운 개념을 배우려면 많은 시간과 노력이 든다. 그러니 변화가 문제라는 판단이 적어도 당장은 맞을지도 모른다. 지금은 확실히 전보다 더 나빠졌다. 변화에 대한 응답이 감정적인 이유가 여기에 있다. 오랫동안 익혀온 방식을 버리고 초보로 돌아간다는 사실이 답답하고 창피하다. 허둥대는 느낌을 좋아하는 사람은 없다. 옛날 방식이 더 좋다는 생각만 든다. 불행히도, 이와 같은 혼돈은 반드시 거쳐야 하는 단계다. 피해갈 방법은 없다.

사고 전환은 혼란에 빠진 사람들이 고통의 끝에 다다랐다는 희망을 얻고자 매달리는 뭔가이다. 체계적인 작전 회의가 때로는 가장 좋은 약이다. "E-SOA 인증을 조금은 이해할 듯도 합니다. 매일 4시에 만나 클래스 정의를 한 번 더 훑으면 어떨까요?"

실행과 통합 단계는 배우는 과정이 끝날 무렵에 발생한다. 새로운 방식이 완전히 편하지도, 완전히 익숙하지도 않지만 도움이 된다고 느끼거나 적어도 도움이 되겠다는 예감이 든다.

새로운 상태는 새로운 방식을 완전히 실천할 때 도달한다. 인간 감정의 흥미로운 특징은 혼란이 힘겨웠을수록 새 상태를 더 가치 있게 인지한다. 물론 목표에 도달했을 때만 이런 현상이 일어난다.

사티어 모델이 중요한 이유는 혼란이 변화의 중요한 단계라는 사실을 알려주기 때문이다. 순진한 2단계 모델에서 우리는 혼란을 기대하지 않는다. 혼란이 발생하면 새 상태로 오해한다. 새 상태가 너무 혼란스러우니 "이런, 실패했네. 다시 돌아갑시다"라고 생각한다. 야심찬 변화를 추진하는 가운데 돌아가자는 메시지는 크고 뚜렷하게 퍼지기 마련이다. 혼란이 왔다는 사실을 이해한다면 혼란을 합리적으로 이겨낼 가능성이 훨씬 커진다.

안전제일

사람들이 안전하다고 느끼지 않으면 변화는 아예 시작도 못한다. 변화를 제안하거나 시도해도 모욕당하거나 멸시당하지 않는다고 확신할 때 사람들은 안전하다고 느낀다. 일시적으로 초보가 되어 버리는 상황은 누구에게도 편하지 않다. 혼란 속에서 허둥댄다고 쓸데없는 공격을 받는다면 모두가 옛날 상태의 안전한 보호막 뒤로 숨어버린다.

혼란에 대한 자연스런 두려움 때문에 어른일 때보다 아이일 때 뭔가를 배우기 훨씬 쉽다.

> 첫 스키 여행에 온 어른들과 아이들을 보면 어른들은 넘어져 다칠 위험보다 바보 같아 보일 망신을 더 걱정한다. 아이들은 아예 그런 생각조차 없다. 그들은 일부러 눈 위에 넘어지고, 구르고, 던지고, 먹기도 한다(어른들은 눈을 보면 넘어지지 않게 삽으로 치운다). 슬로프에 올라가면, 어른들은 리프트에 탄 사람들이 보는 곳에서 넘어지고 싶어 하지 않는다. 넘어지면 창피할 거라는 생각으로 아예 산장에만 머문다. 하지만 건강한 아이에게 강습을 한두 번만 시켜보라. "나 좀 봐요, 피카보 스트리트2에요!"
>
> - 팀 앤 톰, 아마추어 행동학자

엄청나게 시급한 일정을 맞추려면 이 방법밖에 없다며, 일정을 놓치면 큰일 난다며, 새로운 기술을 도입하겠다는 말을 지금까지 몇 번이나 들었는가? 변화의 전제가 이미 결과를 의심스럽게 만들었다. 창피당할 가능성이 높은 프로젝트에 아이처럼 뛰어들겠다는 의욕은

---

2 (옮긴이) 피카보 스트리트는 전직 월드컵 알파인 여자 선수다.

창피당할 가능성으로 인해 사라져버린다.

역설적으로, 실패해도 (최소한 약간 실패해도) 괜찮은 경우에만 변화에 성공할 가능성이 있다.

35장

조직적인 학습

어떤 조직은 배울 줄 알지만 어떤 조직은 배울 줄 모른다. 어떤 조직은 추상적으로 배울 뿐, 배운 내용을 실천으로 옮기지는 못한다. 어떤 조직은 배우기는 배우나 잊어버리는 속력이 배우는 속력에 맞먹는다. 우리 모두는, 배우지 않는 무리가 아니라, 배우는 무리에 속하는 것이 굉장히 중요하다는 사실을 잘 안다. 배우지 않는 무리가, 중요한 향상 메커니즘인 학습 없이, 오랫동안 번성하기는 어렵기 때문이다.

경험과 학습

조직적인 학습에 대해 가장 먼저 명심할 사실은, 조직적인 학습은 단순한 경험의 축적이 아니라는 점이다. 예를 들어, 1930년대 프랑스 군대는 동부 국경 방어에 대해 수백 년에 이르는 경험을 축적했지만 그래도 독일군을 저지하고자 마지노선 Maginot Line 을 건설했다. 그 결정과 1940년 5월에 벌어진 일련의 사건을 살펴보면 프랑스 군이 기갑 부대와 기동 부대의 배치 균형에 대해 핵심적인 교훈을 배우지 못했다는 사실이 드러난다.

비슷하게, 최첨단 기술 조직이 놀라운 속력으로 경험을 축적한다 하더라도 거기에 학습이 따른다는 보장은 없다.

> 내 고객 중 하나는 40년이 넘게 오랫동안 소프트웨어를 개발해왔다. 그 기간 동안 1000여 명이 넘는 개발자가 회사를 거쳐 갔다. 그래서 회사 관리자들은 회사가 과장 없이 4만 인년person-years이 넘는 소프트웨어 경험을 보유한다는 사실을 자랑했다. 나는 굉장히 감동받았다. 새로운 프로젝트를 진행할 때마다 그 많은 경험을 적용한다고 상상해 보라. 그래서 나는 그룹에 물었다. "새 소프트웨어 프로젝트 수행을 위해 새 관리자를 파견할 때 어떻게 조언하십니까?" 그들은 잠시 생각한 후 거의 이구동성으로 답했다. "행운을 빕니다."
>
> - 티모시 리스터

조직이 경험에서 얻은 교훈을 감안해 자신을 바꿀 때 경험은 학습이 된다. 이런 변화에는 서로 크게 다른 두 가지 형태가 있다.

> 조직이 새로운 기술과 방식을 사람들에게 주입한다.

또는 다음과 같다.

> 조직이 운영 방식을 바꿔 스스로를 재설계한다.

첫째 경우, 변화는 인적 자본에 직접 투자해 얻어지는 결과다(자세한 내용은 20장을 참조하라). 훈련받은 직원이 떠나면 투자와 학습은 모두 사라진다. 둘째 경우, 변화는 일시적이다. 새로운 운영 방식을 설계한 사람들의 머릿속에 존재할 뿐이다. 결국 조직의 근간 지식으로 흡수되지만 그러기 전까지는 참가자들 마음속에만 있다. 이 경우 핵심 인력을 잃으면 학습이 위태로워진다.

두 경우 모두, 스스로 변하려는 조직은 더는 줄이기 어려운 다음 위험에 맞서야 한다.

> 조직적인 학습은 조직의 사람 유지 능력에 제한을 받는다.

이직이 많으면 학습이 어렵거나 아예 불가능하다. 이런 조직에서 기술을 바꾸려는 시도나 절차를 재설계하려는 시도는 물거품으로 끝난다. 심지어는 오히려 이직을 부추기는 요인으로 작용하기도 한다.

재설계 사례

가장 흥미로운 조직적인 학습 사례 중 하나가 공급망 재설계와 관련한 시도다. 공급망을 재설계하려면 자신감 있는 경영진과 조직 경계를 넘나드는 사고가 필요하다. 다음은 몇 년 전 더 캠돈 컨퍼런스 온 텔레커뮤니케이션 학회에서 니콜라스 네그로폰테 Nicholas Negroponte가 처음 내놓은 제안이다.

> 아마존 Amazon.com 같은 회사는 최종 소비자에게 제품 배송을 담당하는 협력사와 불가분의(또한 부당하게 이용할 여지도 있는) 관계에 있습니다. 현재는 페더럴 익스프레스가 아마존 물류 창고에

서 책을 받아 (페덱스 거점 도시인) 멤피스까지 운송한 후 고객에게 가장 가까운 공항으로 보냅니다. 이제 아마존이 페덱스 멤피스 활주로 바로 옆에 물류 창고를 둔다고 상상해 보십시오. 책 판매는 여전히 아마존 시애틀 본사에서 처리하지만 물품 목록과 배송지 주소는 멤피스 물류 창고로 전송되어 거기서 주문을 처리합니다. 아마존은 주문당 배송 거리가 절반으로 줄어든다는 이익을 얻습니다.[1]

이런 변화를 구현할 수 있는 조직은 앞으로도 계속해서 새로운 변화를 일으킬 수 있다. 그들이 이처럼 기민할 수 있는 이유가 궁금하지 않나?

조직적인 학습에 대한 핵심 질문

조직적인 학습에 대한 핵심 질문은, 어떻게 하느냐가 아니라 어디서 하느냐다. 아마존처럼 큰 변화를 추진하는 조직은 변화를 떠올리고, 설계하고, 감독할 작지만 적극적인 학습 센터가 필요하다(위원회나 조직 전체는 이런 종류의 야심 찬 변화를 내놓기 어렵다). 초기 변화 활동(즉, 학습)의 중심지는 조직도 어딘가 위치해야 한다. 그렇다면 어디에 위치해야 할까?

가장 꼭대기라 말하고 싶겠지만, 우리 경험상 조직 꼭대기는 매일 일어나는 일상적인 업무에 별로 집중하지 않는다. 예를 들어, 큰 규모 회사나 중간 규모 회사 사장은 인수(또는 인수 저항)에 대다수 시

---

[1] Remarks made at the Pop!Tech Conference in Camden, Maine, 1997년 10월

간을 보낼지도 모른다.

학습 센터를 가장 아래에 둔다는 아이디어는 멋진 평등주의 느낌을 풍기지만 현실에서는 어림도 없다. 흔히 조직도 맨 아래 사람들은 조직 경계에 꽁꽁 묶여 중요한 가능성을 알아보기 어렵다. 알아본다 하더라도 대개는 변화를 일으킬 만한 권한이 없다.

맨 위도 아니고 맨 아래도 아니라면 가운데 어디라는 말이다. 즉, 대다수 조직에서 가장 자연적인 학습 센터는 가장 억울하게 욕먹는 계층, 바로 중간 관리층에 있다. 이것은 '학습에 성공하는 조직에서는 항상 중간 관리층이 튼튼하더라'는 우리의 관찰 결과와 정확히 일치한다.

그런데 조직 축소 과정에서 인원 삭감 대상이 거의 언제나 중간 관리층이라는 사실을 짚고 넘어가자. 다시 말해, 몇 년마다 한 번씩 유행처럼 돌아오는 그 유명한 '허리띠 졸라매기' 활동은 조직적인 학습을 희생하기 쉽다는 뜻이다. 이런 활동 후에 조직적인 학습 센터가 아예 없어지기도 한다.

경영 팀

중간 관리층을 쳐내 조직도를 납작하게 만드는 활동은 학습을 줄이는 확실한 비법이다. 하지만 반대가 필연적으로 참은 아니다. 중간 관리층만 보강한다고 해서 학습이 저절로 늘지는 않는다. 다른 요소가 하나 더 필요하다. 제대로 평가받지 못하고 거의 계발되지 못하는 요소다. 중요한 학습 센터가 형성되려면 중간 관리자들이 서로 소통해야 하며 조화롭게 일하는 방법을 배워야 한다. 이것은 극도로 드문 현상이다.

거의 모든 회사에는 경영 팀이라는 그룹이 있다. 보통 중간 관리자들로 이뤄진 그룹이다. 앞서 봤듯이, 그룹에 팀이라는 이름을 붙인다고 팀이 되지는 않는다. 공통 목표, 공통 가치, 상호 보완해주는 기술이 없는, 개인으로 이뤄진 느슨한 집단에 그칠 수도 있다. 이른바 경영 팀이 대개 이렇다.

23장 '팀 죽이기'와 24장 '팀 죽이기 다시 생각하기'에서 우리가 살펴봤던 팀 죽이기 효과는 관리자 '팀'에서도 한몫을 한다. 그룹 성원 역시 방어적이 되고, 관료주의에 힘들어 하며, 여러 개로 쪼개진 업무에 시달리고, 초과 근무라는 압력에 시달리고, 물리적으로 떨어져 일하며, 서로 경쟁하라고 들들 볶인다. 이런 와중에 그들이 의미 있는 하나로 통합될 가능성은 희박하다.

설상가상으로, 그들에게는 팀 단결에 필수적인 요소 하나가 없다. 바로 제품에 대한 공동 소유권이다. 그들이 그룹으로서 달성하는 업적은 그룹 전체의 업적이 아니라 그룹 구성원 한 사람의 업적일 가능성이 크다. 관리자들이 서로 경쟁적일수록 이 효과는 더욱 뚜렷이 드러난다. 심지어 우리는 "좋아 보이면 잡아라. 잡지 못하면 죽여라"를 규칙으로 삼는 극단적인 경우도 봤다.

흔히 경영 팀은 건강한 팀이 보이는 행동과 태도를 흉내 내는 슬픈 이름이다. 팀원들이 주기적으로 모여 한 명씩 상위 관리자에게 업무 상황을 보고한다. 하지만 다른 팀원들과는 아무런 의사소통도 없다.

여백에 존재하는 위험성

어느 정도 규모가 있는 조직이라면 학습 센터는 중간 관리자들 사이에 존재하는 여백에 위치할 가능성이 높다. 이 여백이 주요 의사소통 통로로 자리 잡는다면, 그리고 중간 관리자들이 조직 재설계자로서 결과에 공동으로 책임지며 협력한다면, 학습의 이익은 현실로 나타난다. 반면, 여백에 의사소통이나 공동 목표가 없다면, 학습은 진전되지 않는다. 중간 관리자들이 고립되고 궁지에 몰리고 두려움이 가득한 조직이라면, 아예 가망이 없다

36장

공동체 만들기

이 장에서 우리는 뛰어난 관리자가 가장 잘 하는 일을 소개한다. 바로 공동체 만들기다. 공동체는 인간이 본질적으로 타고나는 욕구다.

> 내가 어릴 적 우리 가족은 거의 매년 이사를 다녔다. 한 학교에서 한 해를 온전히 끝낸 적이 거의 없었다. 거의 매년 친구들과 아는 사람들과 선생님들이 완전히 바뀌었다. 내 삶에서 변하지 않는 몇 가지 중 하나가 당시 뉴잉글랜드 주 학교에서 사용하던 읽기 교재였다. 어느 학교로 옮기든 교재는 변하지 않았다. 1770년대부터 윈체스터라는 고장에 살아온 한 가족 이야기를 담은 교재였다. 우리는 6학년이 될 때까지 미국 독립전쟁을 거쳐 20세기 초반까지 그 가족 후대가 살아 온 모습을 공부했다. 이야기 속 인물들은 오래전에 잊어버렸지만 그 가족이 살았던 고장은 내게 생생한 기억으로 남아 있다. 윈체스터는 모두가 모두를 아는 동네, 할머니의 할머니 시절부터 살아 온 동네, 강아지를 잃어버리거나 아이에게 문제가 생기면 모두가 걱정하는 동네, 재난이 닥친 이웃을 가족처럼 돌보는 동네였다. 내게 가장 고향처럼 느껴지는 동네를 꼽으라

면 윈체스터라 대답하겠다.

- 톰 드마르코

그런 고장에 마음속 깊이 동경을 느낀다면 아마 지금 사는 동네가 그렇지 않기 때문이다. 우리의 아름다운 윈체스터는 1920년대에 들어서면서 변하고 사라지기 시작했다. 오늘날 우리 대다수는 공동체라고 부르기 어려운 동네에 산다. 사람들은 이웃을 잘 모른다. 모두 다른 동네로 출퇴근한다. 아이들이 커서 같은 동네에 정착하리라고 생각하지 않는다. 특히 교외 주택지는 잠자는 곳일 뿐 공동체가 아니다.

하지만 우리에게는 여전히 공동체에 속하고 싶은 강한 욕구가 있다. 우리 시대의 복잡한 진실을 말하자면, 대다수 마을은 우리의 욕구를 더는 충족시키지 못한다. 대신 우리가 공동체를 발견할 확률이 가장 높은 곳은 일터다. 있다면 말이다….

사내 정치에 대한 여담

일에서 공동체가 저절로 생기지는 않는다. 누군가 만들어야 한다. 이것을 해내는 사람들이 우리 일터의 칭송받지 못한 영웅이다.

공동체를 만들고, 공동체를 건강하게 유지하고, 모두의 욕구를 충족시키는 학문을 정치라고 한다. 잠깐만 기다려 보라! 여기서 우리가 말하는 정치는 기업 내부에서 자행되는 뻔뻔한 속임수가 아니다. 그것은 병적인 정치다. 우리가 살펴볼 필요가 있는 정치는 아리스토텔레스가 처음 썼던 표현 그대로 "정치, 숭고한 학문"이다.

아리스토텔레스는 철학을 구성하는 숭고한 학문의 다섯 가지 연관 분야 중 하나로 정치를 꼽았다. 다섯 분야는 다음과 같다.

- **형이상학**: 존재, 세상과 세상에 속하는 모든 것의 본질을 연구하는 학문
- **논리학**: 우리가 뭔가를 아는 방식, 인식에 기반을 두고 우리가 내리는 허용되는 결론 집합, 추론과 유추의 합리적인 규칙
- **윤리학**: 인간에 대한 이해, 인간관계에서 허용되는 행동에 대해 (논리로) 추론하고 유추하는 학문
- **정치학**: 윤리를 논리적으로 확장해 큰 그룹에 적용하는 방식, (인간과 인간으로 이뤄진 공동체라는) 형이상학적 독립체에 대한 논리적인 인식과 윤리적인 행동을 공유하는 그룹을 만들고 관리하는 학문
- **미학**: 형이상학적 현실의 기호와 이미지에 대한 평가, 그것들이 논리적 일관성을 따르며, 윤리적 교류와 정치적 조화를 보여준다는 사실에 대한 만족감

지저분한 종류의 정치는 확실히 멀리하고 싶겠지만 아리스토텔레스 식 정치라면 경우가 다르다. 아리스토텔레스 식 정치는 좋은 관리의 핵심이다. 아리스토텔레스 식 개념의 정치를 거부하는 행위는 비참한 결과를 초래한다. 관리자의 진짜 책임을 회피하는 행위다. 비슷하게, 상급 직원들 역시 공동체 조성에 책임이 있다. 어떤 공동체를 조성하든 거기서 그들은 연장자가 된다.

중요한 이유가 무엇인가?

만족스러운 공동체를 성공적으로 구축하는 조직은 사람들이 쉽게 떠나지 않는다. 공동체 유대가 아주 강하면 아무도 떠나고 싶어 하지 않는다. 따라서 인적 자본에 투입된 투자가 고스란히 유지되며, 경영진은 기꺼이 더 투자하려 든다. 회사가 사람에게 더 투자하면, 사람들은 생산성이 더 높아지며 자신과 회사를 더 자랑스럽게 여긴다. 그러니 더더욱 회사를 옮기려 들지 않는다. 이처럼 긍정적인 인적 투자는 무조건 환영할 만한 현상이다.

물론 회사 공동체가 아무리 좋아도 사람들이 영원히 떠나지 않는다는 보장은 없다. 경력을 쌓기 위해 또는 다른 이유에서 조직을 떠나야 하는 경우가 생긴다. 하지만 이런 경우 사람들은 조직에 최대한 피해가 가지 않게 떠난다. 즉, 프로젝트를 진행하는 동안에 떠날 확률이 굉장히 낮다는 뜻이다. 프로젝트 팀에는 엄청난 혜택이다. 프로젝트가 끝나고 떠난다는 효과 하나만으로도 여러분 회사가 향후 10년간 시도할 갖가지 프로세스 개선안 이상의 가치가 있다.

지금까지 우리는 눈에 보이는 금전적인 이익만 논의했다. 당연히 눈에 보이지 않는 이익도 있다. 어쩌면 여러분과 조직에게 더욱 중요한 이익이다. 자, 잠시만 아주 먼 미래로 가보겠다. 여러분은 이제 임종의 순간을 맞이했다. 굉장히 나이를 먹었고, 101살이라고 치자. 이제 죽음을 기다린다. 별로 불편하지 않다. 그저 늙었을 뿐이다. 이 순간에 여러분은 과거를 회상한다. 과거의 기억을 하나하나 떠올리며 자신에게 묻는다. 내 인생에서 무엇이 정말 중요했고 무엇이 중요하지 않았는가? 당연하지만, 임종을 앞에 두고, 수십 년 전에 (거대한 WhizBang v6.1.1 빌드 27을 안정화하며) 자신을 그렇게 괴

롭히던 걱정 대다수는 별로 중요하게 여겨지지 않는다. 대신 따뜻한 가족 관계, 아이들, 손자 손녀들, 집과 추억을 생각할 가능성이 높다. 회사 다니면서 성취한 업적? 물론 한창 성장하는 정보화 시대에 몸담게 되어 좋았다. 회사 꼭대기까지 승진해, 그렇지 않더라도 거의 꼭대기까지 승진해, 방향을 결정할 기회가 주어져서 좋았다. 멋졌다. 하지만 그 회사에서 진정한 공동체를 만드는 데 성공했다는 사실도 잊지 말라. 사람들이 사랑했고 존경했고 충성한 공동체 말이다. 바로 그것이 업적이다. 바로 그것이 마지막으로 인생을 돌아보는 순간에 뚜렷이 떠오를 기억이다. (미켈란젤로가 자신의 업적을 돌아보며 느꼈을 기쁨처럼) 거기서 느낄 기쁨은 현재의 현금 가치와 무관하다. 그것은 창조였다. 예술이었다. 그것을 만든 사람은 예술가였다.

마법을 얻기

공동체는 좋다. 따라서 사내 공동체 구축은 훌륭한 목표다. 그렇다면 어떻게 만들까?

이런 복잡한 문제에 성급히 공식을 내놓는 우는 범하지 않겠다. 공식은 없다. 여느 예술과 마찬가지로 공동체를 만들려면 상당한 재능과 용기와 창의력이 필요하다. 엄청난 시간도 투자해야 한다. 게다가 혼자서는 불가능하다. 기껏해야 여러분은 촉매와 같은 역할이다. 여러분의 작품은 누구의 작품과도 똑같지 않다.

그러므로 공식 대신 우리는 예를 딱 하나 소개한다. 한 관리자가 나서 기업 문화를 영원히 바꿔 놓은 우리 고객사 사례다. 이 촉매와 같은 천재는 학교를 중심으로 조직을 만들자고 경영진을 설득했다.

학교는 탁아소와 유치원으로 이뤄졌으며 유치원 수업부터 5학년 수업까지 제공했다. 직원들의 아이들을 위한 학교였다.

금전적 이익은 바로 보인다. 회사가 구인난 속에서 프로그래머와 엔지니어를 고용하기 좋은 독보적인 입지에 섰기 때문이다. 하지만 회사를 방문해 둘러보면 학교가 공동체에 미친 영향이 피부로 느껴진다. 선생님들이 학생들 전체를 이끌고 지나가는 모습을 직접 봐야 안다. 시끄럽고 웃기고 엉뚱하기 짝이 없는 아이들의 행진이 이어진다. 아이들이 재잘거리며 모두에게 인사한다. 아주 멀리서부터 소리가 들린다. 아이들이 지나가는 동안 모든 업무가 중단된다. 여기저기서 포옹한다. 행진이 끝나면 모두의 기분이 좋아진다.

자신이 이것을 만든 사람이라고 상상해 보라. 101살이 되어 되돌아보는 자신의 모습을 상상해 보라.

6부

여기서는 일이 재미있어야 한다

아주 오랜 옛날부터 우리 기억 속에는 일은 힘들다는 개념이 자리 잡고 있다. 재미있으면 일이 아니다. 일이 재미있으면 아마 죄책감을 느낄지도 모른다. 너무 많이 하면 안 된다. 안 하면 더 좋다. 재미나는 활동을 돈까지 받고 한다는 생각은 얼토당토않다. 의무감에서 다른 일거리, 일처럼 느껴지는 뭔가를 찾아야 한다. 그래야 남들처럼 따분하고, 피곤하고, 대체로 비참한 삶이 가능하다.

관리자는 흔적으로 남아 있는 이런 기억으로 인해 팀원들이 절대 재미있게 일하면 안 된다고 생각한다. 사람들이 회사에서 즐거움이나 재미를 느낀다면 관리자가 제대로 일하지 않는다는 확실한 증거다. 직원들을 100% 활용하지 못한다는 뜻이다. 제대로 한다면 재미있게 일한다는 말이 나올 리 없다.

물론 일이란 재미없어야 한다고 대놓고 말하는 사람은 없다. 하지만 이것은 우리 문화적 잠재의식 속에 깊이 뿌리박은 사고다. 업무를 앞에 놓고 좋아서 낄낄거리다 들키면 소심한 죄책감을 느낀다. 재미있게 사는 사람들과 구분되는, 이른바 전문가들의 복장 규정, 팝콘 금지 규칙, 기타 이마를 찌푸리게 만드는 일반적인 태도를 마지못해 받아들이는 사람들의 태도에 이런 사고가 잘 드러난다.

  6부에서는 이와 정반대 전제를 살펴본다. 바로 일은 재미있어야 한다는 주장이다.

37장

혼란과 질서

인간 본성에 따라 우리는 혼란을 극도로 싫어한다. 혼란이 생기면 우리는 두 팔을 걷고 즉시 질서를 잡으려 작업에 나선다. 인간이 만든 질서는 집, 정원, 우리가 머리를 빗는 방식, 도로를 깔끔하게 정비하는 방식 등 어디나 있다. 하지만 질서를 잡고 혼돈을 모두 없앤다고 인간이 행복해지지는 않는다. 오히려 지겨워 죽을 것이다. 현대 사회에 남겨진 혼란은 귀중한 자산이다. 조심해서 보존해야 하며, 탐욕스러운 사람들이 자기 몫보다 더 많이 차지하지 못하게 막아야 한다.

우리 관리자들이 가끔 그 탐욕스러운 부류에 속한다. 우리는 혼란을 때때로 우리의 전문 분야로 본다. 몽땅 정리하는 일이 우리 책임이라 여긴다. 마음을 열고 있는 관리자는 견해가 다르다. 기꺼이 다른 사람들에게 혼란의 조각을 넘겨준다. 혼란을 잘게 쪼개 하나씩 나눠주는 일을 자신의 책임으로 여긴다. 팀원들에게는 그 혼란을 아주 즐겁게 깔끔히 정리할 기회가 주어진다.

발전은 우리의 가장 중요한 문제다

혼란의 총량은 꾸준히 감소하고 있다. 새로운 기술 분야에서는 더욱 그렇다. 오래전 새로움과 질서 부족에 매혹되어 컴퓨터 분야에 몸담았던 사람들은 모든 것이 이처럼 자동화되지 않았던 시절에 대해 진한 향수를 느낀다. 지난 30년 동안 일어난 위대한 발전은 모두가 우리 일에서 혼란을 없앤 결과다. 물론 환상적인 발전이었다. 아무도 옛날로 돌아가고 싶어 하지는 않을 것이다. 하지만 그래도….

우리 모두는 기존 방법을 개선하고 싶어 하며 개발을 좀 더 질서 있는 활동으로 만들고 싶어 한다. 이것이 진보다. 물론 이 과정에서 가끔은 재미가 사라진다. 하지만 한 사람의 재미는 다른 사람의 고뇌다(여러분이 그렇게 재미있게 생각한 프로젝트로 인해 상사는 위궤양에 걸렸을지도 모른다). 좌우간 좀 더 질서 있고 통제 가능한 방법론을 추구하는 진보는 불가피한 추세다. 사려 깊은 관리자는 이런 추세를 멈추려 들지 않는다. 그러면서도 프로젝트에 커다란 활기를 불어넣어 주던 사라진 무질서를 되찾을 필요성을 느낀다. 이것이 무질서의 건설적인 재도입 정책이다.

별다른 설명 없이 바로 언급한 정책이지만 구현 방법은 간단하다.

- 실험 프로젝트
- 전쟁 게임
- 브레인스토밍
- 극기 훈련
- 교육, 여행, 학회, 축하 행사, 수련회

이상은 우리가 지금까지 성공적으로 사용했던 무질서 재도입 기법 목록이다. 여러분의 목록은 더 다양하리라 생각한다. 이 주제로 간단한 브레인스토밍을 해 보면 훨씬 더 자유롭고 멋진 방안이 나올 것이다(브레인스토밍은 다음에서 좀 더 자세히 다룬다).

실험 프로젝트

실험 프로젝트란 두꺼운 규칙서를 밀쳐 두고 검증되지 않은 새 기법을 사용하는 프로젝트다. 처음에는 새 기법이 낯선 탓에 효율이 떨어진다. 이것이 변화에 드는 비용이다. 장부 반대편에는 새 기법 사용으로 얻어지는 생산성 향상이 있다. 게다가 새롭고 색다른 일을 시도할 때 활력과 흥미가 증가한다는 호손 효과도 장점으로 추가된다.

이 장점 두 개가 낯선 기법을 배우느라 치르는 대가보다 클까? 단언컨대 우리가 보기에는 항상 그렇다. 프로젝트 기간, 팀원들 능력, 사용하는 기술에 대한 믿음이 중요한 만큼 변화의 본질도 중요하다. 우리 경험에 따르면, 색다른 방식을 시도하는 실험 프로젝트는 대체로 순 생산성이 평균 이상이다. 즉, 프로젝트에 새로운 기법을 도입하고 실험 프로젝트로 운영하면 프로젝트 경비가 줄어들 가능성이 있다는 뜻이다.

그렇다면 모든 프로젝트를 실험 프로젝트로 운영해야 할까? 그렇게 한다면 후지쯔, 서던 컴퍼니 일부, 몇몇 IBM 부서와 같은 대열에 합류하게 된다. 어쨌든 실험 프로젝트가 전혀 없느니 모든 프로젝트가 실험 프로젝트인 편이 훨씬 더 좋다.

새 기법을 실험하는 정책에 반대하는 의견은 다음 두 가지 중 하나일 가능성이 높다.

- 실험할 새 기법이 바닥나지 않을까?
- 일관성 없는 제품을 내놓아 향후 활동(제품 지원, 고객 교육 등)에 지장을 초래하지 않을까?

첫 반대 의견은 추상적인 개념으로만 타당하다. 수십 년 동안 새로운 기법에 대한 실험 정책을 펼쳐 온 조직 대다수는 새 기법이 바닥날까 걱정할 필요가 없었다. 20세기 막바지에 지난 수십 년 동안 무시했던 좋은 아이디어를 모두 시도한 후 21세기 초반으로 넘어오면 된다. 모두 시도해봤을 무렵이면 10여 년이 흘렀기에 계속 시도할 기법이 충분히 많아진다.

일관성 없는 제품으로 인한 향후 활동 문제는 어차피 가장 표준화된 조직도 흔히 겪는 문제다. 현대의 표준화는 문서 일관성을 달성했을 뿐, 의미 있는 기능적 일관성은 아직 멀었다. 다시 말해, 표준화는 제품 자체가 아닌 제품에 관한 문서를 통일했을 뿐이다. 프로젝트에서 만든 문서가 표준과 다소 다르더라도 불편은 그리 크지 않다고 본다.

실험 프로젝트에는 한 가지 주의 사항이 있다. 한 프로젝트에서 개발 기법을 동시에 두 가지 이상 실험하지 말라. 표준의 중요성을 그리 강조하면서도 실험 프로젝트를 맡게 되면 관리자들이 표준을 몽땅 버리는 경우가 놀랍도록 많다. 새 하드웨어, 새 소프트웨어, 새 품질 보증 절차, 척도 관리, 새 프로토타입 기법을 모두 한 프로젝트에 몰아 시도한다.

합리적인 실험 프로젝트는 한 프로젝트에 한 요소만 살짝 바꿔 시도해야 한다. 건강한 환경에서는 팀원들이 새 프로젝트에서 새 기법 하나는 실험해도 좋으나 나머지 영역에서는 표준을 존중해야 한다는 사실을 이해한다.

전쟁 게임

오랫동안 구현 전쟁 게임을 진행한 경험으로 우리는 시끌벅적하고 경쟁을 하며 패자 없는 활동이 건설적인 무질서를 도입하는 멋진 기회라는 사실을 깨달았다. 우리 게임은 소프트웨어 회사에 맞춰 구성했지만 개념 자체는 사실상 모든 분야에 적용된다. 어느 분야에서 일하든 일련의 문제를 해결하고 자신의 점수를 동료들의 점수 통계와 비교하는 경험은 아주 즐겁다(물론 8장 '출근해서 하는 일이 없군요'에서 설명한 보안과 기밀이 보장되는 경우에만, 그리고 게임 결과로 개인이 피해를 입지 않는다고 보장되는 경우에만 즐거운 경험이 된다).

전쟁 게임을 수행하면서 사람들은 자신의 상대적인 강점과 약점을 파악하게 된다. 조직 역시 전반적인 강점과 약점을 파악하기 쉬워진다. 이런 이유로 우리 고객사 두 곳은 직원들이 1년 동안 자신의 향상된 실력을 파악하는 전쟁 게임을 매년 개최하기 시작했다. 1년에 한 번 직원들은 건강 검진을 받듯 비밀 테스트를 받는다.

창의적인 무질서를 고취할 목적이라면 팀으로 참가하는 게임이 가장 효과가 뛰어나다. 다음은 이런 목적으로 우리가 시도해 성공했던 (그리고 굉장히 만족스러웠던) 방법이다.

- 실험용으로 작은 개발 프로젝트나 잘 정의된 업무를 선택한다. 한두 달 걸리는 조직 내 실제 업무면 가장 좋다. 어려우면서도 참신한 문제, 그러면서도 직원들의 평소 업무 능력을 폭넓게 활용하는 문제를 고르라.
- 구체적인 작업 지침이 나올 때까지 평상시처럼 프로젝트를 진행하라.
- 다가오는 주말에 24시간 프로젝트 토너먼트를 진행하겠다고 발표하라. 경비를 아끼려 주말에 일하자는 의도가 없다는 사실을 명확히 알린다. 인건비 절약이 아니라 팀이 모일 자리를 확보할 목적으로 주말에 토너먼트를 개최한다고 설명하라. 철저히 자발적으로 4명씩 팀을 짜 참가하게 장려한다.
- 작업 지침을 미리 나눠주라. 규칙과 목표 설명서도 함께 나눠준다.
- 토너먼트가 열리는 날은 참가자들만 출석해야 한다. 그들이 필요한 물품(음식, 장비, 간이침대, 복사기, 회의실 등 무엇이든)은 모두 제공하라. 모든 팀이 똑같은 조건에서 전면적인 경쟁을 벌이게 준비하라.
- 진행자들을 대기시키라. 그들은 기본 규칙 준수를 감시하고, 치명적인 문제를 차단하며, 중간 목표를 달성할 때마다 축하 분위기를 조성하는 사람들이다.
- (최단 시간 상, 제품 안정성 상, 기발한 아이디어 상 등) 모두를 어떤 부문에서든 승자로 만들 방법을 강구하라. 모든 업적에 시끌벅적한 축하 분위기를 조성하라.
- 일등을 받은 제품을 설치하라. 또는 상 받은 제품 여러 개를 동시

에 설치한다. 시간을 두고서 제품 안정성, 결함 수, 사용자 만족도, 교체 비용, 기타 제품 성공에 영향을 미치는 여러 요인을 주의 깊게 측정하라. 의미 있는 데이터를 팀에 보고하라.

프로젝트 토너먼트를 성공적으로 해내면 사람들은 지금껏 일하면서 가장 흥분되고 가장 즐거운 경험이었다고 말할 것이다. 바로 이것이 목표다. 여러 차례 시도해야 할지도 모르지만 충분히 달성 가능한 목표다.

프로젝트 토너먼트 같은 활동을 계획할 때 다음 몇 가지를 고려하라. 첫째, 이런 활동은 비용이 든다. 직원들을 꼬드겨 월급 안 들이고 토요일에 공짜로 뭐가 만든다는 생각은 버리라. 똑같은 프로젝트를 기존 방식으로 진행할 때보다 몇 배는 시간을 더 쓴다는 각오를 하라. 둘째, 문제 명세를 탄탄하게 다듬고 진행자들을 교육하고 중간 목표와 점검 항목을 많이 수립하는 일에 상당한 시간을 투자하라. 셋째, 프로젝트 범위가 주어진 시간에 적당한지 확인하라(모든 팀이 프로젝트를 완수하지 못하거나 토너먼트가 한 시간 안에 끝나버리면 재미가 없다). 마지막으로, 식사비에 넉넉히 투자하라(어느 토너먼트에서 우리는 뉴욕 시티 레스토랑에 점심 소풍 도시락을 주문했고, 저녁을 배달시켰으며, 오전 2시 야식 시간에 모두를 차이나타운으로 끌고 갔다).

몇 가지 구실을 만들어 토너먼트를 밤새도록 진행하면 재미는 더 커진다. 사람들은 함께 지치고, 함께 잠을 참고, 동료들에게 헝클어진 머리와 면도 안 한 얼굴과 흐트러지고 투덜대는 모습을 보여 줄 구실을 좋아한다. 그런 모습에 사람들은 서로 친밀감을 느낀다.

행사 기간 동안 저는 참가자 한 명이 로비 바닥에서 웅크리고 자는 모습을 보았습니다. 몇 년 동안 알고 지냈고 약간 거만하다 생각했던 사람이었죠. 하지만 그때부터 그녀는 완전히 다르게 보였습니다. 모두가 다르게 보였습니다. 함께 겪어냈으니까요.

- 프로젝트 토너먼트 사후 분석 중에서

브레인스토밍

브레인스토밍은 특별히 창의적인 아이디어를 얻으려는 목적으로 구조화된 의견 교류 시간이다. 최대 6명이 모여 한 문제에 집중한다. 주최자가 활용하는 기법과 회의 규칙에 따라 즐겁고 무질서한 경험이 되기도 한다. 때로는 진정으로 뿌듯한 경험이 되기도 한다.

규칙은 많지 않다. 사고 과정에 혼란을 도입할 목적이므로 규칙이 많이 필요하지 않다. 진행자로서 여러분은 질이 아니라 양이 중요하며 자유롭게 진행한다는, 심지어 우스꽝스러워도 좋다는, 사실을 모두가 인식하게 만들어야 한다. 때로는 바보 같은 아이디어가, 일반 공식적인 회의석상이라면 아예 거론하지도 않았을 아이디어가, 멋진 아이디어로 판명나기도 한다. 브레인스토밍 시간에는 아이디어를 평가하지 않는다. 평가는 나중에 한다. "바보 같은 생각이네요" 같은 부정적인 발언은 저지하라. 바보 같은 아이디어에서 누군가 멋진 아이디어를 내놓기 때문이다.

아이디어 흐름이 느려지면 진행자로서 다음 기법을 이용해 참가자들의 사고를 자극하라.

· 비유 사고(자연은 이 문제 또는 이와 비슷한 문제를 어떻게 풀

까?)
- 도치(우리 목표의 반대는 어떻게 달성할까?)
- 몰입(자신을 프로젝트에 투영한다면?)

교육, 여행, 학회, 축하 행사, 수련회

어쩌면 울적한 사무실 환경에 대한 우울한 발언일지도 모르지만 모두가 기회만 닿으면 사무실을 벗어나고 싶어 한다. 직원들이 가장 좋아하는 기회는 동료들과 함께 가는 독특한 여행이다. 교육, 특히 극기 훈련을 받으러 가거나 국제 학회에 참석하는 경험이 좋은 예다. 목적지가 이국적인 곳이면 더욱 좋다. 보스턴에서 런던 학회로 보내는 경비나 세인트루이스나 출라 비스타Chula Vista 학회로 보내는 경비나 비슷하게 든다.

특히 팀이 형성되기 시작할 때 어떻게든 여행 경비를 확보해 팀 전체를 사무실 밖으로 내보내면 좋다. 고객사가 멀리 있다면 전액을 부담해 고객사를 둘러보게 보내라. 고도의 사고가 요구되는 업무에 기한이 촉박하다면 팀 전체를 학회장이나 호텔에 넣으라. 같이 비행기를 타고, 같이 식사를 하고, 새 팀에서 각자 자리를 잡아갈 기회를 주라.

아웃워드 바운드Outward Bound 훈련소는 사원 그룹을 야생으로 데려가 패기를 키우는 사업으로 인기가 높다. 그룹은 버마Burma 다리를 건너고, 낙하산을 타며, 페노브스코 만Penobscot Bay을 가로지르고, 카타딘 산Mount Katahdin을 오른다. 어제까지 공급망 관리로 고민하던 직원이 오늘은 동료 팀원이 끌어주는 자일에 온몸을 의지하며 매달린다. 물론 이런 경험에는 비용이 든다. 훈련소, 여행, 결근일수까지 감안하면 한 사람당 최소 수천 달러가 든다. 대다수 회사에서는 말도 못 꺼낼 액수다. 하지만 아웃워드 바운드와 기타 비슷한 활동에 투자하는 회사는 어떨까? 이성적인 사람들이 뻔히 아는 사실을 몰라 그들만 그러는 걸까? 아니면 직원들에게서 최고를 끌어내고자 한계에 도전하는 걸까?

자리를 비우는 경험에 드는 몇천 달러가 여러분이 재량으로 쓸 수 있는 무질서 예산을 넘어서는가? 어쩌면 몇백 달러로도 가능하다. 우리가 아는 가장 창의적인 관리자 한 사람은 직원들에게 깜짝 점심을 사주기 좋아했다. 한 번은 시내로 나가 핫도그 판매상을 고용해 (판매대, 독일식 양배추 무침, 겨자, 파랗고 노란 우산까지 몽땅) 30층 사무실로 데려와 모두에게 점심을 제공했다. 영양가 측면에서는 최악의 점심이었지만 사회학 측면에서는 최고의 점심이었다. 거기 있던 사람들은 기분이 좋아져 업무와 관리자와 서로에 대해 수다를 나누기 시작했다. 소음이 커질수록 열의도 커졌다. 겨우 몇백 달러가 들었지만 두고두고 회자되는 점심이었다. 물론 관리자는 경비를 식사비로 처리했지만 그것은 식사가 아니었다. 축하 행사였다.

회사에서 이성과 질서가 바람직한 요소라는 사실은 의심할 여지가 없다. 하지만 건설적인 무질서, 모험, 엉뚱함을 위한 여지 역시 약간 필요하다.

38장

자유 전자

우리 할아버지 세대에게 일은 회사라는 환경 안에서 엄격히 구조화된 활동이었다. 회사에 취직한다. 출퇴근 카드에 시간을 찍거나 정해진 업무 시간을 따른다. 매주 똑같은 요일에 수당을 받는다. 상사는 존경하고 공경할 인물이다. "네, 바로 처리하겠습니다." 일은 보람찬 삶이 아니라 그저 직업이었다. 하지만 세상이 달라졌다.

> 내 대학 동창 중 한 사람이 졸업생이 한자리에 모이는 만남을 마련했다. 그날 밤 참석한 20명 중 한 사람만이 일반적인 의미에 맞는 '직업'을 가졌다. 모두가 자기 사업을 하거나, 프리랜서로 일하거나, 전통적이지 않은 방식으로 서비스를 제공하는 일에 종사했다.
>
> - 톰 드마르코

자영업 현상

우리 분야 동료들 다수가 자영업자처럼 일한다는 소식은 더 이상 놀랍지 않다. 그들은 프로그래밍이나 디자인이나 심지어 관리까지 하루 단위로, 주 단위로, 심지어 연 단위로 계약해 일한다. 독립 프리랜서와 프리랜서의 재능이 필요한 회사를 연결해주는 전문 기관도 있다.

가장 고리타분한 회사와 기관도 때로는 독립 프리랜서와 일하는 처지에 놓인다. 계약업체나 프리랜서를 상대하기보다 직원을 고용하는 편을 선호할지도 모르지만 어쩌겠는가? 전문 서비스는 언제나 파는 사람이 갑이다. 결국 그들은 윌리엄 알론조 앤 어소시에이츠(William Alonzo & Associates: 실제로 동료Associates는 없고 그냥 빌 혼자다) 또는 팻 시티 스마츠 컴퍼니Fat City Smarts Company 같은 작은 회사 수십 개와 일하게 된다. 일부 회사는 다소 신뢰하기 어렵다. 일하고 싶을 때만 일한다. 프로젝트 하나를 끝내고는 몇 달 동안 스키 타러 사라진다. 으악! 얼마나 프로답지 못한가!

큰 기업을 운영하는 사람이라면 자영업 현상이 굉장히 못마땅할 것이다. 작은 사업가들이 대체로 건방질 뿐 아니라 회사 직원들에게 끔찍한 본보기가 되기 때문이다. 그들은 자유를 더 많이 누리고, 휴가도 더 많고, 업무를 선택할 권한도 더 많다. 게다가 재미있게 일한다. 대개는 돈도 더 많이 번다.

특별 연구원, 전문가, 사내 기업가

회사 입장에서 최고의 인력을 자영업 현상에 빼앗기지 않으려면 그들에게 매력적인 조직 내 대안을 제시해야 한다는 압력이 점점 더 커진다. 이런 대안 중 하나가 개략적인 책임만 명시한 직책이다. 이런 직책에서는 업무를 정의할 때 개인 의사가 강력히 반영된다. 계약서는 "21세기를 위해 새로운 방법을 조사한다" 또는 "새롭고 흥미로운 교육 프로그램을 만든다" 또는 "개발자들에게 이상적인 복합 작업 공간을 설계한다" 같이 명시할 뿐이다.

극단적인 경우에 계약서는 빈 종이다. 운 좋게 대단히 자발적인 성취가를 데려왔다면 "업무를 직접 정의하십시오"라는 조건만으로도 충분하다. 우리 동료 스티브 맥메나민은 이런 직원을 "자유 전자free electron"라 부른다. 그들은 자신의 궤도를 직접 선택하기 때문이다.

자유 전자 직책이 점점 늘어나는 추세는 단순히 자영업 현상이라는 위협에 대응하기 위해서만은 아니다. 건강한 현대 기업에 특별 연구원, 전문가, 사내 기업가, 내부 컨설턴트가 대단히 많은 이유는 회사에 이익이 되기 때문이다. 이런 직책에 있는 사람들은 자신을 고용한 조직의 방식과는 다르게 기여한다. 회사가 자신에게 만들어 준 직책 이상의 이익을 얻도록 적극적으로 일한다. 다음은 회사에서 경력의 정점을 찍던 시절, 건강한 회사에서 자신이 맡았던 컨설팅 직책에 대해 우리 동료들이 해 준 이야기다.

> 어디를 가든 무엇을 하든 거의 제가 결정했습니다. 경영진은 회사가 따르지 않는 방향도 모두 살펴볼 누군가가 필요하다는 사실을 인지했습니다. 그래서 제 계약서는 규칙이 없었습니다. 제 일은 결국 수입업이었습니다. 기술 부문에서 우리가 도움을 받을 새로운 방법을 항상 살폈습니다. 제 직책 덕분에 저는 회사에 더욱 충성하게 되었으나 (좋은 아이디어는 무조건 환영하는) 정보 과학이라는 예전 직업에는 덜 충성하게 되었습니다. 아이디어가 회사에 안겨주는 가치로 제 성공을 정의하게 되었으니까요. 마치 내 소유

의 회사인 듯이 느꼈습니다. 옷장 속 어딘가 사내 기업가 모자를 숨기고 있는 사람들이 많습니다. 그들을 찾아내 모자를 씌워주기만 하면 됩니다.

- 마이클 머셋, 서던 캘리포니아 에디슨의 기술 연구소 관리자

회사에 다니는 동안 많은 직책을 맡았지만 그중에서 제가 맡을 당시 이미 존재했던 직책은 단 하나였습니다. 이후로 저는 제 업무를 대부분 직접 정의했습니다. 회사에는 새 분야에 필요한 업무를 (적어도 어느 수준까지는) 후원해줄 사람이 언제나 조직 내에 있었습니다. 경영진은 사람이 필요한 곳에, 개념이 아니라, 사람을 투입했습니다. 그러면 그 사람이 개념을 정의하고 납득하게 만들었습니다. 광범위한 목표는 모두가 책임을 느껴야 하며 그 목표를 추구할 자유도 모두에게 주어져야 합니다.

- 리차드 브랜튼, DAIS, 서던 컴퍼니 서비스 사의 관리자

자발적인 사람들이 일할 때, 그리고 그들이 현실에 근거해 어느 정도 방향을 설정할 때 일이 됩니다. 회사 이익이 현실에 영향을 미치기에 저는 항상 현실로 되돌아옵니다. 순수한 연구는 막다른 골목입니다. 항상 응용 기술에 집중해야 합니다. 응용 기술은 회사에 이익이 될 수 있기 때문입니다. 개략적인 책임만 명시한 계약서는 역효과를 낳기도 합니다. 제록스가 그랬습니다. 제록스 최고 인력 일부는 자신들이 [PARC에서] 내놓은 좋은 아이디어가 절대 쓰이지 않으리라 확신하고 회사를 떠나버렸습니다.

- 빌 본햄, 마이크로세이지 컴퓨터 시스템 사의 수석 연구원

부모의 지도는 필요하지 않다

소련 사회에는, 특히 공산당원들 사이에는 평생 상담이라는 시스템이 자리 잡고 있다. 거의 모든 당원에게 상담사 한 명이 할당된다. 그들은 매주 만나 인생에 중요한 영향을 미치는 결정 사항을 의논하고, 결혼 문제나 회사 문제를 해결하고, 정치적 관점을 바로잡는다. 상담사는 부모를 대신한다.

서양인들에게는 끔찍하게 강압적인 개념이다. 그런 문제는 개인이 알아서 해결할 일이다. 아니면 적어도 자신이 원할 경우 자신이 선택하는 시기에 자신이 선택하는 사람에게 상담할 문제다. 하지만 이 멋진 개인주의가 회사에서는 연기처럼 사라진다. 회사에서는 거의 모든 사람이 위에서 내리는 명확한 지시를 필요로 한다는 지혜를 받아들인다. 대다수 사람들이 그렇다. 성공하려면 이런저런 조건에 맞아야만 한다는 상사의 명확한 지침을 환영한다. 대다수 사람들에게는 잘 정의된 계약이 필요하다. 하지만 그런 계약이 필요 없는 사람들에 대한 관리는 또 다른 문제다.

최고 관리자의 자질은 균형감과 성숙함을 적절히 보유한 영혼을 알아보고 자유롭게 풀어주는 능력에서 드러난다. 최고 관리자는 자유롭게 타고난 영혼에게 방향을 지시해봤자 소용이 없다는 사실을 잘 안다. 그들 스스로 정한 방향은 위에서 지시하는 어떤 방향보다 더욱 진실하게 회사의 이익을 우선하기 때문이다. 그저 방해만 안 하면 된다.

39장

홀거 단스케

우리는 회사와 프로젝트가 성공하고 실패하는 다양한 방법을 논하는 일련의 수필로 이 책을 엮었다. 우리가 예상한 대로라면 적어도 수필 몇 편은 여러분이 처한 상황을 묘사해야 맞다. 각 장마다, 심지어 가장 우울한 장에도 처방을 위한 충고가 있다. 여러분이 프로젝트를, 부서를, 조직 전체를 합리적으로 재정비하려 할 때 유용할 충고다. 물론 이 책에서 제시하는 처방은 불완전하다. 하지만 출발점은 된다. 가구 경찰을 물리치고, 기업 엔트로피와 싸우고, 팀을 죽이는 경향을 없애고, (시간이 없더라도) 제품 품질을 높이고, 파킨슨 법칙을 폐지하고, 공식적인 방법론을 느슨히 풀어주고, 환경 지수를 높이고, 마음을 열고, 기타 수많은 행동을 취하도록 장려한다.

여러분이 아무리 노력해도 겨우 한 가지 정도만 성공하리라는 사실을 잘 안다. 더 애쓰면 노력만 분산하게 된다. 여러분이 일으킨 소동은 긍정적인 효과보다 혼란만 가중하고 상사와 동료들은 여러분을 불평 많은 투덜이라고 여기기 딱 좋다. 변화 하나면 충분하다. 조직 사회학에 실질적인 변화 하나만 일으켜도 대단한 업적이다.

하지만 하필 왜 나인가?

변화를 하나만 일으키라는 요청은 일개인에게 무리한 주문이다. 난 투극에 뛰어들기가 망설여진다 해도 전혀 이상하지 않다. 내가 도대체 뭐라고 새 방법론과 새 사무실 계획과 서비스를 둘러싸고 생겨난 권력 집단과 맞선단 말인가? 내가 정말 그 정도로 강할까?

몇 년 전 엘 코도베스라는 유명한 투우사가 있었다. 그는 카리스마 넘치는 인물이어서 전 세계 언론이 투우는 물론 사생활까지 관심을 기울였다. 한 인터뷰에서 기자가 엘 코도베스에게 투우라는 열정적인 경기를 할 만큼 건강을 유지하기 위해 어떤 규칙적인 운동을 하는지 물었다.

"운동이요?"
"네. 조깅이나 웨이트 트레이닝 등 신체 조건을 유지하려 하는 운동 말입니다."
"이해를 못 하시는군요. 저는 소와 씨름하지 않습니다."

우리가 주장하는 유형의 변화에 성공하는 열쇠는 소와 씨름하려 들지 않아야 한다는 점이다. 여러분은 그 정도로 강하지 않다.

한 사람이 혼자 의미 있는 변화를 일으키기는 어렵다. 하지만 혼자 행동할 필요는 없다. (과도한 사무실 소음처럼) 뭔가 지나치게 비정상적이면 사람들의 경각심을 일깨우기 쉽다. 그러면 더 이상 자신만이 아니다. 모두가 된다.

잠자는 거인

덴마크 북쪽 코펜하겐 시 북쪽에는 크론보르크 성이 있다. 몇 크로네(kroner: 덴마크와 노르웨이의 화폐 단위)만 내면 성곽에 올라가 덴마크 전설의 잠자는 거인인 홀거 단스케(Holger Danske)가 앉아 있는 모습을 바라볼 수 있다. 거인은 평화로울 때 잠을 자다 덴마크가 위기에 빠지면 잠에서 깨어나 끔찍한 분노를 보여준다고 한다. 덴마크 학생이라면 누구나 14피트(약 4.2미터) 높이의 가로로 누운 조각상을 보려 살금살금 걸어간다. 방패와 칼은 옆에 놓였고 갑옷은 언제라도 출전할 준비가 되어 있다. 아이들은 소곤거린다. 거인이 깨어나는 모습을 보고 싶어 하는 아이들은 없지만 거인이 자기들 편이라는 사실에 안도한다.

여러분의 조직 내에도 조직이 위험에 빠지면 언제든 깨어날, 잠자는 거인이 있을지도 모른다. 엔트로피가 너무 많거나 상식이 너무 부족하면 조직은 위험에 처한다. 거인은 인내심이 거의 바닥난 합리적인 사람들, 바로 여러분의 동료들과 부하 직원들이다. 그들이 우수한 조직적 사고력을 지녔든 아니든 바보짓은 보면 안다. 업무 환경과 사회학에 가장 해로운 짓이 바로 바보짓이다.

홀거 깨우기

거인을 깨우기는 어렵지 않다. 바보짓이 정말 역겹다면 약간의 촉매만 있어도 충분하다. "이건 정말 아니야"라는 작은 목소리만으로 충분할 수도 있다. 다들 맞는 말인 줄 안다. 일단 입 밖으로 내고 나면 더는 무시할 수 없다.

이상적인 이야기로 들릴지도 모르겠다. 하지만 회사에서 잠자는 거인을 깨운 사람은 여러분이 처음은 아니라는 사실을 기억하라.

- 큰 정부 기관 부서 전체가 구식 전화기 벨에 티슈를 채워 넣었다. 더 이상 큰 벨소리는 없다. 작은 클릭 소리만 들릴 뿐이다(아니면 홀거 단스케의 조용한 목소리일까?).
- 어느 캘리포니아 컴퓨터 회사에서 프로그래머들 공간에 설치된 사내 방송 시스템이 빈번한 게릴라 공격을 받았다. 누군가 전선을 계속 잘라버렸다. 프로그래머들은 예전에 조립 공장으로 쓰던 곳에서 일했으므로 천정은 (그리고 사내 방송 시스템 스피커 역시) 16피트(약 4.8미터) 위에 있었다. 누가 그렇게 높이 올라갈 수 있을까? 홀거 단스케인지도 모르겠다.
- 미네아폴리스에서 대규모 프로젝트 관리자가 사람들을 새로운 사무실로 옮기지 않겠다며 거부했다(여기서 '새로운'은 더 좁고 더 시끄럽다는 뜻이었다). 경영진은 그가 거부하자 놀라고 당황했다. 그런 가능성은 생각조차 못했기 때문이다. 직원들은 하라는 대로 하는 사람들이니 말이다. 그 관리자는 의견이 달랐다. 그는 사람들이 일해야 한다고 믿었다. 그는 새 사무실에서 사람들이 일할 수 없다고 확신하는 데 충분한 증거를 모았다. 그래서 관리자로서 당연히 거부해야 한다고 생각했다. 혼자만 맞섰다면 그의 거부를 무시하기 쉬웠을 것이다. 하지만 그는 혼자가 아니었다. 그의 편에는 홀거 단스케가 있었다.
- 호주에 있는 어느 회사는 더 이상 팀을 짜주지 않고 개인들에게 직접 팀을 짜라고 한다. 내가 동료 두 명과 자발적으로 팀을 짜면 회사가 팀을 한 단위로 할당한다. 홀거 단스케가 약간의 압력을

가하지 않았더라면 결코 일어나지 않았을 일이다.

이 책에서 소개하는 이야기 중 하나라도 슬프게 웃었다면 이제 안타까운 웃음을 멈추고 바로잡는 조치를 시작할 때다. 사회학은 기술보다, 심지어 돈보다 더 중요하다. 일은 생산적이고 만족스럽고 즐거워야 한다. 그렇지 않다면 더는 집중할 가치가 없다. 주변 지형을 신중하게 살펴보고, 사실을 수집하고, 목소리를 내라. 여러분은 변화를 일으킬 수 있다. 홀거 단스케가 약간의 도움을 주면 말이다.

찾아보기

ㄱ
가구 경찰 47~51
가정생활과 일중독 20
가짜 일정 187
감정 25
감축 163
개방형 사무실 65~66
거짓 도전 239
건강해서 하루 쉬겠다는 전화
205~207
결함
　　소음 강도 68
　　소프트웨어의 평균 결함 28
경력
　　구현 전쟁 게임 요인 58
경력자를 위한 준비 기간 162~163
경비 대 투자 159
경영 팀, 학습 276~277
경쟁
　　구현 전쟁 게임 54~60
　　단결된 팀 195~200
경쟁적인 수다
　　회의 240~241

경험과 학습 272~274
고용
　　다양성 138~139
　　소개 131~132
　　오디션 135~137, 210~211
　　적성 테스트 134
　　통일성 강조 121~122
　　포트폴리오 132~133
고용 과정에서 과거 작업 시연
132~133
고용 과정에서 의사소통 능력 보기
135~137
고용에서 사회적인 과정 135~136
고용에서 획일적인 인조인간
121~122
곡예사 131~132
공동체
　　공산당 301
공용 공간 패턴 112~113
과하게 조율하기 256
관료주의
　　팀 죽이기 184
　　파킨슨의 법칙 32~33

찾아보기 307

관리
　리더십　126~130
　병적인 낙관론을 동원한　168~170
　복장 규정　122~123
　사내 엔트로피　124~125
　정의　10~11
　혼블로어 효과　119~122
관리의 열역학 제2법칙　125
관리자의 불안함　123~124
교도소 설계　51
교육
　방법 수렴을 위한　232
　여행　295~296
　이익　295~296
　이직률　150
　투자로서　159
구축　283
구현 전쟁 게임　54~60
　방법　291~293
　방해　80
　전용 공간　66~67
구현 전쟁 요인 중 결함률　58
구현 전쟁에서 개인차　56~58
구현 전쟁에서 경력　58
권위적인 방법론 강요　183
규정에 따라 일하기　231
규정을 정확히 밝히라　143~144
그냥-좀-다니다-말지-뭐 태도　150
급여
　경비로 취급　159
　구현 전쟁 게임 요인　58
기능 일관성　290
기능적 일관성　290
기본적인 본능　25
기술

집중　7
첨단 기술 환상　6~7, 233~234
환경　141~145
기술적으로 강화된 회의　241
기술적인 레이어트릴　39
기업 문화　223
　공동체 만들기　279~284
　몰입　84
　변화　261~271
　시간 낭비　248~254
　위험 관리　235~239
　이메일　255~260
　자체 치유 시스템　225~234
　정치　280~281
　조직적인 학습　272~278
　회의　240~247
길브의 법칙　74
꼭꼭 숨어라　71~72

ㄴ
노동 통계국　155
노스코트 파킨슨　32
누크 전자책 리더　236
뉴 사우스 웨일스　34~38
뉴 사우스 웨일스 대학교　34~35
니콜라스 네그로폰테　274
니콜로 마키아벨리　262

ㄷ
단결된 팀
　개념　167~168
　경쟁　195~200
　규칙 깨기　209
　깨기　219
　목표　168~172

블랙 팀　175~178
　　엘리트　172~173, 217~219
　　자리 비우기　207~209
　　자연적인 권위　211~212
　　채용 결정에 참여할 권리　210
　　특징　172~173
　　팀 구축　201~203
　　팀 죽이기　179~189
　　파벌　173
　　품질 숭배 문화　214~215
　　행동 양식이라는 네트워크 모델　219~220
　　화학 반응　213~221
　　확인　216
단결된 팀 깨기　219
단결된 팀에서 낮은 이직률　172
단결된 팀에서 엘리트 의식　172~173, 217~219
단결된 팀에서 이질성　221
단결된 팀에서 일어나는 화학 반응　213~221
단결된 팀에서 즐거움　173
단결된 팀에서 파벌
　　관리자의 불안함　174
　　팀을 깨기　188
단결된 팀의 특징　172~173, 217~219
단결된 팀의 특징과 엘리트 의식　172~173
단기적인 관점에서 이직률　148~150
단언에 의한 증명　65~66
대놓고 하는 물리적인 감독　207
더 애틀랜틱 시스템즈 길드　111
더그 팀머맨　199
더크슨　152
데이터 제너럴 프로젝트　22

덴마크 입법부　111
덴버 국제공항 수하물 처리 시스템　237~238
도전
　　원하는 결과　239
　　일정　187
　　중요성　165
도치　180
동기 부여를 위한 장식물　126, 191~192
동료 코칭　196~197
동인도 회사　38
동질적인 팀　221
둘러 싸인 작업 공간 패턴　106~107
듀폰 사 표준화 이론　232

ㄹ

래리 칸스턴틴　210
레이 케치레지　153
레이어트릴　39
레프 다비도비치 브론슈타인　126
로렌조 데 메디치　262
로버트 타운센드　151
로즈 제프리　35
롭 톰셋　204
루 마주첼리　215
리 토메노스카　143
리더스 다이제스트, 공동체 정원　154
리더십　126
　　단결된 팀　220
　　말:행동 비율　129
　　서비스로서　128
　　업무 착취 메커니즘　126
　　혁신을 위한　128
리더십과 혁신　128~129

리차드 브랜튼　300
린다 스톤　142

ㅁ

마쓰바라　29
마오쩌둥　234
마음을 연 태도　204~212
마이클 로렌스　35
마이클 머셋　300
마지노선　272
말:행동 비율　129
맞춤식 작업 공간　108~109
머리로 일한 시간, 몸으로 일한 시간　78~85
메타-계획　104
명판　190~192
모건 자동차　89
모듈 방식　1
목소리 높이기　93~95, 114~115
목표 관리(MBO)　198
목표 일치　171~172
목표, 팀, 협력　167~172
몰입 상태
　몰입 시간 측정　81~82
　몰입하지 못하는 상태　80~81
　산만의 지속　142~143
　설명　79
　파편화 문제　252~253
　환경 지수　82~83
몰입 시간 측정　81~82
몰입 요인으로서 동료 간 압력　84
몰입에 빠져드는 시간　79~80
몰입하지 못하는 상태　80~81
"무조건 충성파", 변화　264~265
무질서의 건설적인 재도입 정책　288

문서 일관성　290
문서 작업
　절대 방법론　229~230
　팀 죽이기　184
물리적인 감독　207
물리적인 격리　184~185
미달 근무　19
미이행 위험　238~239
"믿지만 질문파", 변화　264~265

ㅂ

바로잡는 조치　302~306
반복 설계　9
반즈 앤 노블 누크 리더　235~236
반항적인 리더십　129
방법 수렴　232
방법 수렴으로서 동료 검토　232
방법 수렴을 위한 도구　231~232
방어적인 태도
　실수 관리　9
　팀 죽이기　181~183
방해
　몰입　80~81
　자리 비우기　207~209
　전화　86~92
　파편화　253
방해로 인한 짜증　80
방해를 인식하는　82
방해하지 마시오' 표시　84
백로그 미신　43
버지니아 사티어　267
베리 봄　138
벨 연구소
　조직 이동　152~153
　회사에서 생각하기　84~85

변화
    모델 267~269
    안전 269~271
    저항 262~266
변화에 대한 거부 261~266
변화에서 "목숨 걸고 반대파" 264
변화에서 개선 267
변화에서 창피 270
변화-저항 연속체 264
병적 증세, 팀 204
병적인 낙관론을 동원한 관리 168~170
병적인 조직 205
보상 없는 초과 근무 19~21
복잡도, 회의 241
복장 규정 122~123
        122~123
        122~124
분홍색 잡음 96~97
불가능한 일정 26
브라운 대학교 71
브레인 스토밍
    수행 14~15
    지침 294~295
블랙 팀 175~178
블랙 팀 테스터 175~178
비밀 실험 프로젝트 209
비밀 실험 프로젝트에서 불복종 209
비용
    사무실 경비 아끼기 63~72
    손익계산서 157~164
    이직률 22
    품질 29~31
비용으로서 인적 자본 157~160
비확정적 시스템 225~227

빌 본햄 300
빌리 조엘 18

ㅅ
사기
    일정에 미치는 영향 36
    절대 방법론 230
사내 기업가 298~300
사내 방송 51, 93
사내 엔트로피 124~125
사내 정치 282~283
사람 가계 태도 11~12
사람과 관련 있는 우선순위 4~6
사무실 설계에서 직위 추구 96
사무실 환경 45~46
    가구 47~51
    공용 공간 112~113
    기술 141~142
    꼭꼭 숨어라 71~72
    맞춤식 작업 공간 108~109
    목소리 높이기 93~95, 114~115
    몰입 78~85
    문 93
    사무실 경비 아끼기 63~72
    생산성 52~62, 73~77
    실내와 실외 공간 111
    이상적인 환경 101~115
    자연적 질서 103~105
    전화 86~92
    창문 109~111
    창의적인 공간 96~98
    치장 95~96
    패턴 106~107
    품질에 미치는 영향 68~69
    활기찬 사무실 98~99

찾아보기 311

회사의 틀 99
사무실 환경에 대한 인식 94
사무실 환경에서 경찰 정신 48
사무실 환경에서 융통성 99
사무실에서 음악 듣기 96~98
사티어 모델에서 실행과 통합 단계 267
사티어 변화 모델 267~269
사티어 변화 모델 단계 267~269
사티어 변화 모델에서 새로운 상태 269
사티어 변화 모델에서 외부 압력 268
사티어 변화 모델에서 이질적인 요소 267
사회학, 프로젝트 실패 4~6
산만 142
산만의 지속 142
산업 혁명 17
산타 테레사 연구실 66~67
상호 조율 256
상황 보고 회의 249
새 직원에 대한 비용 146~149
생산성
　구현 전쟁 게임 54~62
　사무실 경비 아끼기 63~72
　사무실 환경 52~62, 73~77
　스페인식 경영 이론 17
　압력 37
　이직 효과 21~24, 160~162
　잘못된 희망 41~43
　초과 근무 영향 192~194
　파킨슨 법칙 미신 32~38
　품질 29~30
　호손 효과 234
　회사 차이 58~60

샤론 와인버그 42
서던 캘리포니아 에디슨 155
서서 하는 회의 242
설문 조사
　파킨슨 법칙 34~38
　프로젝트 실패 4~5
성공을 가장 잘 보여주는 지표는 문이다 93
세대 차이 141~144
세일즈맨의 죽음 130
소련 사회 301
소음 47
　몰입과 관계 79
　밀도와 관계 70
　창의적인 공간 96~98
　품질에 미치는 영향 68~69
소프트웨어 프로젝트에서의 리스크 관리 235
소프트웨어의 평균 결함 28
손익 계산서, 직원 비용 157~164
수련회 295~296
수하물 처리 시스템 237~238
스와스모어 대학 110
스티브 맥메나민 261, 299
스파게티 저녁, 팀 구축 예제 201~203
스페인식 경영 이론 16~24
스포츠 팀 비유 199
승진과 이직 149
시간 낭비
　예제 248~249
　파편화 185, 252~253
시간 압력, 품질 저하 26
시간 파편화
　낭비되는 시간 252~253
　시간 낭비 252~253

팀 죽이기　185~186
신경 경화증　240
신입 직원에 대한 초기 경비　147, 160~162
실내와 실외 공간　111
실러 브래디　139
실무 회의　243
실수 다루기　9~10
실수를 허용하라　9
실패한 프로젝트　3~6
실험 프로젝트　289~290
심리학 이론　25

ㅇ
아리스토텔레스　280~281
아서 밀러　130
아서 클라크　141
아웃워드 바운드 학교　296
악의적인 준수　231
안전과 변화　269~271
앨런 케이　141
언어
　　구현 전쟁 게임 요인　57
　　잘못된 희망　42
업무 모드　78~79
업무 시간 관리 시스템　81~82
업무 환경을 위한 반복적인 주장　94
에드워드 드보노　180
에드워즈 데밍　198
엘 코도베스　303
여러 업무, 시간 낭비　253
여성
　　팀에 주는 이익　138~139
　　회사 이전이 미치는 영향　151~152
연봉 또는 인사 고과　198

열린 공간 사고　245~247
열린 조직
　　이메일　258
　　환상　245~247
영감을 주는 포스터　190~192
영구적이라는 분위기　153~156
영국식 경영 이론　17
오디세우스　41
오디션　135~137, 210~211
오류가 발생하기 쉬운 설계안　9
완화 계획　238
외모
　　고용　121
　　규정　122, 220~221
　　사무실 치장　95~96
우반구가 소화하는 음악　98
우수성 회피　26~29
월스트리트의 영향　164
웬들 토미스　84
위험　235
　　관리하기　235~236
　　미이행　238~239
　　팀 실패　237~238
윌리 로만(주인공)　130
윌리엄 브리지즈　266
윤리학　281
음성 사서함　91
음식
　　팀 융합　140
　　함께 먹기　113
의식　243~244
이글 프로젝트, 데이터 제너럴　22
이동식 큐비클　99
이메일
　　수동적인 동의　259

찾아보기　313

시간 소비　255~256
　　열린 조직　258
　　자체 조율 조직　260
　　전화와 비교　91
　　젊은 직원　144~145
　　회사 스팸　257
　　FYI　258
이메일에 대한 동의　259
이메일에 대한 수동적인 동의　259
이메일을 위한 "반드시 알아야 하는 내용인가?" 테스트　257, 260
이상적인 환경　101~103
　　공용 공간　112~113
　　맞춤식 작업 공간　108~109
　　실내와 실외 공간　111
　　자연적 질서　104
　　창문　109~111
　　패턴　106~108
"이 정도면 충분한" 제품　214
이직률
　　공동체 구축　282
　　높아지는 이유　150
　　단결된 팀　172
　　비용　146~150
　　생산성에 미치는 영향　21~22
　　영구적이라는 분위기　153~156
　　조직적인 학습　273~274
　　회사 이전　151~153
이직률에 숨겨진 비용　148~150
이직률의 장기적인 관점　148
인력 투입　250
인적 자본　157~164
인적 자원 관리 개괄　1
　　브레인스토밍　14
　　생산성과 이직률　21~24

스페인식 경영 이론　17~18
실수 처리　9~10
실패한 프로젝트　3~6
일중독자들　20~21
잘못된 희망　41~43
정의　9~10
직원이 교체 가능하다는 시각　11~12
초과 근무　19~21
파킨슨 법칙　32~38
품질　25~31
프로젝트 개발　8~9
일관성 없는 제품　290
일등석　217
일본 회사
　　팀 거부권　31
　　품질과 생산성　29
일이 재미있어야 한다　285
　　교육, 여행, 학회, 축하 행사, 수련회　295~296
　　구현 전쟁 게임　291~294
　　변화를 위한 행동　302~306
　　브레인스토밍　294
　　실험 프로젝트　289~291
　　자영업 현상　297~298
　　특별 연구원, 전문가, 사내 기업가　298~300
　　평생 상담　301
　　혼란에서 질서로　288~289
일정
　　불가능한　26
　　옮기기　23
　　팀 죽이기　187
일중독자　20~21
일회용이라는 느낌, 이직　150

임시 행사 249

ㅈ
자동화, 잘못된 희망 43
자리를 비우는 계책 207~209
자연적 질서 103~105
자연적인 조명 50
자영업 현상 297~298
자유 전자 298~300
자존심
   본능 25
   품질 26, 186
자체 조율 256, 260
자체 치유 시스템 225
   방법 수렴 231~232
   악의적인 준수 231
   절대 방법론 227~233
   첨단 기술 환상 233~234
   확정적과 비확정적 225~226
자체 평가 76~77
잘못된 희망 41~43
잘못된 희망 일곱 가지 41~43
재교육과 이직률 155
재설계 사례 274~275
재현이 불가능한 공식 113
적성 테스트 134
전문가 298~300
전용 면적과 사무실 밀도 69~70
전자 출판물의 도서 236
전자 출판물의 도서관 대출 236
전체주의 질서 103
전화 86
   상상 속 세계 시나리오 86~88
   수정된 윤리 90~91
   예의 88~90

   호환 불가능한 멀티태스킹 92
전화 지원 업무 253
절대 방법론
   방법 수렴 232
   첨단 기술 환상 233~234
절대 방법론 시스템
   문제점 229~230
   숨겨진 의미 227~229
   악의적인 준수 231
절대 방법론에 숨겨진 의미 227~229
절대 방법론에서 서류 업무 229
절대 방법론에서 책임 230
정치
   사내 282~283
   창문 할당 109~111
   프로젝트 실패 4
제럴드 맥큐 66~67, 78
제록스
   개략적인 책임 300
   일등석 219
제리 와인버그 194
제리 위너 206
제리 존슨 264
제품 품질 타협 186
조율
   상호 조율 256
   자체 조율 260
조직적인 학습 272
   경영 팀 276~277
   경험 272~274
   여백 277~278
   위치 275~276
   재설계 사례 274~275
존 브루너 64
존슨 152

종결   216
주장
　증명   65~66
　환경 변화에 대한   94
중간 관리층 학습   276~277
중단과 방해
　몰입   80~82
　자리 비우기   207~209
　전화   86~92
　파편화   252~253
중앙집중화된 사고   227
중요성   282~283
즉석에서 마련한 공간   115
직원들을 위한 공동체 정원   154
직원들의 고유성
　관리자의 골칫거리   12
　단결된 팀   218~219
직원을 교체 가능한 부품으로 취급   11~12
직원을 믿지 못함   181~183
직원의 개성   12
직원의 일부만 보기   11~12
질서
　자연적   103~105
　혼란에서   288~289
짝을 이룬 동료, 생산성 평가   58~59

ㅊ

창문   47~51, 109~111
창의적인 공간   96~98
채용 과정에서 발표   135~137, 210
철학   280
철학에서 논리학   281
철학에서 미학   281
철학에서 형이상학   281

첨단 기술 환상
　설명   6~7
　자체 치유 시스템   233~234
초과 근무
　무급   19~20
　미신   19~20
　방해   52~53
　부작용   192~194
초과 근무: 예상하지 못한 부작용   192~194
초기 인력 과잉   250~252
촉매
　사티어 변화 모델   267~268
　서비스로서 리더십   127
　중요성   12~13
최고의 회사, 이직률   154
축하 행사   295~296
충성심
　이직률   150
　자유 전자   299
측정
　몰입 시간   81~85
　생산성   73~77
치마 관리 방식   139
치장   95~96
"치즈버거를 만들라, 치즈버거를 팔라"
정신   8~15
친밀도의 증가   112

ㅋ

캠브리지 대학교   105
컨설턴트 고용   136
케네디   152
케이퍼스 존스
　시스템 개발 비용   183

일정 37
켄 오어 231
코넬 대학 음악 실험 96~98
코칭 196~197
크론보르크 304
크리스토퍼 알렉산더 102~113

ㅌ

타지마 29
탁아소 284
톰 길브 74
투자
   비용 159
   시간 낭비 254
   인적 자본 160~164
투자 고려 254
   회의 250~252
트로츠키 127
특별 연구원 298~300
팀
   개괄 165~166
   다양성 138~140
팀 사회학, 프로젝트 실패 4~6
팀 선택 시 의견 210
팀 융합에서 음식의 문화적 다양성 139~140
팀 이름 172
팀 일원으로서 동료 220
팀 전체가 교류하는 공간 112
팀 행동 양식이라는 네트워크 모델 219~220
팀에 대한 신뢰 181~183
팀에서 권위 211~212
팀에서 규칙 깨기 209
팀에서 내부 경쟁 195~200

팀에서 유머 211
팀에서 자연적인 권위 211~212
팀원들의 거부권 31
팀을 죽이는 보상 198
팀의 다양성 138~140
팀이 만든 제품은 공동 소유라는 느낌 173

ㅍ

파킨슨 법칙 32~38
파킨슨의 법칙과 뉴턴의 법칙 32~33
팝콘 123
팝콘 금지 규정 123~124
패턴 106~108
   공용 공간 112~113
   맞춤식 작업 공간 108~109
   실내와 실외 공간 111
   창문 109~111
   패턴 113~114
퍼시픽 벨, 재교육 156
평균 실패 주기 26~28
평면도 49~51
평생 상담 301
포스터 126, 190~192
포트폴리오 132~133
표준화
   방법 수렴 232
   한계 233~234
품질
   단결된 팀 214~215
   비용 29~31
   사무실 환경이 주는 영향 68~69
   질과 양 126
   초과 근무 52
   희생 26~29

품질 - 시간이 허락한다면 30
품질 숭배 문화 214~215
품질 희생 26~29
품질은 공짜지만 29~30
프로가 되기 위한 규정 123~124
"프로답다"라는 용어 123~124
프로답지 못한 팀 123~124
프로젝트 개발 8~15
프로젝트 토너먼트, 구현 전쟁 게임 291~294
필립 크로스비 29~30
필요성 279~280

ㅎ
학회
    열린 공간 246
    장점 295~296
할란 밀스 59
함께 음식 먹기 113
핵심 인력의 손실, 생산성 저하 22
현상 유지를 중시하는 생산 관리 방식 12~13
형제간의 경쟁 196~196
호손 웨스턴 일렉트릭 233
호손 효과
    비표준 접근 규칙 234
    실험 프로젝트 289
호주 준법 투쟁 231
호주, 규정에 따라 일하기 231
호텔 110
호환 불가능한 멀티태스킹 92
혼란
    변화 모델 267~268
    정리 287~289
혼블로어 효과 119~125

홀거 단스케 302~306
확인
    단결된 팀을 위한 216
    회의 249
확정적 시스템 225~226
환경 지수 82~83
활기찬 사무실 98~99
회계 관리 프로젝트 3
회사 목표 대 팀 목표 168~170
회사 스팸 257
회사 업무량 38
회사 이전, 이직률 151~153
회사가 제공하는 학교 284
회사의 틀을 깨버리자 99
회의
    기술적으로 강화된 241
    서서하는 242
    신경 경화증 240
    열린 공간 사교 245~247
    의식 243~244
    지위 249
    참가자 제한 244
    처방전 247
    초기 인력 과잉 250~252
    특징 243
    확인을 위한 249
회의 안건 243
회의 참석자 244~245
회의를 대신한 대화 245~247
회의에서 노트북 241
회의에서 초기 인력 과잉 250~252
획일적인 인조인간 121~122
효율적인 생산을 위한 조치 8
효율적인 전화 대응 90~91
후지쯔

거부권 31
비공식적인 규칙 233
히타치 소프트웨어
　거부권 31
　재교육 156

A-Z
AT&T 벨 연구소 이전 152~153
C. S. 포레스터 119
Childhood's End(클라크) 141
DEC PDP 11 209
EG&G 재교육 155
Even Cowgirls Get the Blues(로빈스) 205
FYI
　이메일 258
　정보 공유성 회의 243~244
HP
　공동체 정원 154
　품질 표준 30
IBM, 산타 테레사 연구실 66~67
Lateral Thinking(드보노) 180
Managing Transitions(브리지즈) 266
MBO(목표 관리) 198
Notes on the Synthesis of Form(알렉산더) 102
Open-Plan DP Environment Boots Employee Productivity 65~66
Out of the Crisis(데밍) 198
Pattern Language(알렉산더) 106~114
PDP 11 개발 209
People and Project Management(톰셋) 204
Software Engineering Economics(붐) 138

T. Robbins 205
The Oregon Experiment(알렉산더) 105
The Prince(마키아벨리) 262
The Sheep Look Up(브루너) 64
Timeless Way of Building(알렉산더) 101~108
Up the Organization(타운센드) 151~152

기타
"14가지 주장" 198
2인용 사무실 98~99